偽史《ぎし》の帝国

〝天皇の日本〟は
いかにして創られたか

藤巻一保
Fujimaki Kazuho

ALTER
PRESS

偽史の帝国

〝天皇の日本〟はいかにして創られたか

……………… 目次

装丁・本文デザイン　髙林昭太

凡例

一、江戸・明治・大正期の著作のうち、現代語訳した引用文は冒頭の文字の横に◆印をつけて原文と区別した。

一、江戸・明治期の各種著作および詔勅などの公文書、日記類の多くは漢字カナ文で書かれているが、引用もしくは現代語訳に際してはカタカナはすべてひらがなに換え、一部人名を除く旧字は新字体に改めた。

一、原文には句読点のないものが多いが、読者の便宜のために適宜句読点を施した。また、原文の旧仮名遣いは原則として新仮名遣いに替え、適宜ルビを施した。ただし、一部の引用は旧仮名遣いのままとしている。

一、原典に頻出する此・是・之・其などの指示代名詞はひらがなに改めた。

一、引用文中に挿入した引用者の注はカギカッコ（［］）に入れた。カギカッコ以外のカッコは原典のものである。

一、引用文中の「……」は中略、または後略部分を示す。

一、敬称は皇族もふくめてすべて略した。

偽史の帝国

〝天皇の日本〟はいかにして創られたか

藤巻一保

はじめに

数年前、友人の子息が就職した。いっしょに酒を飲むこともある好青年だが、彼と話をしていて驚いた。その会社では、社長の信念から、「教育勅語」の奉唱を毎朝の社員の義務としていると聞かされたからだ。

どう思うかたずねると、やりたくはないが、必ずしも頭から否定するものではない、教育勅語にはよいところもあると、彼はいった。毎朝それをつづけているうちに、ほんらい彼とは全く異質だったものが徐々に心になじんでいくさまが見てとれて、その反応に、私はまた驚いた。

森友学園が幼稚園児に教育勅語を暗唱させており、その様子をみた首相夫人が「感動」したという話も、当時マスコミを賑わせていた。幼稚園児が、刷りこみの怖さを知らないのはしかたがないが、親たちはそうではない。にもかかわらず、教育勅語を暗唱するわが子に「感動」する親がいる。この無自覚の危うさと、青年の話が重なった。

教育勅語に代表される戦前の日本を支配してきたイデオロギーが、何のためにつくられ、どのように使われてきたかを、日本人はもう忘れかけている。それとともに、戦前の亡霊である「国体論」が、衣装を替えて表舞台に登場する機会をうかがっている。この危うさを、はっきり自覚できる形で書いておきたい――これが本書を書くにいたった動機だ。

明治以来、この国の指導者層が国民に向けて最も数多く使ってきたのではないかという印象を、私は「国体」という言葉に対して抱いている。国の性格や特質を意味する「国柄」という意味での国体は、もちろんどの国にもある。けれども日本の国体だけは、他のいかなる国とも異なっており、日本のようにすばらしい国体をもつ国は、地上にただのひとつも存在しないと、明治以来、この国の指導者は国民に刷りこみつづけてきた。

日本と日本以外の国々では、どこがどう違うというのか。日本以外の国々の国体（国柄）は、その地に生きる人間がつくってきたものだと指導者層はいう。政治も、文化も、宗教も、多様な民族性も、みなその地に暮らす人々が地理的条件や歴史文化を通じてつくりあげてきた「人為」による構築物だが、日本だけはそうではない。

日本は神がつくりだした「神為」の国であり、神の直系子孫である天皇の祖先が永遠の統治権と文化の種を授かって降臨し、天界の神とひとつになって惟神《かんながら》に治めてきた、地上に類例のない特別な国だと支配層は国民に教育しつづけた。日本は「神の国」であり「天皇の国」――これがこの国の指導者層のいう国体の中身なのである。

この異様な思想は、いったいどのようにして生まれ、どのように発展し、どのように国家と国民を蝕んできたのか。それを以下の九つの章で明らかにしていきたい。

国体論には、それを支えるためにつくりだされた三本の太い柱がある。大日本帝国憲法、教育勅語、国家神道だ。この三大支柱は、幕末から明治中期までの国民教化の助走期間を経て、人々の意識の中に深く植えつけられ、偽史《ぎし》にもとづくまったく新しい「伝統」が、国の始まりからつづく不変の伝統と位置づけられた。第一章の「偽史の原型」から第四章の「家族国家論と先祖祭祀の虚構」までが、この助走期間に相当する。

明治を通じて進められてきた国体思想は、明治末の日露戦争の勝利を契機に、事実そのとおりの正しい教えだと受け取られるようになった。助走段階を終えて、「神の国」という偽史が真正の歴史と認められ、国民意識の中に深々と根を下ろしたのである。第五章の「浸透する天皇教」では、その具体的な現れが示されるだろう。

明治が終わり大正時代になると、日本を「天皇の国」とした明治の国体論とは水と油の関係にある欧米の思想や文化、「国は国民のものだ」とする欧米流の考え方が、漂う空気のように広まった。この状況は、支配層からは「神の国」にまったくふさわしくない堕落の表れと見なされた。自由主義に汚染された「反国体」思想は駆逐しなければならないという動きが、日本をとりまく厳しい国際環境のなかで加速していき、ほどなく国体論一色の軍閥暗黒時代がやってきた。第六章「臣民教育の徹底」と第七章「偽史教育とオカルト」で、われわれはその諸相を見ることになる。

この間、神に祭りあげられ、神輿に乗って担がれてきた天皇の実態は、はたしてどのようなものだったのか。国体論は天皇にどのように受け止められてきたのか。国民の目から遮断された菊のカーテンの向こう側で、天皇は何を考え、何を求め、何に苦しんできたのか。この最も肝腎な問題については、第八章「孤独の王」で考えていきたい。

昭和二十年の敗戦で、国体論は敗北し、日本は生まれ変わったかにみえる。しかし、事実はそうではない。敗戦は、国体論の終幕ではなかった。国体論に依って支配の果実を独占的に享受してきた層や、そのおこぼれにあずかってきた取巻層は、ほんの一時、幕のうしろに引っこんだだけで、ふたたび表舞台に復帰してきた。さらにその亜流は、いまも国体論の復活を模索しつづけている。第九章「昭和から平成へ」では、その実態をいくつかの事例によって描くことになるだろう。

本書には、史実をふまえるための必要から、細部にわたる煩瑣《はんさ》な議論もふくまれている。めんどうだと感じた部分はどんどん読み飛ばしていただければよい。ただ、縁あって本書を手にしてくださった読者には、どうか最後まで通読していただきたいと切に願う。本書を書こうと思った最大の理由は、末尾の二章に凝縮している。

著者

第一章　偽史の原型

△イザナギ・イザナミによる国生み（河野通明画『少年大日本史　神代の物語』松村武雄著・建設社・昭和９年）

妄想の始まり

近代日本人は、日本をどのような国だと思い込もうとしたのか。また、その思い込みは、日本をどこに連れていったのか。

さらに近代から始まったこの道行きは、果たして終わったのか。

それともまだつづいているのか。

これらの問題を、官製の「偽史《ぎし》」を軸に考えていこうというのが本書のテーマだ。

ここでいう偽史とは、実際にあった事柄や実在した人物、実際に起こった事件などの「史実」にもとづかない、創作された歴史を指す。歴史の解釈は多様だから、その見方や史実の評価、解釈の違いなどによってさまざまな史観が成立する。けれどもどのような史観であれ、史実をベースに考えを組み立てるという研究の作法は同じだ。同じ作法によって導き出されているからこそ、異なった立場同士の議論が成立し、理解が進んでいく。

けれども偽史は、史実をベースとしない。神話伝説や信仰から生み出された「物語」に、歴史のほうを従属させる。「こうでなければならない」という偽史制作者側の思い込みと都合が、自分たちには具合の悪い「事実はこうだった」を力でねじ伏せ、人々を「こうだったはずだ」の世界観や、「こうでなければならない」国家像、国民像へと引きずっていく。

それが個人の思い込みや妄想、歴史の曲解などによってなされたものなら、批判するなり、否定するなり、相手にしないなり、どうとでも対処のしようがある。けれども、国家が偽史の創作者となった場合、そうはいかない。官製の偽史がいかにでたらめなものであったとしても、国家にはそのでたらめを「真実」だと国民に強制し、洗脳へと導くことのできる、暴力もふくめた圧倒的に強大な権力があるからだ。

近代日本の為政者は、まさしくこれを国家ぐるみでおこない、国民を国家の奴僕《ぬぼく》とした。まずは昭和十二年（一九三七）に文部省が刊行した『八紘一宇《はっこういちう》の精神』の一節を読んでいただきたい。

我が日本こそ諸国家・諸民族に率先し、万死をも辞せざる不退転の覚悟を以て、世界を闘争と破滅とより救済する為にこの難局〔世界的紛擾状態にある現世界〕に当らねばならぬ。然らば何故に我国が率先してこの難局に当らねばならぬか。それは宇宙の大生命を国の心とし、これを以て漂える世界を永遠に修理固成《つくりかため》なして、生成発展せしめる我が天壌無窮《てんじょうむきゅう》の国体が、正に全世界を光被すべき秋《とき》に際会して居るが為である。流転の世界に不易の道を知らしめ、漂える国家・民族に不動の依拠を与えて、国家・民族を基体とする一大家族世界を肇造《ちょうぞう》する〔初めて創り出すこと〕使命と実力とを有するのは、世界広しと雖も我が日本を措いては他に絶対にないのである。[*1]

これは狂信者の文章ではない。国民を教化し、日本を「こうでなければならない」方向へと導くために、文部省が虚実ないまぜにして——といっても、ほとんどが虚なのだが——創作した、世界創造以来の日本と日本国民の歴史的使命についての作文なのである。

世界を救済する使命が日本にあるとする主張は、『古事記』や『日本書紀』の神話をもとにしている。

『古事記』によると、まずはじめに「宇宙の大生命」であり最初の神である天御中主神《あめのみなかぬしのかみ》が、原初の世界に現れた。その後、何代かの神々が現れたのち、天地宇宙の創造者として現れたイザナギ・イザナミの夫婦神が、ふわふわと漂って形も定まっていない世界を「修理固成」した。ついで、イザナギから生まれた天照大神《あまてらすおおみかみ》が天界の主宰神となり、その子孫（天孫）であるニニギ尊（ニニギノミコト）が、高天原から地上世界に降って天皇の祖となった。

神話は、このとき天照大神が孫にあたるニニギ尊に地上を統治する権利を与えたと記す。文部省の『八紘一宇の精神』に出てくる「天壌無窮の神勅」がそれだ。『日本書紀』神代・天孫降臨章の第一の一書《あるふみ》は、こう記している。

◆葦原の千五百《ちいお》秋の瑞穂の国はわが子孫が君主となるべき国である。わが孫のニニギ尊よ、これから行ってその国を治めなさい。行きなさい。天《あま》つ日嗣《ひつぎ》の隆盛は天地とともに永久につづき、終わることはないであろう。

（葦原の千五百秋の瑞穂の国は、是《これ》、吾《あ》が子孫《うみのこ》の王《きみ》たるべき地《つち》なり、爾皇孫《いましすめみま》、就《ゆ》きて治《しら》せ、行矣《さきくませ》、宝祚《あまつひつぎ》の隆《さか》えまさむ

こと、当《まさ》に天壌《あめつち》と窮り無けむ）

日本はなぜ「天皇の国」なのか。その理由として、明治以降の国家はこの天壌無窮の神勅を挙げてきた。天の主宰神である天照大神が、地上の主君として自分の孫を下界に送りこみ、彼に対して永遠に「治《しら》せ」と命じた。だから日本は、いかなる時代であっても天孫族の血を引く天皇によって治められなければならない国なのであり、天皇の統治と天皇の国の繁栄は、天地のつづくかぎり永遠に継続する（天壌無窮）としたのである。

　さきに読んだ『八紘一宇の精神』が皇国を「天壌無窮」とした根拠も、この神勅によっている。神勅が命じたとおり、天皇家は「万世一系」で今日まで連綿とつづいてきた。とだえることなくつづいてきたという事実そのものが、神勅の正しさの証明だとして、神勅をふくむ記紀神話を太古の史実と位置づけたのである。

　このように、天の主宰神から「治せ」と命じられてはじまった〝歴史〟をもつ国は、日本以外のどこにも存在しない。そこで文部省は、日本が「流転の世界に不易の道を知らしめ、漂える国家・民族に不動の依拠を与えて、国家・民族を基体とする一大家族世界を肇造する使命と実力とを有する」地上で唯一の国なのだと主張した。

「一大家族世界を肇造する」とは、ばらばらになっている諸国・諸民族をひとつにまとめて救済し、平和な一大家族の世界を創出するということだ。日本国と日本国民には、この「世界救済の歴史的使命」がある。だから国民は、おのれのもてるすべてを天皇と国に捧げ、聖なる使命達成のために働かねばならないというロジックは、戦時中、さかんに唱えつづけられた「八紘一宇」（全世界を一つ屋根の下に治めるの意）を言い換えたものにほかならない。

妄想で染めあげられたこの思想は、いつ、どのようにして生まれ、いかなる背景のもとに日本を支配する絶対的なイデオロギーとなっていったのか。

順を追って、じっくりながめていくことにしよう。

ルーツとしての国学

日本を「神国」とする意識は、外国や他民族との比較から生まれてくる。他国と比べ、我が国はこんなにすぐれているという意識が神国意識を生み出すのだが、日本の場合はその「すぐれている」根拠として、天の主宰神である天照大神の直系子孫が王として君臨してきたとする神話が利用されてきた。日本は神々が創造・守護し、天神直系の神裔《しんえい》（神の子孫）によって治められている特別な国だという意識が、長い歴史をつうじて支配層のうちで育まれてきたのである。

すでに『日本書紀』の時代から、「神国」という表現は使われている。神功《じんぐう》皇后が「財土《たからのくに》」である朝鮮の新羅《しらぎ》を服属させたとする「新羅征討説話」がそれだ。この征討説話は、今日では史実とはみなされていないが、戦前までは史実として扱われてきた。そのなかに、日本の軍船を見た新羅王の以下のせりふがある。

◆私は、東方に神国があり、日本といい、また聖王がおられ、天皇と申し上げていると聞いている。かならずその国の神兵にちがいない。どうして兵を挙げて防ぐことができようか。[*2]

（吾聞く、東に神国《かみのくに》有り、日本《やまと》という、また聖王《ひじりのきみ》有り、天皇《すめらみこと》という、必ずその国の神兵ならん）

この説話には、神国意識が出そろっている。日本が神に護られている国だということ（神国という表現自体に神によって護られた国という意味がある）、その神の直系子孫である天皇が王として君臨しているということ、神国の兵は神の加護をこうむっている神兵だということだ。さらにこの征討は、神託によっておこなわれたとされているが、神託をもたらしたのは天照大神、天皇家の託宣神である事代主《ことしろぬしの》神《かみ》、および海を支配する住吉三神（『古事記』では天照大神と住吉三神）で、神国の神国たるゆえんである〝神々の加護〟が、巧みに説話化されている。

当時の東アジア世界では、中国の文物をとりこんでいた朝鮮が先進国だった。その先進国とわたりあい、劣等意識を克服するためのイデオロギーとして神国がもちだされているのだが、このケースのように、国の支配層が外圧や国内の反体制勢力の反抗などで緊張を強いられ、体制の維持が揺らいでいると感じられる局面になると、神国思想が亡霊のように甦った。その典型が日本の神々の権威を脅かす仏教と伝統的な神祇文化の長きにわたるすり合わせの歴史であり（神仏習合）、武力による外圧を代表する鎌倉時代の蒙古襲来だった。元寇という未曾有の国難に際して強調されたのが、この神国思想なのである。

明治以降、さかんに唱えられるようになった神国思想のルーツとされるのは、天皇家がふたつに割れて王権を争った南北朝時代の南朝方公卿、北畠親房《きたばたけちかふさ》の『神皇正統記《じんのうしょうとうき》』だ。その冒頭——「大日本《おおやまと》は神国也、天祖《あまつみおや》［国常立尊《くにのとこたちのみこと》ないし天御中主神］始めて基《もとい》を開き、日神［天照大神］永く統を伝え給う。我国のみこの事あり、異朝にはその類なし、この故に神国と云う也」[*3]という文章は、江戸時代の国学者の命題となり、尊皇攘夷を掲げて倒幕に動いた維新の志士たちの思想的バックボーンとなった。

国学の源流となった思想界の巨人・本居宣長《もとおりのりなが》は、日本を「天照大御神の御本国、大御神の直系である皇統のしろしめす御国《みくに》」と位置づけ、いかなる国も日本を尊び、「君主国とあがめ臣下となって服従」しなければならないと説いている。[*4]なぜなら日本は、「万《よろず》の国の本、よろずの国の宗《おや》として存在している御国」だからである。[*5]

記紀神話によれば、世界は神が日本を創造したところから始まった。この神話を、本居は太古の事実を伝えるものとみなし、日本を世界の発生源と位置づけた。「万の国の本、よろずの国の宗」とは、そういう意味だ。

そうした成り立ちの国柄だからこそ、日本には「宇宙のあいだにならぶもののない」真実実在の神・天照大神などの神々からじかに伝えられてきた「まことの道」が存在する。その道は、儒教や仏教の教えのように人間が頭でひねくりまわしてつくりあげた「さかしら」な学問知識の道ではない。

何が正しいか、何を守り、どのように生きればよいのかなど、「大かた世の中のよろずの道理、人の道は、神代の段々のおもむきに、ことごとく備わ」っている。[*6]

この「正しいまことの道は、全世界のどこにもなく、ただ皇国《すめらみくに》にのみ伝えられている」。なかでもわれわれが道の根本として心得なければならないのが「天壌無窮の神勅」だ。「此の勅命はこれ、道の根元大本」であり、この神勅を授かって地に降臨した「天照大御神の御皇統」を畏《かしこ》み敬って生きることは、天照大神の御心に遵《したが》って生きること、すなわち「まことの道」を生きることにほかならないと説いたのである。[*7]

日本を大宗国とするこの種の思想は、「宣長没後の門人」を自称し、明治維新に絶大な影響を及ぼした平田篤胤《あつたね》に受け継がれた。

篤胤によれば、万国を開いた「神代の尊い神々」は、みなまず日本に出現した。だから日本こそが「神の御本国」にほかならない。日本と外国では、そもそもの国の成り立ちがちがう。諸外国は、イザナギ・イザナミが海をかき回して大八洲国《おおやしまぐに》を生んだときの余波で、「潮の沫の凝り固まって成った」土地だ。しかもその開拓は、両神の国生みからずっと後の時代に、大国主神《おおくにぬしのかみ》と少彦名神《すくなひこなのかみ》がおこなった。だから外国は「末つ国の枝葉の国」であり、枝葉の国であるがゆえに、日本の古伝（宣長のいう「まことの道」）が歪んだり誤った形で伝わっている。

たとえばインドの梵天は産霊《むすび》の神の誤伝だし、キリスト教のエホバは天御中主神、アダムとエバはイザナギ・イザナミの誤伝、中国の神農氏《しんのうし》（炎帝）が天子と名乗っているのは、「天つ神の御子」という日本天皇の呼称を僭称したものだ。[*8]
この特別な成り立ちをもつ日本の統治権を授かって地に降《くだ》ってきたのが天孫ニニギ尊で、ニニギには臣下の諸神が高天原からお伴してきた。この天孫および臣下の神々や、天孫に帰属した土着の神々（国津神）らが、やがて日本人の祖神となった。だから「われわれ身分の賤しい男女にいたるまで神の子孫」であり、同じ人間でも他国とは出自がちがう――篤胤はこう主張したのである。

天皇万国総帝説

宣長や篤胤は、いうまでもなく天皇を尊崇していた。けれどもその尊崇はまだ比較的穏やかなもので、徳川将軍家による統治も、神々には深い考えがあってそのようにしているのだと肯定していた。ところが明治維新をはさむ前後になると、徳川政権の正統性はおおいに揺らぎ、天皇こそが唯一絶対の統治権者であり、日本のみならず世界を治めるべき王だとする主張がなされるようになった。その代表に、篤胤の門下の大国隆正《おおくにたかまさ》がいる。

明治維新は王政復古、神武創業への復帰という大方針のもとにおこなわれたが、この方針を岩倉具視《いわくらともみ》に献策したのが、公家の西園寺家末流の出身で真言僧から還俗していた玉松操《みさお》で、玉松の国学上の師にあたるのが、右の大国隆正だ。

大国は、明治維新後は神祇局諮問役や宣教使御用掛《ごようがかり》などを務めて明治初期の神祇思想界で重きをなしたが、彼がまだ石見《いわみ》国津和野藩士だった幕末の嘉永六年（一八五三）当時、ペリー来航に触発されて書き上げた『文武虚実論提要』で、こう主張している。

◆わが天皇は、神代のままの神の子孫であって、永遠に変わることがない。そのことを西洋人も聞き知って、日本は大国ではないけれど、西洋がさだめた王侯貴族の国のなかに数え入れている。日本人はこれらのことをよく考え合わせて、日本国は世界の総本国であるとの見識をたてるべきである。この見識を立てるときは、中国も露西亜《ロシア》も、わが日本国の枝国である。……いまよりのちには、外国の国王たちも天皇がすぐれて尊いということを知り、天皇を地上の総王とさだめ、みずからを臣と称して朝貢してくるときがあるだろうが、そのときは徳川将軍家から朝廷に申し継ぎをして、外国の国王どもに相応の官位を賜るべきである。[*9]

大国は天皇を世界の「総王」として、徳川将軍家の上に置いた。『文武虚実論提要』の二年後に成った『直毘霊補註《なおびのたまほちゅう》』でも、「天皇のみが真天子であり、支那の国王は堯や舜をはじめ、みな偽天子」だと述べ、同年の『本学挙要』においても諸外国は「世界の総主」である天皇に「朝貢」し、「天皇の臣下としてわが朝廷の官爵を受ける」べきだと唱えている。[*10]

大国のこの主張を「天皇万国総帝説」という。天皇はなぜ世界の総主・総帝なのか。大国の主張の根拠も、宣長と同じく天壌無窮の神勅に置かれている。

◆『古事記』の序文に、我が国の古事を「本教」といっているが、本教の意味は、ただ宝祚《ほうそ》無窮の神勅［天壌無窮の神勅］に集約されるものである。天御中主神は、天壌無窮の神勅の本源であり、天照大神はこの神勅の本主である。世々の天皇は、この神勅が凝って成り給える大御身［天皇の身体、玉体］だと知らねばならない。*11

「本教」について、『古事記』序は、「原初の世界は暗く曖昧で、形も定かではなかったが、二霊（イザナギ・イザナミ両神）は本教によって土（国）を孕《はら》み、島を産」んだと記している。本教によって国土が生まれ、神々が誕生したとしているのだが、その本教とは天壌無窮の神勅にほかならず、天皇の肉体身は、その神勅が凝って生まれたものだと大国は主張したのである。

さらに彼は、本居のいう「天照大神の本国」たる日本以外の海外諸国も、ナギ・ナミ両神が創り出したものだと断言した。国生みの際、不具の子として生まれ、海に流されたと『古事記』に伝えられる「ヒルコ」こそが、諸外国のルーツだというのだ。*12

こうして、本来は日本を指していた「葦原の千五百秋の瑞穂の国」は、ヒルコの領域――海外全域にまで拡大され、地球全土を意味するものとなった。昭和になって軍部と政官界が熱心に唱えだした「八紘一宇」の八紘（全世界）が、すでに明治維新の時点で、ヒルコの拡大解釈を介して偽史に取りこまれていることを、大国の文章は証している。

大国のこれらの思想は、とくに珍しいものではない。尊王論で知られた水戸学の会沢正志斎《あいざわせいしさい》は、吉田松陰《しょういん》ら勤王論者に絶大な影響を与えた幕末の思想的指導者の一人だが、彼もまた「神国日本は……日の神の御子孫たる天皇が世々皇位につきたもうて永久にかわることのない国柄である。本来おのずからに世界の頭首の地位に君臨し、天皇の御威徳の及ぶところは遠近にかかわりなかるべきものである」と、同様の主張をなしている。[*13]

自分たちの国、自分たち民族や文化を高みにおいて、他の国家や民族を低級視し、自分たちに従うべきものとする思想を、エスノセントリズム（自民族中心主義）という。江戸後期から幕末にかけて、国学者はこのエスノセントリズムを猛烈に肥大させていった。

欧米諸外国からの現実的な脅威とはまだ縁遠かった本居宣長や平田篤胤のエスノセントリズムは、おもにインドの仏教や中国の儒教など、アジアの外来思想や文化に向けられていた。ところが外国船が押し寄せ、かつて見たこともない欧米列強の巨大文明と対峙せざるをえなくなった幕末になると、対象は一気に世界規模に広がった。

その結果、天皇が神から授けられた特別な権威の及ぶべき範囲も世界規模に拡大され、「葦原の千五百秋の瑞穂の国」が、日本から世界へとバージョンアップされたのである。

日本を「万国の元本大宗たる御国」とし、天皇を未来永劫にわたる絶対的な統治権者とする思想は、歴史の改編から歴史の偽造へと急ピッチで展開していく。その帰着点が昭和前期なのだが、先を急がず、まずは維新前後の状況から見ていこう。

幕末維新期の天皇観の一側面

明治維新前後、民衆は天皇をどのように受け止めていたのか。それをうかがわせてくれる優れた研究が、奈倉哲三によってなされている。[*14]

幕末維新期にかけて創作された諷刺文芸、なかでも「いろは」四十八文字の頭字から採った四十八の諺《ことわざ》（いろは譬《たとえ》）に当節の政治的事件や人物を充《あ》て、世相・政治・権力者を諷刺する形式をとったさまざまな「見立ていろはたとえ」[*15]の類は、当時の民衆が抱いていた天皇観・皇族観を、あからさまに映し出している。

そこで描かれた天皇観は辛辣だ。

たとえば、公武合体のために妹・和宮《かずのみや》を将軍家茂《いえもち》に降嫁させた孝明天皇は、幕府に娘を差し出して保身に走る「娘を鍋で喰」う男に見立てられる。天皇と同様、京都の公家たちも利権確保に浮き身をやつす賄賂ねだりの常連と見られていた。そのことは、「諸国蛙乃鳴声」と呼ばれる京都市内で広められた落書《らくしょ》に現れている。諸国のカエルはお国訛りで鳴くとして、薩摩や越前、武蔵などのカエルの鳴き声を列挙したもので、幕府を意味する武蔵のカエルは「こわい〱」と鳴くが、山城（朝廷）のカエルは「くれい〱」のおねだり声で鳴くとからかっている。

孝明につづく明治天皇になると、禁裏《きんり》の「きんちゃん」という、あきらかに嘲った調子の表現が出てくる。奈倉によれば、戊辰戦争期の諷刺錦絵中、「天皇睦仁《むつひと》（追号明治）を呼ぶ詞書中に『きんちゃん』が頻出」するというのだ。女官に囲まれ、一切世間を知らずに後宮で育った明治天皇は、「見立ていろはたとえ」で「芋を煮えたも御存ない」とも揶揄されている。

慶応三年（一八六七）十二月に発せられた王政復古も、民衆には迷惑でしかなかったらしい。王政復古の実態は「聞いて極楽、見て地獄」。天皇のありがたみを一方的に宣伝し、天皇に感謝せよと押し付けてくる『告諭大意』（後述）は、「へたの長談義」と一蹴される。内容がなにもないのにダラダラとつづくムダ話で、聞くにたえないというのだ。

「鬼も十八　朝廷」という見立てもある。「鬼も十八、番茶も出花」で知られる諺だ。醜い鬼でも年頃になればそれなりに美しく見えるものだという譬えを踏まえたうえで、明治二年（一八六九）時点で数え「十八」の睦仁天皇も、いまは薩長ら尊王勢に担がれてありがたいものに見えているが、盛りを過ぎれば馬脚を現すだろうと揶揄しているのである。

徳川から政権を奪取した薩長新政府が、猛然と新国家づくりを進めていた明治二年、日本各地をすさまじい凶作が襲った。このとき政府は、睦仁天皇の名で「供御を減じ救恤《きゅうじゅつ》に充《あ》つる詔《みことのり》」を発した。いま人民は塗炭の苦しみにあえいでいるから、朕は食事を減らすなど「節倹」して救済に充てようと思うが、人民のなかでも他者を救済する余裕のある者は施しをおこなうようにせよという、いたってのんきな「叡慮《えいりょ》」（天皇の思し召し）だ。この叡慮を、「いろはたとえ」は「二階から目薬」と見立てた。二階からさされた目薬が、病んだ目にとどくわけもない。それと同類の口先だけのごまかしで、実効性はゼロだと見切っているのである。
諷刺の棘は、徳川を悪しざまにののしり、ひたすら尊王精神を叫びまわる「皇朝学者」にも向けられている。彼らに対する見立ては「内〔家〕の前のやせ犬」。飼い主という後ろ盾があると強気になってキャンキャン吠えたてるが、飼い主の姿が見えないと急に意気地がなくなり、尻尾を巻いて犬小屋に隠れるたぐいだというのだ。

　奈倉が収集した史料のうちでも、維新直前につくられた芝居口上仕立ての天皇諷刺「人間万事裏表」の過激さは群を抜いている。一部を引用しよう（適宜送り仮名と濁点を補った）。

　天子と尊び乞食《おこも》と賤しみ、隔てて見れば月とすっぽん、沓《くつ》と冠の違いはあれども、ギャット産れたその時は、皇子皇女も丸はだか、胎毒糞《かにばば》〔出生児の初めての糞便〕たれてオギャー〱、坊やと呼べばうなずいて、まさかにちん（朕）とも王《ワン》とも言わず、乞丐《おこも》〔乞食〕のがきもひり出せば、ヤハリ一物一体にて、天子より庶人まで、五尺の体に男根一本……。

ほどなく政府によって徹底した刷りこみが開始される現人神《あらひとがみ》天皇観は、明治維新直前のこの時点では、まだ微塵もない。天皇も乞食も生まれてくるときはおなじ丸裸。どこにちがいがあるものかと突き放す諷刺作者の目は、あくまでリアルだ。別の箇所では「天子も乞丐も、自ら耕し喰らうにあらず、精々辛苦、民の汗を貫いて喰うのは御仲間」だとも述べている。農漁民らにへばりつく寄食者という点では、天皇も乞丐も変わりはないというのである。
新政府には、こうした天皇観を大急ぎで一掃する必要があった。そこで、日本では一草一木たりとも天皇のものでないものはないという宣伝が全国展開された。その前段として興行されたのが、明治維新という「喧嘩の大騒動」だ。その裏舞台を、諷刺作者はこう描く。

江戸草分の名主株〔江戸将軍職〕を横取りせしとの目論見の、はては喧嘩の大騒動、楽屋を見れば、天王〔天皇〕様は囃子が御好きで、うっかりとかつがれ、乗り気に成て、我儘《わがまま》一ぱいもてあましたるだだっ子……ごろつきの長公〔長州〕や、ばくれんのお薩〔薩摩〕にだまされ、欲が公家《くげ》ん〔苦患〕の雲の上、困るのは天の下人也……。

天皇は囃子が好きだというのは、戊辰戦争時に官軍の軍歌として流行したトコトンヤレ節を指したものだろう。「宮さん宮さん御馬の前にひらひらするのは何じゃいな、トコトンヤレトンヤレナ」と歌われるこの軍歌は、「一天万乗の帝王」に手向かう「関東武士」に「狙い外さず」砲弾を撃ち出す「薩長土肥」の正統性と忠勇を謳っており、くりかえしトコトンヤレトンヤレナの囃子が入る。天皇はこの囃子が「御好きで、うっかりとかつがれ」た。それが維新の楽屋裏だというのだ。
本作が世に現れたのは慶応三年ごろと推定されている。徳川慶喜《よしのぶ》が大政を奉還したのは同じ年の十月だから、その少し前ということになる。天皇を「玉」扱いにしていた薩長の思惑がどのあたりにあったのかを、この諷刺は赤裸々にえぐりだしている。

政権放棄の一大イベントとなった江戸城明け渡しの狂歌もえげつない。「江戸の豚《とん》　京都のちんに追い出され」というのだ。

江戸の豚とは徳川最後の将軍・慶喜のことだ。慶喜の父の水戸斉昭《なりあき》は牛肉好きで有名だったが、慶喜は豚肉を愛好した。薩摩藩家老の小松帯刀《たてわき》にたびたび豚肉（琉球豚）を送れと無心の手紙を送っている。そこでついたあだなが「豚一」。その豚一が、京都の狆《ちん》（朕）に追い出されたと笑ったのがこの狂歌で、将軍にも天皇にも何ら敬意ははらわれていない。

これらの諷刺文芸は、「幕末期においては、人から人へと密かに書き写されたもののほかに、流行歌として歌われたり、木版刷りで出回ったり、門付け物乞いで歌い歩いたりなど、相当おおっぴらに広まっていたものが多」い。[*16] 表だっての政道批判が不可能だった時代、これら非合法の諷刺文芸は、庶民の腹に溜まった憤懣・鬱憤などの思いのはけ口だったのである。

国民教化と告諭大意

右に紹介したようなエスプリのきいた諷刺文芸は、民衆のなかでも相当の知識教養をもった都市住民の手になるものと考えられるが、人口の大半を占める庶民層[*17]は、のちの政府の対応からみて、徳川将軍や自分の国（藩）の殿様は知っていても、天皇についてはほとんど何も知らなかったとみてまちがいない。

国家を統一し、新時代を切り開いていくためには、明治新政府はそれら大多数の庶民層に、日本のほんとうの持ち主はだれかを刷りこみ、国民意識をもたせる必要があった。[*18] そこで政府は、いわば白紙状態にある大多数の民衆の教化にふさわしい天皇像として、江戸国学者たちが主張してきた天皇神話を最大限活用することにした。

日本国は開国のときから天皇のものであり、そこに住んでいる人民や土地、また土地から産まれる一切の産物は、すべて天皇のものだとする「王土王民思想」や、日本を世界で唯一の神の国だとする「日本神州説」、そこから派生する「日本親国説」などがそれだ。その典型例に、明治元年に京都府で刊行された『京都府下人民告諭大意』[*19] がある。

同書はその冒頭で、「我国は神州と号《いう》て、世界のうちのあらゆる国々で、我国より勝れた風儀をもつ国はない」と高らかに宣言する。ついで、天皇による開国と万世一系の歴史、天皇と人民の関係を、「天孫がこの国をお開きになり、倫理をお立てになって以来、皇統は少しも変わることなく御歴代の天子様によって受け継がれ、この国をお治めになってきた。天子様の下民を御愛憐なさる叡慮は深くあらせられ、下民もまた歴代の天子様を主君として戴き尊み、仕え奉って」今日に至ったのだと、のちに教育の柱となった偽史を説く。

さらに、「御国の御恩は広大であり、果てしがない。よく考えてみよ。天孫がお開きになった国なのだから、この国にある物のいっさいはことごとく天子様の物であって、そうでないものはない。生まれ落ちたときには天子様の水で洗いあげられ、死ねば天子様の土地に葬られる。食う米も、衣類も、笠も、杖も、みな天子様の御土地に出来たる物」であり、その国恩は宏大無辺なのだとねんごろに告げ諭して、天皇の絶対性をアピールしたのである。

京都府で出されたこの告諭書に、明治政府が目をつけた。明治二年二月三日、行政官から発せられた布告はこう述べている。

◆牧民「人民統治」の要領は、政治と教育教化を並行しておこなうことにある。今般京都府が『告諭大意』という一書を著し、神州の国体・国是、王政の御趣意、世界の形勢等を庶民に教諭したその文章は、要領を得てわかりやすく、無学な田舎者にも通じやすい。各戸がこの書をもつようにし、家人全員が読むようにすれば、お上と下民の考えが食いちがって対立するようなことはなく、政治と教育教化の基盤となるであろう。そこで右の書を各府藩県に授け渡すから、各府藩県は管轄する部内に告諭するように[*20]。

この布告を受けて、各地で民衆教化のための告諭書が配られた。基本のかたちは同じだが、国情に合わせた工夫もなされている。たとえば「奥羽人民告諭」では、戊辰戦争で官軍に抵抗した会津藩や庄内藩など奥羽越列藩同盟の処分が軽かったのは、すべて「天子様の寛大な叡慮」によると説き、天皇は「日本の地に生まれた者は等しく赤子《せきし》（わが子）であると思《おぼ》し召され、一人として安心して暮らせぬ者がないように、蝦夷・松前の果てまでも慈悲救済の行き届かぬ者がないようにと、日夜叡慮を労しておいでになる」と、慈悲深さを最大限にアピールしたうえで、これほどありがたい天皇の思し召しがあるのだから「お前たちは万事ご命令に背かず、安穏に家業に精を出すよう努め、くれぐれも騒動を起こさぬようにせよ」と命じているのである。[*21]

これらの「告諭」に見られるような天皇を軸とする国家統一のためのイデオロギーは、たしかに維新の創業期に不可欠ではあったろう。当時の日本には、一歩誤れば欧米列強の植民地になりかねないという深刻な外患があり、国内には、二百六十年以上の長きにわたって国を治めてきた徳川将軍家の影響が色濃く残存するという、内戦含みの内憂があった。

この内憂外患は、国がばらばらで乗り切れるものではない。そこで政府は、まず第一に幕藩体制の解体など上部構造の根本的な改革を推進するとともに、庶民に対しては、おまえたちが帰属しているのは、藩レベルのちっぽけな〝オラが国〟ではなく、大日本国だという意識をもたせるために、天皇を求心力の絶対的な中心として位置づけ、この国のいっさいは天皇のものであり、天皇による統治は永遠につづくという観念の植え込みを図ったのである。[*22]

岩倉具視の国体思想

日本を「万国の元本大宗たる御国」とする思想が江戸時代の国学者らによって強調されていたこと

はさきに見たとおりだが、権力中枢ではどのように受け止められていたのだろうか。それをよく示しているのが、明治維新の立役者の一人である岩倉具視だ。

維新がなったのちの明治二年正月、岩倉は「政体建定、君徳培養、議事院創置及遷都不可ノ四件」の意見書を書き上げて、三条実美に呈上した。その冒頭はこうだ。

◆万世一系の天子が上に在り、皇族出身の氏族・諸神の末裔の氏族・渡来民を先祖にもつ氏族ら諸氏族からなる臣下が下に在って、君臣の道、上下の分が既に確定しており、それが万古不易の国の姿となっているのが我が建国の体〔国体〕である。政体もまた、宜しくこの国体に基づいて建てられなければならない。[*23]

ここで岩倉は、「国体」と「政体」をはっきり区分けしている。

岩倉にとっての「国体」とは、天祖がイザナギ・イザナミに命じてこの国土を創造させ、その地に天孫を降臨させて永遠に統治させることを定めて以来の、不変不動の国の在りようと理解されている。「皇統一系」が神定めに定められた特別な国柄ということだ。[*24]

一方、「政体」とは、皇統一系の国体のもとで運営される政治のありようをいう。トップの天皇は未来永劫にわたって不動だが、その下の政権は、時代の状況に応じて変化していく。不変不動の国体のもと、政体が状況に応じて変化していくのであって、政体が国体を左右することはありえない。日本という国は、必ず国体あっての政体でなければならないと岩倉は主張した。この観念が、以後の国家思想の骨格となり、今日にいたるまで影響力を保持しつづけるナショナリズムの根本思想となるのである。

維新前の岩倉は、「天孫神聖清浄の神州」である日本に対し、諸外国は「醜虜犬羊糞土《しゅうりょけんようふんど》の域」だと蔑んでいた。諸外国を「末つ国の枝葉の国」と見下すエスノセントリズムの典型的な視線が、ここに認められる。

けれども明治四年から六年にかけて欧米諸国を視察し、そのあまりにも豊かで強大な文明に激しいカルチャーショックを受けたのち、岩倉は「外国の富強強大なるは我が皇国の比に非ず」と率直に認識を改め、いま最も重視し、急いで施策を打たなければならないのは「外国交際」だと主張するようになった。[*25]

当時、最大の外交懸案は、徳川幕府が欧米諸国と結んだ不平等条約の改正だった。条約は欧米側だけが実質的な治外法権のもとで恩恵を享受できる片務的な最恵国待遇、領事裁判権、協定関税の三本柱からなる屈辱的なものだったが、ようやく西欧文明に接したばかりの後進国日本には、相手国に条約改正を呑ませるだけの実力はまったくなかった。

政府は急ピッチで欧化政策を進めた。その結果、出現した極端な西欧文化模倣の一時期（明治十年代末〜二十年代初頭）を鹿鳴館時代という。政府高官らは競って西欧の文化をとりいれ、洋装で着飾って、舞踏会や演奏会などを催した。伝統を重んじる日本主義者はこれら異様な光景に眉をひそめ、貴族階級への批判の声をあげた。一方では、維新の分け前にあずかることのできなかった旧士族らが、欧米の自由主義思想に刺激されて立ちあげた自由民権運動も高揚していった。当初は士族だけの運動だったものが、やがて現状に大きな不満を抱く都市民や農民層などをまきこむ広範な運動へと発展し、政府の危機感を煽るようになった。

こうした時代の空気のなかで、欧化主義に反撥《はんぱつ》し、強く日本回帰を求める国粋主義が、明治の中頃から勃興する。時を同じくして発布されたのが、天皇の絶対的な権限と権威を法制化した大日本帝国憲法（明治二十二年）、および国民教育の指針となる教育勅語（同二十三年）だった。

この両者によって、日本の思想界を支配する国体論の根幹が出そろうのだが、そこにいたる前、まだ比較的自由にものがいえ、天皇や皇族に対する批判が絶対的なタブーとなる以前の明治十年代の言論界をみていこう。

国体論を巡る論争と福澤諭吉

帝国憲法制定以前には、天皇を絶対視する政府や右翼サイドの言論と並んで、天皇の神聖性を疑問視する意見も、ジャーナリズムを通じて発信されていた。たとえば明治十四年四月七日付の東京横浜毎日新聞社説は、こう論じている。

◆近頃は一種荒唐の説を為す論者がいる。曰く、「帝位は神聖である、皇帝は神種である」と。この説は、かつて欧州の野蛮人種中におこなわれ、大いに社会に害を与えたものだが、後世になると学士論者が登場して、この説が荒唐無稽なものであることを論破した。以来、「皇帝神種」という妄説は開明の光輝に照されて跡を滅せんとしたのだが、いまわれわれの社会では、再びこの死説を復活せしめんとする者と遭遇するに至っている。[*26]

新聞子のいう「皇帝神種の妄説」とは、先に見た『告諭大意』の説く万世一系の神孫天皇説や、岩倉のいう皇統一系の国体説を、西欧の王権神授説[*27]を例に借りつつ、暗に指摘したものだ。かつて欧州社会に害悪を流した皇帝神種説の亜流の説が、いま日本で復活されようとしているが、それは近代以降、とうに論破・精算された「死説」だとの批判である。

福澤諭吉も、開明的な意見を表明していた。

保守論者は、『古事記』や『日本書紀』の神代記などを根拠に、天皇の主権はわが国はじまって以来の伝統であると位置付け、「今の日本国民が帝室〔皇室〕を奉戴する〔君主としていただく〕ことは、あたかも唯その旧恩に報ずる義務」のように主張している。しかし、そうした意見は「維新前の古勤皇の臭気を帯び」た旧説にすぎない。今日帝室が最重視されている理由は、天皇が「人心収攬《しゅうらん》〔人の心をとらえる〕の中心となりて、以て社会の安寧を維持」しているからだというのだ。[*28]

さらに福澤は、公開を前提としない、より過激なメモも書き残している。時代に先がけた福澤の開明性がよく表れている文章なので、原文のまま引用する。

聖明の天子、賢良の臣、有り難き御代、楽き政府などとは、元来何物を指して云うことなるや。偽《つくりごと》に非ずして何ぞや。佞《おもねり》に非ずして何ぞや。人心の愚なること以て見る可し。斯《かか》る不都合なる言葉を公然と用《もちい》るの風を成してより、偽詐諂諛《ぎさてんゆ》〔虚偽・へつらい〕は人の品行に於《おい》て恥るに足らざるものと為れり。*29

政府が人民統治のために創作したイデオロギーを、福澤は「偽《つくりごと》」とし、「佞《おもねり》」と断じて一刀両断する。「聖明の天子」とは、たとえば天下万民のために暴君を倒して新たな王朝を開いた殷の湯《とう》王や周の武王、民家の竈《かまど》から煙が上がらないのを見て生活の苦しさを察し、三年間租税を免除したと伝えられる仁徳天皇らのような王を指すのだが、これらの王を挙げたうえで、福澤はそれらの伝承をきっぱりと否定する。

湯王や武王の事蹟を記しているのは「奴隷たる史官」なのだから、王に不都合なことは書くわけがない。仁徳天皇のエピソードも「諂諛《こびへつらい》を恥とせざる家来共の口碑に伝えたるまで」のことであって、信を置けるものではない。ましてや「近代の天子将軍に至っては、その人物の取るに足らざるは事実に於て明《あきらか》に見る可《べ》くして、天下衆人の心の内に認る所なれども、これを敢て外に見わ《あら》す者なし」――実際にはとるにたらない人物だと皆が心のなかで思っているが、だれもあえて口にしないだけだと書きつけたのである。

この「覚書」は、戦前の福澤諭吉全集には収録されていない。戦後、新たに編まれた全集に初めて収録されたものだが、戦前公開をはばかったのは当然だろう。

戦後版の全集で解説を書いている富田正文によると、「覚書」は明治八年から同十一年頃まで書き継がれたメモだというが、リアリスト諭吉の面目がよく表れている。「聖明の天子」だの、その天子を補佐しているのは「賢良の臣」であるだの、人民は聖天子の治世に巡り合わせた幸運に感謝せよという意味の「有り難き御代」だのは、すべてウソ偽りのおべっかだ。こんなデタラメを公然と宣伝し、国民教育に利用して恥じない政府が上に立っているから、人民も「偽詐諂諛」は恥ではないと思い、同じように振る舞うようになっているというのだ。

誤解のないよう捕捉しておくと、福澤は皇室否定論者ではない。彼はこうも書いている。
◆帝室は日本国内にある無数の家族のうちでも最も古い家族で、起原を国の開闢《かいびゃく》と共にしている。帝室以前に日本に家族はなく、以後今日にいたるまで、この国に生まれてきた国民は、ひとり残らず帝室の支流に属している。*30
これは近代日本を呪縛した「家族国家論」の先駆といってよい主張だが、それについてはあとでじっくり書いていく。ともあれ福澤は、一方では天皇家の長大な歴史と伝統を敬い、また国民の求心力の中心という役割を肯定はした。神憑《かみがか》り的な虚構まみれの天皇信仰を否定したのである。

植木枝盛の神武天皇賊王論

功利的な福澤よりはるかにラジカルに「古勤皇」流を批判した自由民権論者に、思想家の植木枝盛《えもり》がいる。植木の主張は、言論弾圧が猛威をふるった昭和ならそのまま獄死に追いやられて不思議のない過激なものだ。植木が二十四年にわたり折にふれて思想や政治論や時評や人生論などを書き綴った『無天雑録』から引用する。

日本の国学者輩は湯《とう》〔殷王朝初代の王〕が桀《けつ》〔夏《か》王朝最後の王〕を放《さ》き、武王〔周王朝初代の王〕が紂《ちゅう》〔殷王朝最後の王〕を伐ちて自ら代わりし等の事を以て賊の如く見做し、これを誹《そし》れども、神武天皇の日向《ひむか》より起りて日本全区を奪掠《だつりゃく》したるは賊と云えば賊なり、暴と云えば暴なり。[*31]

（明治十四年二月二十六日条）

国学者輩は中国の王朝交替を「賊」のおこないだと否定する。この理屈でいうなら、九州からヤマトに進軍して在地の群小の王（土豪）たちを攻め倒し、彼らが支配していた土地や人民や宝物を「奪掠」した神武のおこないも「賊」というべきだろう。ところが国学者輩は、神武に関しては賊とはせず、もともと日本は天皇家のものだったと主張する。このご都合主義的態度を、植木は「他人の屁の臭きを知りて、我屁の臭きことを知らざるものか」と一笑し去る。

さらに植木は、天皇家が今日まで存続してきた理由についても鋭い指摘をおこなっている。天皇家は、歴史を通じて時々の実権者の背後に隠れ、「余り正面に出ることなく、有れども無きが如き有様」だった。だからこそ存続してきたのであり、もし天皇家が政治のおもて面に立っていたとしたら「疾《とっ》くに亡びしやも測られざりしなり」というのである。*32

これとよく似た天皇観が、江戸時代の朝鮮通信使の報告に見られる。夫馬進によれば、十八世紀の朝鮮には「高慢な者」、「何もしないのに高禄を食む者」を指して「倭皇」や「倭皇帝」と呼ぶことわざがあった。現実の権力はないが、観念的な権威だけはあるという意味で、皇位は「虚位」とも「尸《し》位《い》」(屍の位)とも呼ばれていたというのだ。*33

武士の世とは、武士が「天下を私」にしてきた時代だが、そのときも天下の本当の主権者は天皇だったとする理解が、戦前の常識だった。将軍はあくまで天皇から「委任」されて国政を担ったのであり、岩倉流の考えによるなら、建国以来、万世一系の天皇を唯一の主君とする「国体」は不変不動だが、武家政権時代は天皇が彼らに政権を委任して国を治めるという変則的な「政体」の時代だったとする理解だ。

けれども、この種の委任論は十八世紀末から始まったものだと藤田覚《さとる》はいい、根拠のひとつとして、江戸幕府内の皇室観の変化を挙げている。政権は将軍家が天皇から委任されたものだという解釈が、この頃からにわかに幕閣内でおこなわれ始めたというのだ。[*34]
その時代の幕府老中で、将軍家斉《いえなり》を補佐した松平定信は、家斉にこう諭している。

◆日本の六十余洲は朝廷から御預かりになったことでありますから、ほんの一時でも六十余洲は自分のものだなどとお考えになりませぬように。将軍とおなりになり、天下をお治めになりますのは、あくまで御職分でございます。

（禁庭より御預かり遊ばされ候御事に御座候《そうら》えば、かりそめにも御自身のものと思し召すまじき御事に候《そうろう》。将軍と成らせられ天下を御治め遊ばされ候は、御職分に候）（「将軍家御心得十五ヶ条」）

天下六十余洲の持主はあくまで天皇であって、徳川将軍家ではない。将軍家が政道の権を握っているのは、天皇からの委任による「御職分」なのだという戒めだ。

同様の主張は本居宣長もおこなっているが、一介の国学者の思想と為政者の思想では、もつ意味の重さがまるでちがってくる。松平定信の考えは、政治のトップである将軍に、また国政そのものに影響を与えずにはおかないからだ。

けれども、天皇が徳川に大政を委任した事実はないというのが史学の定説だ。家康は力によって政権を握ったのであり、六十余洲の支配者となるに際して、天皇の認可は必要としていなかった。史学者の家永三郎も、「天皇が徳川将軍に大政を委任した事実はなく、歴代の徳川当主が家康以来の君主権を自動的に相続してきた」とし、「大政委任論は天皇が徐々に国政に関与するようになった幕末期に広がった観念的命題にすぎない」と書いている。*35

国の始まりから今日にいたるまで、天皇は日本の唯一絶対の主人だという国体イデオロギーを成立させるためには、家永のいう「観念的命題」を歴史上の事実として国民に認知させ、先に読んだ『告諭大意』式の主張を真実と信じさせるところまでもっていかなければならない。一時的にではあっても、主権が天皇から武家に移ったなどという事実は、絶対に認めてはならない。

そこで、主権は歴史を通じてつねに天皇が握っていたが、一時期、政治を武家の頭領に委任したという大政委任論が、まず江戸時代の国学者たちの間で醸成され、やがてそれが幕閣内にまで広がるとともに、勤皇倒幕を掲げる志士たちの、不動のイデオロギーとなっていった。

その後、維新が成功し、「大政奉還」や「版籍奉還」という大政委任論の真実性を実証するかのごときドラマが現実におこなわれると、委任論は明治以降の不動の史観となり、「我日本の主権は人代の初よりして常に帝室の有し給う所」(「主権弁妄」東京日日新聞・明治十五年一月)といった認識が、広く国民に共有されるにいたったのである。

その国体についても、植木はこう主張する。

和学者流は国体々々と云えども、国体は国家人民に属するものなり。人民の目的を達せんとして、その国体を作るには外ならざるなり。さればこそ人民の為《た》めに国体を造るべけれ、何ぞ国体の為

めに人民を作らんや。[*36]（明治十五年六月十八日条）

国体あっての人民ではない。人民あっての国体だと植木は主張した。

けれども日本は、真逆の方向へと突き進む。反国体的な言論を嗅ぎまわり、弾劾に血道を上げる右系マスコミ、威嚇や暴力によって言論を封殺する官憲・右翼・壮士ら権力の番犬の活動の背後には、国家権力による言論封じがあった。

言論取締を目的とした改正新聞紙条例（明治十六・二十年）、自由民権運動弾圧を目的とした集会条例（同十三年）、集会条例を強化して女性の政治参加を排除した集会及政社法（同二十三年）、内務大臣が管轄して発禁出版に関する罰則を強化した改正出版条例（同二十年）、反政府的言動の禁圧を目的として制定された保安条例（同二十年）、改正出版条例の後継法として整備された出版法（同二十六年）など、言論を厳しく抑圧するための法律は、すでに明治の時点でつくりだされている。

世間で最もよく知られている不敬罪も、明治十五年に施行された。天皇・三后・皇太子・皇陵に対する不敬は三月以上五年以下の重禁固と罰金、皇族への不敬は二月以上四年以下の重禁固と罰金が定められ、しかもこの罪に関しては「公然性」という要件が除かれた。こっそり不敬の言葉を日記に書きつけただけでも、見つかれば犯罪となる。つまり不敬罪は、国民の内心にまで土足で踏みこんで処罰できる法律として登場したのである。

これらの法律や活動の絶対的な基軸となったのは、「万世一系の国体」「国体あっての人民」という明治維新以来、着々と進められてきた国体イデオロギーにほかならない。このイデオロギーの、いわばエンジンとなったのが帝国憲法であり、教育勅語であり、国家神道なのである。

次にその展開を、じっくり見ていくことにしよう。

◉注

1　文部省『八紘一宇の精神』思想国防協会・昭和12
2　『日本書紀』仲哀天皇9年9月（訳文は井上光貞『日本書紀 上』中央公論社・昭和62）
3　北畠親房『神皇正統記』改造社・昭和15
4　本居宣長『玉くしげ』（『本居宣長全集』6・吉川弘文館・大正12）
5　本居宣長『玉勝間』岩波文庫・昭和33
6　本居宣長『玉くしげ』
7　本居前掲書
8　平田篤胤『古道大意』（『平田篤胤全集』7・内外書籍・昭和6）
9　大国隆正『文武虚実論提要』（『増補大国隆正全集』8・国書刊行会・平成13）
10　大国隆正『本学挙要』（『増補大国隆正全集』1・国書刊行会・平成13）
11　大国隆正『直毘霊補註』（『増補大国隆正全集』2・国書刊行会・平成13）
12　大国隆正『尊皇攘夷神策論』（『増補大国隆正全集』2・国書刊行会・平成13）
13　会沢正志斎『新論』明治書院・昭和14
14　奈倉哲三『諷刺眼維新変革　民衆は天皇をどう見ていたか』校倉書房・平成16
15　「見立ていろはたとえ」は単著の名ではなく、同類の文芸（奈倉は82点の史料を挙げている）を一括して奈倉が名づけた総称だ。このジャンルは「幕末以降巷に氾濫した多種類の諷刺文芸のなかでも、とりわけ流行っていた類いのもの」で、大半が幕末維新期に集中してつくられ、「維新期に迫るにつれて諷刺性が鋭くなって大流行」したという。
16　奈倉前掲書
17　農民・海民・山人・商工民・職能民など、かつて「百姓」というカテゴリーでひとくくりにされてきた層。
18　文藝春秋が主催したシンポジウムで、司馬遼太郎は「庶民」の天皇感覚についてこう語っている。「江戸時代は庶民は将軍さんがいちばん偉い、と思っていたわけでしょう。そこで王政復古になって、天皇を中心に近代国家をつくるときまったときに、天皇というものはどういうものか、庶民に説明してやらなければならない。そこで九州のある県での話ですが、地方役人が、『みんな正一位稲荷大明神が偉いことを知っているだろう、その正一位を誰がくださるのかというと天皇さまがくださるのじゃ』といってまわったというんです。庶民は天皇さんというのはお稲荷さんより偉いんだから将軍さんよりはるかに偉いんだろう、ということで何となく納得した。つまりそのくらいに、明治までは天子さまというのは半抽象の存在だった」(「日本人にとって天皇とは何か」『昭和天皇の時代』文藝春秋・平成元)

19　『京都府下人民告諭大意』(『天皇と華族　日本近代思想大系2』岩波書店・昭和63)

20　明法寮編『憲法類編・第一』村上勘兵衛ほか・明治6

21　「奥羽人民告諭」(『天皇と華族　日本近代思想大系2』岩波書店・昭和63)

22　天皇の統治と、それ以外の武家政権の統治は本質的に異なるということを説明するために、しばしば用いられたのが、統治を表す和語「しらす」と「うしはく」だ。天皇の統治は「しらす」と表現され、漢字では「領す」「知らす」「治す」と書く。「しらす」は闘いなど力比べの末に掴んだ統治権ではなく、神命に基づく先天的・アプリオリな統治権を意味する。一方、神命によらず武力など個の力に依って獲得した統治権は「うしはく(領く)」という。明治以降、天皇の統治は「しらす」であって「うしはく」ではないということが執拗に強調されてきた。
『古事記』国譲りの段(大国主神が天孫に領土を献じて服従を誓ったことを描いた段)には、天照大神らによって地上に派遣された建御名方神が、地上を支配していた大国主神に向かい、「汝がうしはける葦原の中つ国は、我が御子(天孫)のしらす国ぞ」という天照大神らの言葉を告げる描写がある。歴史上、政権は何度も変転しているが、それらの政権はすべて「うしはく」の統治権であって、「しらす」ではないということ、つまり窮極の統治権は神命によって「しらす」権能を与えられた天皇のみに存在するということを強調しているのである。

23　多田好問編『岩倉公実記』下巻・皇后宮職・明治

39

24 「国体昭明政体確立意見書(明治3)」(『岩倉具視関係文書 1』東京大学出版会・昭和43)

25 「国勢と将来の準的」に関する文書(前掲『岩倉公実記』下巻)

26 「帝王は神種にあらず」(『天皇と華族　日本近代思想大系2』岩波書店・昭和63)

27 「王権神授説」とは「国王の権力は神から授けられた絶対不可侵のもので、人民の国王に対する反抗は認められない、とする王権万能説。絶対主義時代の政治理論で、帝王神権説とも呼ばれる。旧憲法の基礎にある神勅主義もこの説の一種とされる」(『法律用語辞典』有斐閣)。絶対主義時代とは15~18世紀にかけて西欧諸国の王室で主流となった政治思想。国王の支配権は神から授かった神聖不可侵なものであり、家父長によって相続されていくとする。西欧では市民革命によって葬り去られたが、日本では明治政府が天皇主権を確立するために亜流の王権神授説を取り入れ、戦前まで最も支配的な思想として存続した。

28 福澤諭吉「帝室論」(『福澤全集』5巻・国民図書・大正15)

29 福澤諭吉「覚書」(戦後版『福澤諭吉全集』7巻・岩波書店・昭和34)

30 福澤諭吉「尊皇論」(『福澤全集』6巻・国民図書・大正15)

31 植木枝盛『無天雑録』家永三郎/外崎光広編・法政大学出版局・昭和49

32 植木前掲書

33 夫馬進「朝鮮通信使が察知した尊皇倒幕の言説」(『江戸時代の天皇　天皇の歴史6』月報・講談社・平成23)

34 藤田覚『江戸時代の天皇』講談社、平成23

35 家永三郎「天皇」、『国史大辞典』吉川弘文館

36 植木前掲書

第二章　国体論の三大支柱

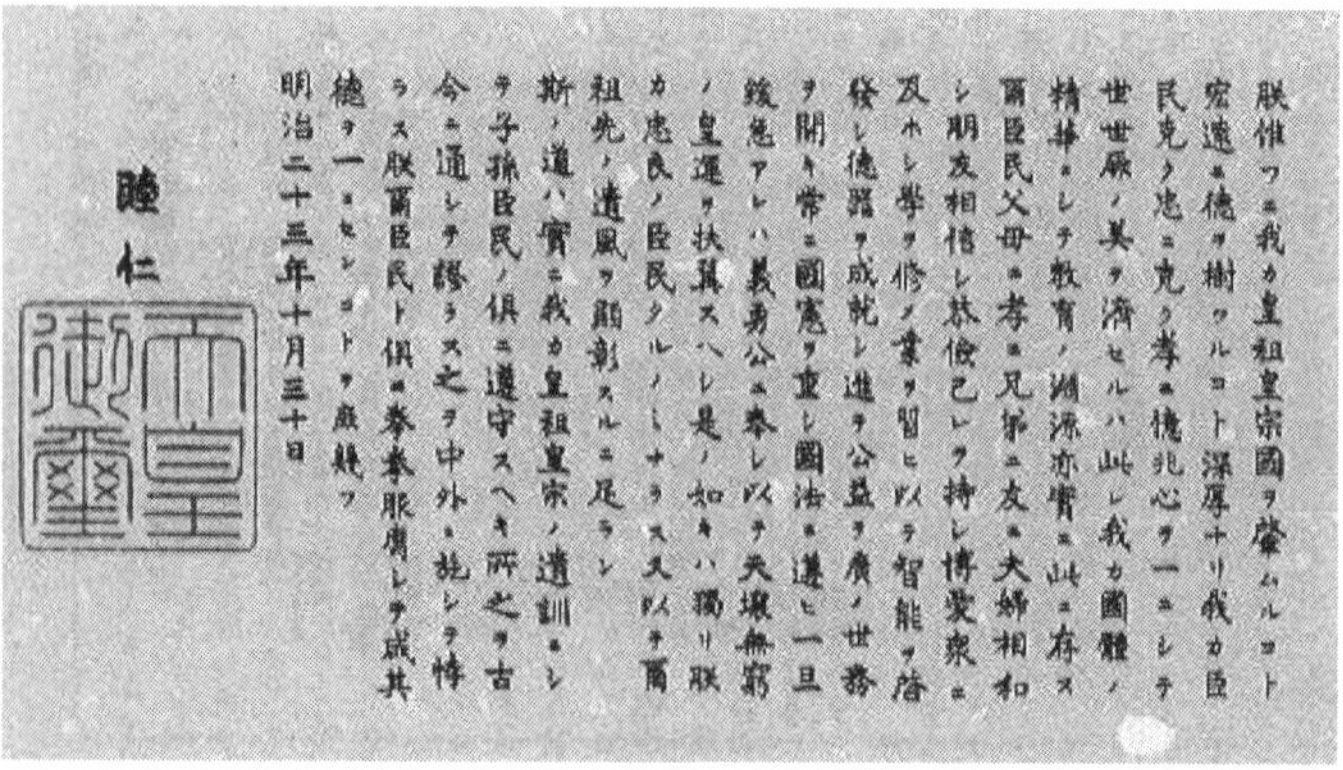
朕惟フニ我カ皇祖皇宗國ヲ肇ムルコト
宏遠ニ德ヲ樹ツルコト深厚ナリ我カ臣
民克ク忠ニ克ク孝ニ億兆心ヲ一ニシテ
世世厥ノ美ヲ濟セルハ此レ我カ國體ノ
精華ニシテ教育ノ淵源亦實ニ此ニ存ス
爾臣民父母ニ孝ニ兄弟ニ友ニ夫婦相和
シ朋友相信シ恭儉己レヲ持シ博愛衆ニ
及ホシ學ヲ修メ業ヲ習ヒ以テ智能ヲ啓
發シ德器ヲ成就シ進テ公益ヲ廣メ世務
ヲ開キ常ニ國憲ヲ重シ國法ニ遵ヒ一旦
緩急アレハ義勇公ニ奉シ以テ天壤無窮
ノ皇運ヲ扶翼スヘシ是ノ如キハ獨リ朕
カ忠良ノ臣民タルノミナラス又以テ爾
祖先ノ遺風ヲ顯彰スルニ足ラン
斯ノ道ハ實ニ我カ皇祖皇宗ノ遺訓ニシ
テ子孫臣民ノ倶ニ遵守スヘキ所之ヲ古
今ニ通シテ謬ラス之ヲ中外ニ施シテ悖
ラス朕爾臣民ト倶ニ拳拳服膺シテ咸其
德ヲ一ニセンコトヲ庶幾フ

明治二十三年十月三十日

睦仁

天皇御璽

⩓「教育勅語」原本　明治23年10月30日（東京大学蔵）

教育勅語の誕生

明治以降、執拗に唱えられるようになった「国体」という用語は、その国の状態や統治形式のありよう、その国や国民に顕著な特徴や性格（国柄《くにがら》）などを表す語なので、どの国にもその国ならではの国体がある。国体はその国の生い立ちや文化、地理風土などの環境とわかちがたく結びついており、当然ながらちがいはあっても本質的に優劣はない。

けれども日本では、国体が日本の比類のない優越性を表す言葉として用いられ、その根拠として、天壌無窮《てんじょうむきゅう》の神勅が挙げられてきた。さきにみてきたとおり、この神勅によって日本は「神の創造した国土」、「天照大神《あまてらすおおみかみ》の本国」とみなされ、「神の直系子孫である天皇が祭政一致で統治する特別な国」と位置づけられたのである。

国体の定義としてまとまっているのは、『有斐閣法律用語辞典』だ。そこでは、国体は「歴史的に発達、形成された日本国家の最も重要な特質（建国以来の万世一系の皇統による統治が中心要素とされた）を指す歴史的、倫理的観念を表した語で、主として幕末から第二次大戦後の一時期にかけて一般に用いられた」と規定され、「法令上は、旧治安維持法に用例があり、万世一系の天皇が君臨し、統治権を総攬《そうらん》することを指した」と説明されている。

今日なら、なにをもって「日本ならではの国柄」とするかは、論者の視点や立場などによって異なるだろうし、また異なって当然なのだが、幕末から敗戦までの間はそうではなかった。国体といえば、ほぼ無条件に「天皇統治の観念を中核とした国のあり方」（『日本国語大辞典』）という意味上の縛りがかかり、日本にかぎっては天皇抜きの国体論はありえないと考えられた。

国体という言葉は江戸期の国学者も使っているが、右に書いたような意味での国体観が固まったのは、教育勅語からだ。[*1]

教育勅語は明治二十三年（一八九〇）に発せられたが、きっかけは明治十一年におこなわれた明治天皇の巡幸だ。東北や東海地方を巡って地方の学校まで視察した天皇は、学校教育がいちじるしく欧米流の知育に偏っており、徳川時代の教育の柱だった儒教的な徳育が軽んじられている現状を憂慮し、自分の侍講《じこう》（天皇や皇太子に学問を教える役割の明治新制の役職）だった儒学者の元田《もとだ》永孚《ながざね》に、教育刷新の指針となる文章の執筆を命じた。

明治十二年、元田は『教学大旨』を書き上げて天皇にさしあげた。そこでは以下のように「仁義忠孝」の道徳教育が全面に押し出された。

◆いたずらに西欧の流儀を競えば将来は恐るべきものとなる。ついには君臣・父子の大義まで忘れ去られないともかぎらない。これは我が国の教学の本意ではない。ゆえにこれから先は祖宗が遺された訓典［人々の訓戒となる書物、とくに『古事記』］に基づき、もっぱら仁義忠孝を明らかにし、道徳の学問は孔子を主として……偏りのない教学を天下にあまねく布くようにすれば、我が国独立の精神において、世界に恥じることはないであろう。[*2]

この『教育大旨』を、天皇は内務卿の伊藤博文と文部卿の寺島宗則に内示して、意見を求めた。伊藤はただちに自分の考えを『教育議』としてまとめあげ、上呈した（文書は伊藤の考えを受けて側近の井上毅《こわし》が執筆した）。

そのなかで伊藤は、文明開化や欧化政策などの急激な変革に由来する弊害が、風俗や教育や言論などさまざまな分野に現れていることは事実として認めつつも、この状況は、国と人とが生まれ変わる過程で出てくる「やむを得ざる」現象だとし、維新後の教育がまちがっていたとか、昔の忠孝道徳はよかったなどという短慮でもって、現に進行中の近代国家の建設を妨害するような施策はとるべきではないと主張した。

昔はよかったと根拠もなく過去を持ちあげ、社会や教育の堕落に憤慨し、忠孝論を声高にふりかざす手合いの「政談」では、焦眉の急である日本の近代化の達成など、とても無理だということを、伊藤はよく知っていた。元田の主張する時代錯誤的な方向――「旧時の陋習《ろうしゅう》を回護《かいご》するがごとき」、忠孝を軸とした徳育論ないし国教論は、健全な国家建設の妨害になることはあっても、助けることにはならないという確信から、伊藤はこう釘を刺した。

◆かりに過去と現在をうまく折り合わせ、儒教経典の道徳論なども考え合わせた上で、ひとつの国教を建て、それを実施しようというのであれば、必ず物事の道理に通じた賢人・哲人が現れるのを待つべきである。なおかつその国教は、政府が管制すべきものではない。政府が深く留意すべきことは何かといえば、歴史・文学・慣習・言語である。これらは国家の骨組を支える基盤なのだから、大切に護るよう心を配り、まちがってもこれらを混乱させたり破壊するようなことがあってはならない。高等学校の生徒に対しては、科学的な見方・考え方ができるように教え導くべきであって、軽佻浮薄な政治談義に誘うがごとき訓導はすべきではない。[*3]

このように伊藤は、国家による「国教」管理をはっきりと否定した。為政者たる者の見識というべきだろう。

国教とは、国家がその国民に対し、これを信奉せよと指定し保護を与える宗教のことで、国家の名のもとに、その宗旨に合致する教育内容や道徳、生活スタイルなどを規定する。西欧諸国のキリスト教や中東諸国のイスラム教などが国教にあたり、日本ではあとで詳しく述べる国家神道が、事実上の国教となった。国民は国教を遵守することを義務づけられ、その教えに反する行動や言論が処罰の対象となるため、必然的に思想も行動も拘束されることになるのである。

伊藤は、元田の目指す教育理念が国教化すれば、国家が国民の良心にまで干渉することになり、進行中の近代化を後退させるという懸念から、国教云々は賢人・哲人の出現を待つべきだと婉曲なダメ出しをした。

すると元田は、ただちに『教育議附議』を著して伊藤に反論し、君であり師である明治天皇が現におわせられ、内閣にも立派な人材がそろっているいま、「賢哲その人あるを待つ」必要がどこにあるのかと疑問を突きつけた。天皇以上の賢哲など存在しないだろうという、反論封じのための巧みな牽制である。

また国教についても、『教学大旨』の趣旨は伊藤が考えているような新たな国教作りなどではないと否定した。仏教が入る以前から、我が国には皇祖神や歴代天皇による「祖訓」が存在している。その祖訓に儒教を加えた道徳の道を、教育刷新の理念としようというのが大旨の意図であり、その思いは「古《いにしえ》に復せんのみ」――日本本来の姿である「祭政教学一致、仁義忠孝上下二あらざる」時代に立ちもどろうということにほかならない。欧化がもたらしている悪弊によって日本人が忘れかけている祖訓の道を再認識し、実践しようという人旨のどこに問題があるのか、と反論したのである。[*4]

元田の理屈に根拠はない。この国に、天皇を頂点とした「祭政教学一致」の時代など存在したことはなかった。けれども伊藤には、元田の主張を強くは否定できない事情があった。伊藤ら明治政府自身が、新政権の正統性の根拠として「復古」を唱えつづけてきたからである。

さきに書いたとおり、明治政府は、日本が開国時から天皇のものであり、天皇が唯一の主権者だという「王土王民思想」を政権の礎石に据えて国策を進めてきた。なぜこの思想を礎石に据えなければならなかったのかというと、新政府が欧州の革命政府と同じような、前政権を力で倒して新たに生まれた〝薩長新政府〟と見られないようにするためだ。

明治維新は、暴力革命によってつくられた野蛮な新体制などではない。本来の主権者である天皇の国・日本への回帰、すなわち「王政復古」だとするロジックによって、自分たちの政権の正統性のあかしとしてきた以上、元田のいう「古に復せんのみ」という理屈をまともに否定することは、薩長政府自身の自己否定にもつながりかねない。だからこそ、教育をめぐる水と油の論争は、政府部内だけではなく、学者や知識人らも巻きこむ論争となっていったのである。

そんななかの明治二十三年、県知事らによる地方長官会議が、文部省の進める欧米流の知識偏重教育を強く批判し、日本固有の倫理に基づく徳育の方針を中央政府で定めてほしいと建議して、時の首相である山県有朋《やまがたありとも》を動かした。

当時、山県は軍備拡張を進める際の要件のひとつとして愛国心の涵養《かんよう》を考え、そのためには勅諭などによって天皇から教育の指針を下賜していただくのがよいという考えを懐《いだ》いていた。そこにタイミングよく地方長官会議からの建議があった。

帝国憲法は「日本臣民は法律の定むる所に従い兵役の義務を有す」と規定しているが、軍隊に入ってくる兵卒が欧米流の個人主義や自由主義にかぶれていたのでは役に立たない。徴兵前の学校教育の時点から、確固たる忠君愛国精神を叩きこんでおく必要があるというきわめて現実的な理由から、山県は構想の具体化に動き、明治二十三年三月、明治天皇臨席の閣議で教育勅語の編纂を議決させた。

文案は、法制局長官の井上毅が中心となって起草し、井上と同郷の元田永孚も参画した。伊藤博文と論争した、あの元田である。

試案を起草するにあたってとくに留意したポイントを、井上は山県宛明治二十三年六月二十日付の書簡に書き綴っている。そこで注目されるのは、「君主は臣民の良心の自由に干渉せず」とする、立憲君主主義に基づく井上の主張だ。帝国憲法には「良心の自由」に関する規定はない。けれども井上は、臣民の良心の自由は守られなければならないという信念から、勅語を「政事上の命令」として発してはならないと山県に書き送った。[*5]

もし勅語が国務詔書など法的な拘束力をもつ公文書の形式で発せられたら、それはただちに臣民の良心の自由を縛る国家命令と等しいものとなる。そこで井上は、勅語から法的拘束力を抜きとるために、国務詔書では欠かすことのできない国務大臣による副署を除き、勅語を明治天皇個人の「著作」とするという妙案をひねりだした。作家が自分の思想をもりこんだ作品を世間に発表するのと同じように、教育勅語は明治天皇が抱いている教育に関する理念を「著作」し、発表なさったものだと位置づけることで、法的拘束力から切り離そうとしたのである。

井上の周到さは、ほかにも随所で発揮されている。たとえば、国学者や神道者らが好んで用いる「天を敬い、神を尊ぶ」式の観念的な表現は、宗教上の論争を巻き起こしかねないという理由で退けた。政論の種になりそうな政治臭のある表現や、漢学者流の大仰な表現も排除した。勅語が原因で不必要な争論が起こり、結果として天皇の尊厳に傷がつくことを避けたのである。

かつて伊藤との論争では、伊藤の立憲君主主義的な立場に噛みついた元田だが、勅語においては井上の方針を尊重した。かくして勅語は、「社会上の君主の著作公告」という特殊な位置づけのもと、広く国民に提示された。

けれども井上のこまごまとした努力は、たちまち水泡に帰した。明治二十三年十月三十日に教育勅語が発布されると、文部省はただちに教育に関する諸法規（明治二十四年制定の「小学校設備準則」「小学校祝日大祭日儀式規定」「小学校教則大綱」）に教育勅語を取り入れた。その結果、学校式日における勅語の奉読と御真影への最敬礼が義務化され、勅語は法的にも精神的にも、絶大な拘束力をそなえることとなったのである。

発布前後の状況を、物集高量《もずめたかかず》（父の物集高見とともに『広文庫』二十巻や『群書索引』三巻を編纂した国文学者）が簡潔にまとめている。

教育勅語が出される以前、日本の教育界は欧米先進国の文物移植に汲々として、「我邦古来の文物制度を捨てて顧み」なくなっていた。そんな状況のなか、明治二十二年に帝国憲法が信教の自由を認めたため、キリスト教への入信者や共鳴者が大いに増加し、逆に前代からキリスト教を激しく敵視してきた仏教や神道が劣勢に追いこまれた。

この状況に、右翼陣営は危機感を強めた。ところが憲法発布の翌年、「教育勅語の渙発さるるや、従来国粋保存主義は、一転して国家主義となり、忠孝主義の道徳は到る所に唱導せられ、忠君愛国を以て教育の金科玉条となすに至」った。

そこでキリスト教を最大の商売敵として敵視してきた日本の宗教界も、ただちに勅語ブームに便乗し、「仏教の徒は勅語は仏典に淵源を汲めりとなし、神道の徒は我邦二千年来の国民道徳と国体の精華、これ即ち勅語の精神なりと論じ」るにいたったというのである。[*6]

国体論の支柱としての憲法

次に、国体論のもうひとつの大支柱である憲法についてみていこう。勅語発布の前年、明治二十二年二月十一日に公布され、教育勅語が発せられた翌月（明治二十三年十一月二十九日）に施行された大日本帝国憲法は、その第一条から三条までの条文で、天皇の法的な位置付けを規定している。

第一条　大日本帝国ハ万世一系ノ天皇之ヲ統治ス
第二条　皇位ハ皇室典範ノ定ムル所ニ依リ皇男子孫之ヲ継承ス
第三条　天皇ハ神聖ニシテ侵スヘカラス

条文に明らかなように、国家統治の大権はひとり天皇のみが有することと定められている。なにを根拠に、統治の大権が天皇ひとりのものと定められたのか。憲法の「告文《こうもん》」（前文）が、その根拠を明示している。

皇朕《わ》レ天壌無窮ノ宏謨《こうぼ》ニ循《したが》ヒ惟神《かむながら》ノ宝祚《ほうそ》ヲ承継シ、旧図ヲ保持シテ敢テ失墜スルコト無シ

自分（明治天皇）は「天壌無窮」という神々の広大な統治の御計画（宏謨）に循って皇位（惟神の宝祚）を承継し、天壌無窮の統治という大事業（旧図）を保持してきたと、ここで天皇（実際は天皇を担ぐ為政者たち）は述べている。つまり皇位の承継も、統治の大権も、すべて天壌無窮の神勅に起源するというのだ。

神勅そのものは、盛られた内容もふくめて広く古代世界に認められる神話のたぐいにすぎない。けれども、神勅を神話として片づけたのでは、神勅にもとづく王土王民思想を錦の御旗として樹立した明治新政府の正統性が失われ、天皇の権威や権力も瓦解する。そこで明治政府は、この神勅を太古に実際に起こった揺るぎない事実と見なすことによって、過去・現在・未来にわたり変わることのない統治権者としての天皇、というフィクションを構築した。その高らかな宣言が、国家統治の根本法である憲法によって規定された第一条なのである。

天照大神から連綿とつづいて今上にいたる天皇の血統を「一系」と呼ぶのは、天照大神に発し、初代神武天皇以来、ひとつながりになっている神の血筋という意味だ。しかもこの血統による「葦原の千五百秋《ちいお》の瑞穂の国」の統治権は、天照大神によって「天壌《あめつち》と窮り無けむ」と保証されている。だからその血統は、必然的に永遠につづく一系、「万世一系」ということになる。

大日本帝国がつづくかぎり、天皇は統治の大権を保持するということ、皇位は天照大神―神武天皇

の血をひく「皇男子孫」のみが承継するということ、神定めによって地位を規定されている天皇はなにものにも冒されない神聖不可侵の絶対者――つまり現人神だということが、憲法という国家の根本法によって法的に確定されたのである。

以上のことは、憲法公布の際に天皇の意思として表明された「上諭《じょうゆ》」（発布文）でもはっきりと示されている。上諭は「国家統治の大権は朕がこれを祖宗に承《う》けて、これを子孫に伝うる所」だと強調したうえで、この憲法は天皇のほかにはなんぴとたりとも改憲の発議をすることはできないと釘をさし、「現在および将来の臣民はこの憲法に対し永遠に従順の義務を負うべし」（傍点は引用者）と明記して、天皇に対する国民の永遠の隷属を義務化した。

ただし、ここで注意しておかなければならないのは、これが天皇の意思そのものではなく、伊藤博文ら現人神の創作者たちの意思だったということだ。

家永三郎は、明治憲法は「国民の政治参加を一定限度内で許容し、立憲主義の外観を採用しながら、立憲主義を骨抜きにするメカニズムを用意し、かえって天皇制を強化するという新しい支配方式」にもとづいて編まれたものだと評価している。*7

歴史に明らかなとおり、明治憲法は伊藤博文が中心となって研究が重ねられ、プロイセン憲法を模範として井上毅が起草した草案をもとに、枢密院における数次の審議をへて誕生した。プロイセン憲法をはじめて日本に紹介したのも井上だ。

明治憲法は、体裁こそ君主によって制定され、人民に下賜された憲法（欽定憲法）という形式をとっているが、現実の作り手は伊藤ら〝天皇神輿の担ぎ手〟であり、中身は家永が指摘しているとおり、天皇制強化のための「新しい支配方式」を確かなものにするよう緻密に計算された〝薩長幕府〟の都合に基づく憲法であって、皇祖皇宗の遺訓だの、統治の洪範（模範）だのといった仰々しい文言は、薩長幕府の実質的な支配をカムフラージュするための、一種の煙幕にすぎない。

憲法を読むと、表面上は天皇がオールマイティの権力を握っているように見える。しかしそれは、国民がそのように錯覚するように仕組まれた天皇像であって、実際の天皇は、「この憲法の条規に依りこれ〔国家元首として統治権を総攬すること〕を行う」（第一章第四条）という条文によって憲法による制限がかけられることが示され、行政に不可欠な法律の制定に際しては、議会の「協賛」が必要だとして、議会による〝縛り〟がかけられていた（第一章第五条「天皇は帝国議会の協賛を以て立法権を行う」）。

ここでいう「協賛」の意味は、枢密院で議論された憲法原案を見ると、よりはっきりする。原案は、「天皇は帝国議会の〝承認〟を経て立法権を施行す」となっていた。議会の「承認」なしには、天皇といえども立法権を行使できないと規定されていたのである。

この文章は、枢密院で強い反対にあった。「承認」というのは下位の者が上位の者に認可を求めることだから、天皇が議会の下位に立つことになる。すべての上に君臨する天皇が、臣民の下位に立つがごとき意味合いの用語など、断じて認められないというのだ。

この反対に対し、伊藤は「立憲政体を創定するときには、天皇は行政部においては責任宰相を置いて、君主行政の権も幾分か制限され、立法部においては、議会の承認を経ざれば法律を制定する事能わず。この二つの制限を設くること、これ立憲政体の本意なり。この二点を欠くは、立憲政体にあらず」と主張した。天皇には行政府（政府）と立法府（議会）による「制限」がかけられる。それが立憲政体というものであり、この制限を欠いたのでは、憲法をつくる意味はないと論じたのである。[*8]「承認」という表現は、その後の審議で「翼賛」に書き替えられ、最終的に「協賛」という表現におちついた。政府・議会による天皇権への制限がぼかされたわけだが、内実は制限そのものにほかならなかった。つまり天皇は、それまでもそうだったように、憲法においても実権者である〝薩長幕府〟のコントロール下に置かれたのである。[*9]

伊藤らが目指していたのは、君主の権力に憲法が一定の「制限」をかける日本式の立憲君主国（制限君主制ともいう）であって、君主の意思がすべてに優越する絶対王制などの専制君主国ではなかった。さきに記した第一章第五条の条文は、まさにそのための条文だった。

ただし明治憲法の場合、この制限はヨーロッパがそうであったような国民の権利保護を目的として設けられたわけではない。そのことは、明治憲法が徹底した君権主義や民権抑制で貫かれていることから明らかだ。先の上諭にあったとおり、「現在および将来の臣民はこの憲法に対し永遠に従順の義務を負う」のである。

明治憲法は、為政者が国民に定着させなければならないと考えていた天皇の絶対性や神聖不可侵性を巧みに法文化したが、そこでイメージ付けされた天皇像は、あくまで国民向けの表看板であって、実態ではない。天皇の実態は、〝薩長幕府〟によって担がれた神輿の扉の奥に祀りこまれた、国民からは絶対にのぞくことのできない秘密の御神体にほかならない。その人は、生きて現実を動かす統治権者ではない。この神輿を担ぎ回って国民に天皇信仰を強制し、実際に国政を担ったのは、伊藤ら明治国家の創作者たちなのである。

久野収と鶴見俊輔がその共著で天皇制国家を「みごとな芸術作品」[*10]と呼んだとおり、伊藤はこの仕事をほとんど完璧に成し遂げた。しかしこの「作品」は、あまりにもみごとにできすぎた。伊藤らがうまくやりすぎたといってもよい。あまりにもうまくやりすぎたがために、天皇信仰そのものが為政者のコントロールから離れて、幽鬼のように一人歩きするにいたるからである。それについては、後の章で再説するだろう。

明治憲法下の憲法学の二大潮流とされるのは、①有賀長雄、末岡精一、一木喜徳郎《いちききとくろう》から美濃部達吉に至る天皇機関説学派と、②穂積八束《やつか》から上杉慎吉に至る天皇主権説学派だが、伊藤は天皇を国家の「機関」と見なす前者陣営の人間だった。[*11]

さきに伊藤が元田の『教学大旨』に否定的な意見を述べ、伊藤の右腕として働いた井上毅が山県有朋に対して教育勅語を「政事上の命令」文書としてではなく、天皇の個人的な「著作」物とするよう働きかけたのは、天皇はあくまで立憲君主制の枠内、つまり政府の管理下においておくべきだという信念からだったろう。

けれども、右翼・国家主義陣営には、薩長閥が維新前後から国家統治の戦略として国民にそそぎこんできた天皇信仰という〝毒素〟が、すでに全身に回っていた。彼らにとって、天皇はまごうことなき現人神であり、現人神から発せられた教育勅語は、神命そのものでなければならないという確固たる信仰の過激な信奉者となっていた。

しかも憲法は、この国が「万世一系ノ天皇」のものであり、つねに皇祖皇宗と一体となって活動している天皇は、まさしく「神聖ニシテ侵スヘカラス」という絶対的な存在だと明示している。ならばその天皇から下された勅語は、神話時代からつづく皇祖皇宗の勅語にほかならない。そう解釈した右翼・国家主義陣営が、教育勅語で強調されている忠君愛国を絶対的な神命と見なしたのは必然だったのである。

神道と祭政一致

明治以降、国家の管理と保護のもと国教的な性格を与えられ、天皇信仰の中軸をになった神社神道を「国家神道」という。国家神道という呼称そのものは、政府や神道サイドが自称したものではない。戦後GHQ（連合国最高司令官総司令部）が使った「ステート・シントウ」の訳語として一般化したものだが、その性格はまさしく「国家の神道」に合致している。

明治の神道には、国家神道とは別に国家から公認を受けた神道十三派[*12]があり、教派神道と総称されているが、教派神道の天皇崇拝や祭祀は、それぞれの教団の信仰や教義にもとづく私的なもので、国家が公的な天皇崇拝・祭祀と位置づけて強力にバックアップした国家神道とは異なる。国家神道は、国家権力が長い歴史をもつ神社神道を天皇信仰のイデオロギー一色によって再編し、祭祀を整備し、神社役員の人事権まで掌握したうえで新たにつくりだした、明治生まれの神道なのである。

さきにみてきた「大日本帝国憲法」と「教育勅語」は、国体論のもうひとつの支柱である「国家神道」の成立とも、わかちがたく結びついている。三者の関わりを探るために、ここで明治神道の歩みをざっとながめておくことにしよう。

明治元年三月十三日、政府は「王政復古」を宣言し、復古される王制は「神武創業」の時代にならい、当時おこなわれていた「祭政一致」の体制でいくと布告した。祭政一致がどのようなものと受け止められ、教育現場で教えられていたかを示す好例がある。やや後年の史料になるが、明治二十九年に刊行された『諸府県小学教員検定試験問題集』に挙げられている、以下の問題と模範回答例がそれだ。

◆(問) 祭政一致ということを説明せよ。
(答) 古代政治において、最も重大とされていたのは神祇を祭祀することであった。天下を治めるにあたり、天皇は第一の業として御自ら潔斎して神を祀り、大臣や大連《おおむらじ》ら高官たちも政治と祭祀のまつりごとを掌《つかさど》って、いかなることもすべて神意を伺った上で実行に移した。これを祭政一致という。*13

模範解答にあるとおり、「いかなることもすべて神意を伺った上で実行に移」すというマツリゴトの在り方が、祭政一致と呼ばれる。祭政一致は宗教と政治が未分化だった古代世界で広くおこなわれていた政治形態で、古王国時代のエジプト、シュメール、古代ギリシアなど数多くの地域で類似信仰が認められる。政治と祭祀が未分化の古代社会にあっては、共同体の首長がしばしば神の名において祭祀と政治の両権能を握ったからだ。

日本でも、邪馬台国の女王・卑弥呼のケースに明らかなように、祭政一致による国の運営がおこなわれてきたことは確実で、オオキミと呼ばれた時代の天皇家も、日本各地の豪族と同様、古代的な祭政一致の政治形態をとっていたらしいことは、記紀神話や考古学の知見などからうかがうことができる。

ただし、維新後に唱えられるようになった祭政一致は、古代世界でおこなわれていた史実としての祭政一致ではない。当時の国学者や神道家らが〝妄想〟したのは、天孫降臨の時点から高天原《たかまのはら》の神々によって定められた、他に代替のきかない、万世一系の天孫の血筋にのみ課せられている、世界で唯一無二の、惟神《かんながら》（神とともに為される神そのもののおこない）によるマツリゴト（祭事であり同時に政事）――という意味だ。彼らが自分たちの神道を「かんながらの道」や「惟神神道」と呼んだ理由もここにある。

維新のエンジンとなった水戸学や平田派国学に属する学者や神職たちは、「神祇を崇《たっと》び、祭祀を重んずるは、皇国の大典であり、また政教の基本」だと主張し、祭政一致こそが「国体の根源」だと位置づけた。[*14] ところが時代が下るとともに、仏教など外来宗教が入りこみ、武家がほんらい天皇のものである政権をほしいままにするなどの変態的な政体時代もあって、マツリゴトの理想の姿である祭政一致は長らく忘れ去られた。

けれども維新が成就し、王政復古の大号令がかけられたいま、太古以来の祭政一致の世にもどすのは神意そのものだと彼らは主張し、明治政府も「国体の根源」としての祭政一致というフィクションを、新たな王制のイデオロギーとして取りこんだのである。

国教化に突き進む神社神道

明治の祭政一致論は、他国・他民族を劣等視するエスノセントリズムと一体化した国学・神道思想から生じた。そのため、神道以外の宗教は、皇国本然の姿を損ねる不正で異質な、また神智ではなく人智によってこねあげられたさかしらな教えと見なされ、排斥の対象となった。

その代表として糾弾されたのが、本居宣長《もとおりのりなが》や平田篤胤《あつたね》らが口を極めて批判し、否定した仏教で、まっさきに神社から追い出された。ほかにも諸宗や民間呪術信仰などが混淆して生まれた修験道《しゅげんどう》、密教系の習合神道、日蓮系の法華神道、密教から理論を借りて創作された吉田神道、陰陽道《おんみょうどう》、天社土御《てんしゃつちみ》門《かど》神道、民間巫覡《ふげき》などが次々整理や粛正の対象となった。

寺社に関する法令は、明治初年から矢継ぎ早に連発されている。初年だけを見ても、三月十三日に「祭政一致の制に復し、天下の諸神社を神祇官に所属せしむ」ことが布告され、その月のうちに「切《きり》支丹邪宗門《したんじゃしゅうもん》」に対する禁制や、神仏分離令が発令された。四月から閏四月にかけては、神社の神々につけられていた菩薩号が廃され、古代から神社や神社系列寺院の管理を担ってきた別当・社僧に対する還俗《げんぞく》命令も発せられた[*15]。

注目されるのは神職の葬式だ。それまで僧侶に委ねられてきた神職やその家族等の葬儀は、以後、すべて神葬式（神道による葬儀）に改めよという達しが、元年閏四月十九日、新設まもない神祇事務局から出されている。

明治二年には「府県奉職規則」が発せられた。「邪宗門はもちろん、怪異の教法一切を厳禁する。府県の担当部局は、怠ることなく実情を調査して庶人を迷妄から解放せしめ、政府の方針である政教一致〔祭政一致と同義〕の意味や由来をよくわきまえて、それに反する宗門・教法に対してはしっかり処分をおこなうようにせよ」という命令が下され、さきに出されていた神仏分離令の影響もあって、御神体その他の仏像の破壊や焼却など、神社から仏教色を一掃する過激な廃仏毀釈の嵐が全国に吹き荒れることとなった。

このように、政府は神道に突出した優位性を与えるための諸政策を、矢継ぎばやに推進していった。その極めつけが、明治四年五月十四日の太政官布告第二百三十四号だ。天皇の祖神を祀る伊勢神宮をすべての神社の頂点として、神社界全体のヒエラルキーを確定し、全神社を国家の管理下に置くための施策で、この布告により全国神社の社格が定められた。

この施策により、全神社は官社と諸社に二分された。「官」すなわち国家が管理する「社」である官社は、神祇官が祀る官幣社と、地方官が祀る国幣社の総称で、それぞれ大・中・小の社格に分類整理され、ともに神祇官の管領下に置かれた。

官社のうちの官幣社には、祈年祭・新嘗祭《しんじょうさい》・例祭ごとに皇室から神への供物（幣帛《へいはく》）が供進され、国幣社に対しても祈年祭と新嘗祭ごとに皇室から幣帛が供進されたが、例祭には国庫から幣帛料が供進される点が異なった。国家に帰属する官社が皇室や国庫から幣帛や幣帛料を受け、神祇官の管理のもとに祭祀がおこなわれるということは、その祭祀が国家の祭祀であることを示している。この制度によって、神社神道は事実上、日本の国教となったのである。

おもな官社を別表に掲げた（表二）。表から明らかなように、古代からつづく著名な神社は官社中に網羅されており、残る神社は諸社に分類されて、地方官が管理するものとされた。府藩県が管轄する府社・藩社・県社、郷村が管轄する郷社（産土社《うぶすな》）である。

こうして社格を定める一方、政府は神社を「国家の宗祀《そうし》」と位置づけ、神職などの人事権も国家が全面的に掌握するという大胆な施策を実施した。

古くから信仰を集めてきた著名な古社には、神職を世襲している特定の家があり、それらの家は社《しゃ》家《け》と呼ばれてきた。たとえば伊勢神宮祭主の藤波家（大中臣氏《おおなかとみ》）、大宮司の河辺家（中臣氏）、内宮禰《ないくうね》宜《ぎ》・荒木田《あらきだ》氏の裔《すえ》にあたる禰宜職約三十家、外宮《げくう》禰宜・度会《わたらい》氏の裔にあたる約三十家などがそれだ。ほかにも、熱田神宮大宮司の千秋《せんしゅう》家、出雲大社の千家《せんげ》家と北島《きたじま》家（いずれも出雲国造《いずもこくぞう》家を名乗る）、住吉大社の津守家《つもり》、賀茂別雷《かもわけいかずち》神社の賀茂県主《あがたぬし》の末裔など、古社・名社には必ずといってよいほど社家が存在し、それぞれの信仰と伝統を受け継いできた。

ところが明治政府は、「国家の宗祀」である神社は「一人一家の私有にすべきものに非ず」と布達

表一　明治四年五月時点の社格

官幣大社（二十九社）	賀茂別雷神社　賀茂御祖神社　男山八幡宮　松尾神社　平野神社　稲荷神社　大神神社 大和神社　石上神社　春日神社　広瀬神社　龍田神社　丹生川上神社　枚岡神社 大鳥神社　住吉神社　生国魂神社　広田神社　氷川神社　安房神社　香取神宮 鹿嶋神宮　三島神社　熱田神社　日吉神社　日前神社　国懸神社　出雲大社　宇佐神宮
国幣大社	明治四年時点ではなし
官幣中社（六社）	梅宮神社　貴船神社　大原野神社　吉田神社　北野神社　八坂神社
国幣中社（四十五社）	浅間神社　寒川神社　諏訪神社　気比神社　籠神社　熊野神社　住吉神社 吉備津神社　厳島神社　熊野坐神社　大山祇神社　宗像神社　香椎宮　阿蘇神社など
官幣小社	明治四年時点ではなし
国幣小社（十七社）	出羽神社　白山比咩神社　日御碕神社　事比羅神社　英彦山神社など

して、ひとまず世襲神職（社家）を全廃し、「伊勢両宮の世襲神官を始め、天下大小の神官・社家に至るまで〔国家が神職を〕精選補任」すると布告した。[*16]

もっとも、維新のときから新政府と深いつながりを保ってきた社家が多々あり、古代からの名家は天皇家など権力筋と密接な関係もあったことから、政府は有力社家については新たに華族に列し、また事実上、世襲を認めるなどの柔軟な運用で対応した。

重要なのは、祭政一致に不可欠な神祭の場である神社を「国家の宗祀」とすることであり、神社の格付けや整理統合、人事権の掌握は、そのためにこそ必要だったのである。

全国民の氏子化政策と神道式葬式の創出

もう少し明治初期の神道政策を見ておきたい。

当時の政府の意図をよく表しているものに、四年七月の「大小神社氏子取調規則」がある。江戸時代以来、仏教寺院の巨大利権となってきた檀家制度を廃し、全国民を各地の神社の氏子として管理することを目指した新たな規則で、以下のように定められている。

◆一、臣民一般に出生児があれば、出生した旨を戸長に届け、その子を必ず神社に参詣せしめ、その社の神の守札《まもりふだ》をもらい受けて所持すべきこと。

ただし社参の節は必ず戸長の証書を持参すること。証書には出生児の名、生年月日、父の名を記し、戸長が相違ない旨を証すこと。この証書を神官に示すべし。

一、いま現在、所属神社の守札を所持していない者は、老幼を問わず、生国、姓名、住所、生年月日、父の名を記入した名札を戸長に届け出よ。戸長は名札を神社に示し、守札をもらい受けて氏子各人に渡すべし。……

一、氏子が他の管轄地に移転するときは、その管轄地神社の守札を別に申し受け、先に所持していた守札とともに所持すること。

一、氏子の家中に死亡者が出たときは戸長に届け出、守札は戸長から神社神官に返却すること。[*17]

……

江戸時代の寺院は、宗門人別帳《しゅうもんにんべつ》を作製して檀家の宗門や戸籍を管理し、切支丹関係者を監視するなど一部の行政事務を幕府に代行しておこない、その見返りとして、数々の利権を得てきた。檀家の葬式の独占権、年忌・命日などの追善法要、常時の参詣、彼岸会《ひがんえ》や縁日・祖師忌など行事日の参詣、寺の修繕や増改築など各種寄付の課金などである。

明治政府は、この檀家制度を解体させるべく、右に示したとおりの氏子調《しらべ》の新制度を打ち出し、寺と檀家の関係を、神社と氏子の関係に切り替えようとした。

けれどもこの付け焼き刃の試みは、社会の隅々にまで頑強に根をおろしていた檀家制度にはとうてい太刀打ちできず、二年後の明治六年五月には、別に沙汰《さた》があるまで施行に及ばずという太政官布告が出され、事実上の廃止に追いこまれている。

寺の最大利権は葬儀や年忌法要など「死穢《しえ》」にかかわる法事だが、政府はこれについてもメスを入れようとした。明治元年に、神職家の葬式は仏式ではなく神道式の神葬式にせよという布達が出たことはさきに書いたが、五年になるとさらに徹底した指示が出される。「従来、神官は葬儀には関係しないことになっていたが、これからは氏子などから神葬祭の依頼を受けたときは、神官が喪主を助けて葬儀を取り扱うようにせよ」[*18]と命じたのである。

皇室の神道も神社神道も、古代から一貫して死穢を忌避してきた。人間や動物の死体には穢《けが》れが発生するとみなして、穢れが清まるまでの一定期間は、公の場所に顔を出し、他者と交わったり仕事などをしてはならないと規制してきた。この伝統的なルールを、政府は自分たちの都合のために、いともたやすく否定したのである（ただしこの神葬祭取扱は、明治十五年に再び禁止となる。その背景については後述する）。

神社を「国家の宗祀」とするための施策はその後も切れ目なくつづく。中世以降、混乱したままになっていた祭祀や儀典を正し、社格に応じた「祭祀の恒式《こうしき》」を定めるという名目で、式部寮《しきぶりょう》が「神社祭式制定」を府県に通達し、官社における諸祭式を画一的に統一した（明治八年四月）。この制定を皮切りに、細則にわたる祭式の全国一律化が進められ、明治四十年（「神社祭式行事作法」内務省）、大正三年（「官国幣社以下神社祭式」内務省）と改正が重ねられて、現在にいたるまで明治生まれの祭式が神社本庁により踏襲されている。

明治政府の宗教政策がめざしていたものは、ここまでざっと概観してきた法令や施策等で明らかだ。一連の宗教政策がもつ意味を、井上寛司は「神社の持つ歴史的・宗教的伝統の否定を通して、『国家の宗祀』たるに相応しいものに権力的に再編成することを意図したもの」と規定し、この再編により、神社は「それまでの信仰対象としての宗教施設から、国家的儀礼の場」へと転換されたと、的確に総括している。[*19]

古代から連綿と受け継がれてきた神社神道という今日のイメージは、主に戦後GHQの命令によって国家から切り離された神道界が、組織の存続と再生をかけて広めてきた、かぎりなく虚構に近いイメージにほかならない。今日の神社神道の骨格は、ほぼすべてが明治生まれの、新しい神道の形なのである。

信教の自由と神社非宗教論

明治政府は、『『天皇教』ともいうべき国家的イデオロギーそのものを信仰内容とする『新たな宗教[*20]』』、すなわち国策によって新たにつくりだされた明治生まれの神道に、一律的に国民を取りこむことをめざした。

神道が年を追うごとに国教化されていく状況に対する危機感から、島地黙雷《しまじもくらい》ら仏教者は「信教の自由」と「政教分離」の論陣を張って対抗した。なにを信仰するかはあくまで個人の自由に任すべきで、国家が権力にものをいわせて強制すべきものではないと主張し、神道を国家の紐付きにしている政教一致の体制を改めて、神道を政治から切り離すべきだと主張したのである。

この主張は、仏教者のみならず一部の知識人やジャーナリズムのあいだでも支持され、木戸孝允《たかよし》を始めとする政府首脳の一部まで、認識を共有したというから、無視できない世論が形成されていったとみてよい。

こうして「政教分離＝信教の自由」を当然とする認識が急速に広まるなか、国民教化を担う教部省がひとつの結論を出す。明治八年、神仏各宗の管長に対し、政府が「信教の自由」を保障し、各宗の教法家を保護する旨を口頭で伝達したのである[*21]。

信教の自由が認められたということは、神道が仏教やキリスト教などとともに、国民がみずから選びとることのできる宗教のひとつとなることを意味する。この口達《くたつ》により、神道家や政府部内で神道国教化を推進してきた者たちは、一頓挫をきたした。ここから、神道国教化を推進する勢力の逆襲が始まる。彼らは驚くべき理屈を持ち出して「信教の自由」派に対抗した。

「神道は宗教ではない」――なんと、こう主張し始めたのである。

「神社非宗教説」の典型例として、前出の井上寛司は明治七年六月の大内青巒《せいらん》による建白書を挙げている。大内は仏教サイドに立つ思想家だが、国体を護るという立場から、神道を宗教のひとつとすることの危うさを、以下のように訴えた。

◆神道は祭儀祭礼の盛大な儀式であって、我が今上陛下が御祖先の冥福を祈るためにおこない、臣民のうちでも天下に功労があり、人民に恩徳のある霊魂を慰めるためにおこなう祭儀祭礼の道そのものである。……今上陛下が御祖先を祭祀敬崇することをもって宗教と見なすなら、畏《かしこ》くも我が歴代の天皇の聖霊を幽冥不滅と信じる者は信じるが、信じない者はかえってこれを嘲笑し、諸宗が教えているところの神仏と変わりはないと見なしかねない。また、我が崇敬おく能わざる今上陛下を、他の諸宗の法王や宗主などと同列とみなすことになりかねない。……もし神道を宗教と位置付けるなら、〔神道祭祀に〕奉仕するもしないも人民の信・不信に任せざるをえなくなる。強いてこれを信じさせようとしたとしても、その思想に信がないなら、どうすることもできないではないか。[*22]

同様の主張は、神道家などからもさまざまに発せられた。

事は国体護持にかかわる。神道をたんなる一宗教とすることは、神道を仏教やキリスト教と同列のものとすることであり、万世一系の天皇と　体と位置付けられている祭政一致の国体を相対化して、必ずやその毀損を招くことになる——彼らはこう訴えた。

そこで政府は、宗教については信仰するもしないも個人の自由に任せるが、神社神道だけは「宗教ではない」のだから、信教の自由には含まれないという奇想天外な理屈をひねりだした。

神社神道は、先祖に対して子孫がおこなってきた、また当然おこなうべき祭祀儀礼であって、信仰の有無とはいっさい関係がない。先祖がいたから子孫が存在する。信仰の有無で先祖がいたりいなかったりするものではない。阿弥陀仏を信仰しようがキリストを信仰しようが、いかなる信仰者であろうとも先祖は存在し、祖神が存在する。その先祖・祖神に対する「忠孝」の表現が神社神道の祭祀なのであり、これは日本がはじまったときから皇祖神によって定められた忠孝の道そのものだ。だから宗旨のいかんにかかわらず、日本人は必ず神道を踏みおこなわねばならない――明治国家はこんな理屈を立てて、国民に神社神道の受け入れと奉祀、つまりは国民こぞっての天皇信仰を強制した。これこそが国家神道の狙いだったのである。

祭祀と宗教の分離

神社神道に特権的地位を与えようとする動きが神道界や政府内で強まり、神社非宗教説が「公然化」してきたのは明治十五年頃からだ。このころから政府は「実際上、行政上の必要から……国家神道確立への政策に着手」した。[*23] それら政策のうちの主要なものに、祭祀と宗教の分離、および神官による葬儀への関与の禁止が挙げられる。

第一の祭祀と宗教の分離とは、具体的には神官の教導職兼補（兼任）の廃止をさす。それまで神官は、僧侶や一部の学者などとともに、国民教化のための官職（教導職）を兼任していた。政府はこの教導職から、神官だけを離脱させた。

教導職には、「敬神愛国の旨を体すべき事」「天理人道を明にすべき事」「皇上〔天皇〕を奉戴し朝旨〔天皇＝国家の意向〕を遵守せしむべき事」という「三条の教則」（明治五年）を人民に教え広める役割が課せられてきた。

その目的は、天皇崇拝と伊勢神宮を頂点とする神社信仰・国民道徳を人々に植えつけることにあったが、それが宗教活動そのものだということは誰の目にも明らかだった。けれども、神道非宗教という宗教政策の大転換を断行したいま、宗教活動に属する神職の教導職兼補を放置しておくわけにはいかない。神道非宗教という政府見解の自己否定になるからだ。そこで明治十五年一月、内務省は神官を教導職から切り離したのである。

神官による葬儀への関与の禁止も、まったく同じ理由から、教導職兼補廃止と同じ年月日に発せられた。葬儀はまさに宗教行為の中核にほかならない。日本仏教が繁栄した最大の理由も、ここにある。だからこそ、さきに見たとおり、明治政府は神官による神葬祭を推奨し、明治五年の太政官布告では、「氏子などから神葬祭の依頼を受けたときは、神官が喪主を助けて葬儀を取り扱うように」と布告してきた。

けれども、神社非宗教説に転換したいま、神職を宗教行為である葬祭に関わらせておくわけにはいかなくなった。そこで政府は、従来の施策を百八十度切り替えて禁止したのである。

明治五年から政府が奨励してきた神葬祭を禁止し、神官を教導職兼補から解いたのは、「政府が神社神道を非宗教という装いのもとに祭祀に専念させることによって、神社神道を事実上国教化する体制を固めたことを意味」する。[*24] こうして神社非宗教説にもとづく神道の国教化が着々と整備され、行政上の体制が整えられたのちの明治二十二年、大日本帝国憲法によって「信教の自由」が明文化された。

以上の経緯から明らかなように、ここでいう「信教の自由」には、神社神道はまったくふくまれていない。神道以外の宗教がすべて文部省宗教局の監督下に置かれたのに対し、神社神道だけが内務省神社局のもとに置かれたのもそのためだ。

仏教であれ、教派神道あるいはキリスト教であれ、信仰は個人の自由だ。ただし、なにを信仰しようとも、日本人なら例外なく皇室を尊崇し、皇祖皇宗がおこなってきた礼典や各地の神社でおこなわれる祭儀に参加・奉仕しなければならない。敬神崇祖の祭祀への参加は、納税や徴兵などと同様、臣民に課せられた絶対的な義務であって、そこに否応はない。これが明治から太平洋戦争敗戦に至るまで、この国の宗教政策を支配しつづけた「信教の自由」の意味にほかならない。

こうして「大日本帝国憲法」「国家神道」という国体論の二本の柱が確立した翌二十三年、国体論を支えるもう一本の柱である「教育勅語」が渙発《かんぱつ》される。

日本を、天皇による天皇のための国家と位置づけた帝国憲法が公布され、非宗教という立場から国民の宗教心を事実上支配する地位についた国家神道が確立し、臣民道そのものといってよい忠孝道を規定した教育勅語が渙発されたことにより、偽史の骨格を形成する国体の三本柱が、ここに完全に出そろったのである。

◉注

1 「『国体』という語が……万世一系の天皇を機軸とする祭政一致体制として確固とした意義を持つのは、『皇祖皇宗』に由来する『国体ノ精華』に言及した教育勅語以後のことである」（米原謙『国体論はなぜ生まれたのか』ミネルヴァ書房・平成27）

2 元田永孚「教学大旨」（『教育勅語渙発関係資料集1』国民精神文化研究所・昭和13）

3 伊藤博文「教育議」（前掲『教育勅語渙発関係資料集1』）

4 元田永孚「教育議附議」（前掲『教育勅語渙発関係資料集1』）

5 井上毅「六月二十日山県宛井上書簡」（『教育勅語渙発関係資料集2』国民精神文化研究所・昭和14）

6 物集高量他編『聖代四十五年史 後編』時事通信社・大正1

7 家永三郎『日本近代憲法思想史研究』岩波書店・昭和42

8 「明治憲法と日本国憲法に関する基礎資料　明治憲法の制定過程について（衆憲資第27号）」衆議院憲法調査会事務局・平成15
本資料は明治憲法の制定過程およびその後の解釈を簡明・適切にまとめている。ネットで公開されているので、詳しくはそちらを御覧いただきたい。

9 枢密院における審議において伊藤はこうも明言している。「そもそも憲法を創設するの精神は、第一君権を制限し、第二臣民の権利を保護するにあり。故にもし憲法に於て臣民の権利を列記せず、ただ責任のみを記載せば、憲法を設くるの必要なし」（前掲衆憲資第27号）

10 久野収・鶴見俊輔『現代日本の思想―その五つの渦』岩波新書・昭和31

11 伊藤を最も初期の「天皇機関説」論者だったとする説は、法学者の尾佐竹猛が主張したもので、家永もそれを肯定してこう書いている。「思うに、（伊藤は）天皇を戦術的武器として主体的に利用することにより幕末維新の変革期の政争をくぐりぬけて権力を掌握することに成功した倒幕の志士の出身であり、かつまた天皇を国民支配の権威の源泉として利用はするが実質的な政治権力そのものはおのれら自らの手に固く握ってこれを操作しつづけてきた伊藤ら藩閥の巨魁たちにとって、天皇は客観的にはかれらによって操縦される『機関』以上のものでなかったはずであり、天皇対藩閥官僚政府の関係に関するかぎり、機関説こそもっとも現実に適合した好都合の学説であったのではなかろうか」（家永前掲書）

12　神道十三派（神道教派、教派神道ともいう）とは、神道大教・黒住教・神道修成派・大社教（現在の出雲大社教）・扶桑教・実行教・神道大成教・神習教・御嶽教・禊教・神理教・金光教・天理教の、国家から公認を受けた13教団をいう。

13　農美重由編『諸府県小学教員検定試験問題集』（「第二編・歴史之部」）熊谷久栄堂・明治29

14　たとえば『維新史』5巻（維新史料編纂事務局編・明治書院・昭和16）はこう記す。

「神祇を崇び、祭祀を重んずるは、皇国の大典であり、また政教の基本である。されば畏くも御歴代の天皇は、皇祖皇宗を始め、諸神祇を御崇敬あらせられ、厳かに祭祀を執り行わせ給い、以て政治の大本を建て給うた。これ実に祭政一致の本義であり、また実に我が国体の根源である」

15　「諸国神社の別当・社僧復飾の令」（『明治大正神社関係法令史料』阪本健一編・神社本庁明治維新百年記念事業委員会・昭和43）

「今般、諸国大小の神社については、神仏混淆による信仰儀式は廃止と定まったので、別当や社僧の輩は還俗［僧籍から離れて俗人にもどること］したうえで神主・社人などの身分に転じ、神道をもって神社に勤仕するように。……還俗の者が僧位・僧官を返上するのは当然のことである」

16　「太政官布告第二百三十四」（前掲『明治大正神社関係法令史料』）

17　「大小神社氏子取調規則」（前掲『明治大正神社関係法令史料』）

18　「太政官布告第百九十三号」（前掲『明治大正神社関係法令史料』）

19　井上寛司「『国家神道』論の再検討」（『大阪工業大学紀要・人文社会篇』平成18・10）

20　前掲井上論文

21 「信教の自由保障の口達」(前掲『明治大正神社関係法令史料』)
22 前掲井上論文
23 福島清紀「明治期における政治・宗教・教育」(『国際教養学部紀要5』富山国際大学・平成21・3)
24 福島前掲論文

第三章　精神を蝕む毒・教育勅語

△明治天皇御真影

教育勅語批判と礼讃

国体の三本柱は、前章で述べた大日本帝国憲法、教育勅語、国家神道の三者だが、社会的な影響力という点で最も大きな働きをしたのは教育勅語だ。そこであらためて視点を教育勅語にもどし、その中身を精査するとともに、発布後の推移を見ていくことにしよう。

勅語にこめられた政府の思惑は、「国民の良心には干渉しない」とした井上毅《こわし》の意図からは大きく逸脱していたが、山県有朋《やまがたありとも》の狙いには、十分すぎるほどかなっていた。

勅語のもつ危険性をいちはやく、かつ鋭敏にかぎつけたのは、神道や仏教から恐れられ、激しい批判にさらされてきたキリスト教の信徒たちだ。勅語と御真影《ごしんえい》（天皇や天皇・皇后の写真）への拝礼を拒む動きや批判が各地で散発したが、なかでも著名なキリスト者として知られた東北学院創始者の押川方義《おしかわまさよし》ら五名が、郵便報知新聞に寄せた以下の一文は強烈だ。

各小学校に陛下の尊影を掲げ、幼少の子弟をしてこれに拝礼をなさしめ、勅語を記したる一片の紙に向て稽首《けいしゅ》［頭を深くさげて敬礼する作法］せしむるが如きは、……教育上に於《お》てそれ何の益あるかを知るに苦しむ。寧《むし》ろ一種迷妄の観念を養い、卑屈の精神を馴致《じゅんち》するの弊あるなきかを疑う。[*1]

この文章は、東京帝国大学教授・井上哲次郎の『教育と宗教の衝突』（明治二十六年）が引用して厳しく批判した新聞記事の一節だが、井上はキリスト者として知られた内村鑑三に対しても、同書で激しい批判を浴びせかけた。明治二十三年（一八九〇）に第一高等中学校の教師として奉職した内村は、二十四年一月に同校講堂でおこなわれた教育勅語の奉読式で、「勅語を敬礼することを拒み、傲然として偶像や、文書に向いて礼拝せずと云」ったとしてバッシングにさらされ、依願退職に追いこまれた。いわゆる内村鑑三不敬事件である。

井上は、内村が拝礼しなかったのはキリスト教の神のみを信仰しているからだとし、彼は「我邦の忠臣ならざるべくも、耶蘇《やそ》の忠臣なること疑なきなり」と決めつけた。

これに対し内村は、キリスト教徒を非愛国者だとする批判の根拠の薄弱さを衝き、自分もキリスト者も天皇を敬愛する臣民の一人であることにちがいはないと述べたうえで、天皇が臣民に勅語を下賜されたのは、礼拝させるためではなく、勅語の徳目を「服膺《ふくよう》〔心にとどめて忘れないようにすること〕」し、実行せよ」とのお気持ちからだろうと主張した。

一部の尊皇愛国論者は、形式的な拝礼や愛国者風のポーズばかりを重視して、日々の生活における徳目の実践にはまるで目を向けようともしない。この尊皇愛国論者にしばしば認められる二枚舌の不誠実を内村は激しく糾弾し、井上に向かってこう訴えた。

◆日本国とその皇室に対し、愛情と尊敬の念を抱かない者など、どこにいるというのか。それなのに、愛国心を自分の占有物のように見倣し、我らキリスト教徒の行跡を摘発して愛国者の風を装おうとするがごときは、阿世媚俗《あせいびぞく》［世におもねり媚びへつらうこと］の徒が喜んでおこなうところと同じではないか。あなたのような博識の士は、もちろん不偏公平、真理を愛する思いから、われらを攻撃したのだろうが、あなたのごとき論法を用い、あなたのような言辞を吐く人士の多数が、爵位官録に与《あずか》っている者たちで占められている現実を見れば、われわれ民間にある者には、いわゆる尊皇愛国論なるものもまた、［天皇や国家のためではなく］自分のためにする何らかの理由があって唱えているのではないかという疑念が生じるのは、決して根拠のないことではない。*2

教育勅語は、明治十五年頃から下賜がはじまった明治天皇の御真影とともに、各地の学校に奉安《ほうあん》（安置）され、神そのもののごとく礼拝された。

神である天皇の御霊代《みたましろ》に準じるものとして扱われた御真影は、それを受けるに相応しいレベルの学校だと国から認められなければ、下賜の恩恵に浴することができない。それだけに、その尊崇ぶりは尋常ではなかった。当時、御真影がどれほど神聖なものとして演出されていたかを、明治二十三年におこなわれた兵庫県豊岡高等小学校を例に紹介しよう。

同校における御真影拝戴式は、教育勅語渙発《かんぱつ》一ヵ月前の九月十三日におこなわれた。

豊岡町の各戸が国旗と提灯を掲げてお祝いムードが高まるなか、午前八時過ぎに校長と担任に率いられた高等・尋常・簡易各小学校の生徒七百人が、「進め」のラッパを合図に、学校から御真影のある郡役所に向けて出発した。隊列の先頭には「拝戴《はいたい》」と大書した白旗が掲げられ、行進の最中は歩調を調えるラッパが吹き鳴らされた。

校長が郡役所で御真影を拝受し、うやうやしく捧げて生徒のもとにもどると、祝砲一発が放たれ、それを合図に「君が代」が斉唱された。ついで御真影を捧げ持った校長が車に乗り、高等小学校の三・四学年の生徒五十名が銃（木銃だろう）を執って車の左右前後を護衛し、残る生徒が一隊となって学校まで行進した。

御真影が学校につくと、ここでも祝砲が放たれた。校長は御真影を運動場の西にもうけた「玉座」に奉安し、拝戴式が開始された。式には各役所官吏、本郡各町村長、町会議員ら地方の指導者や有力者らのほか、近隣の小学校教員・生徒、町の有志ら、合わせて千四百名ほどが参列し、まず全員で御真影に対する「総拝礼」をおこなった。

ついで生徒による「君が代」斉唱、郡長の諭告、校長の答辞、高等小学校生徒による唱歌「皇御《すめらみ》国《くに》」[3]の斉唱へと進み、終えると高等・尋常・簡易各小学校の生徒が数歩前に出て御真影を拝礼。次に来賓が順次拝礼し、最後に近傍小学校の生徒が拝礼して式を終了した。

奉祝の催しは、その後もつづいた。式典終了を合図に「天皇陛下万歳」と大書された軽気球が打ちあげられ、来賓らには茶菓酒肴が供された。町をあげての祝賀ムードのなか、町民ら来観者を呼び入れての大運動会が催された。さらに翌日には一般町民への御真影拝礼が許され、四千余人が御真影を拝んだのである。[4]

明治二十三年十月以降は、この御真影と教育勅語が学校に奉安され、式日ごとにうやうやしく教育勅語を奉読する行事が定例化した。

こうして、御霊代に相当する御真影と、その御言葉である勅語を祀る奉安殿は、あたかも学校における天皇霊を祀るオヤシロのごとき存在となった。そのため、御真影や勅語の盗難紛失、火災による焼失、洪水による流出などが起こるたびに、奉安殿に飛びこんで焼死する教員、紛失の責任をとって割腹自殺する校長、首を吊る教師らの殉職事件がくりかえされ、新聞はそのつど、これを「尽忠の美談」として報道した。御真影と勅語を守るために死ぬことが、天皇への忠誠心の精華として称揚されたのである。

大人たちがそうまでして崇め奉っている御真影と教育勅語の意味そのものは、もちろん小学生に理解できるわけはなかった。とりわけ難解な勅語の文章は意味不明だったが、大人たちがこぞって崇めるとびぬけて神聖でありがたいもので、それを臣民に下しおかれた天皇は神にひとしいエラい方だという観念が刷りこまれさえすれば、為政者の目的は達成されたといってよい。

「御真影奉戴式」や「教育勅語奉読式」の目的は、子どもたちに天皇に対する条件反射的・盲目的な崇敬と服従の心性を植えつけて、忠良な臣民、尊皇と愛国心に燃える兵隊予備軍を養成することであり、山県首相が教育勅語を主導した理由も、まさにそこにあった。

さきに見てきた井上哲次郎は、こうした政府方針を担う御用学者の代表にほかならなかった。このころの時代の空気を生き生きと描き出したキリスト者の文章がある。洗礼を受けたキリスト教徒で、社会主義運動家としても知られた木下尚江《なおえ》がこう書いている。

大隈の条約問題の時〔明治二十三年〕、井上哲次郎と云う大学の哲学教授が、独逸《ドイツ》の留学から帰って来た。それから直《す》ぐに『内地雑居論』と云う小冊子を発売した。西洋人に内地雑居を許せば、日本民族は消滅してしまうと云う議論だ。井上と云う男が真にそう信じて書いたのか否かは知らぬが、この変装した攘夷論が馬鹿に勃興しかけた保守的心理に投合した。……〔二十六年に〕井上がまた『教育と宗教の衝突』と云うものを書いた。基督《キリスト》教は教育勅語と衝突するから容赦すべきものでないと云うのだ。「切支丹《キリシタン》禁制」の復活だ。凡《およ》そ明治時代の文章で、この井上の『教育と宗教の衝突』ほど粗末なものは無かった。しかもこれほど珍重《ありがた》がられたものも無かった。日本全地「神道」と「仏教」に関する雑誌で、この井上の衝突論を護符の如くに転載せぬものは無かったろう。[*5]

ここに指摘されているとおり、神道や仏教系の雑誌は、井上の主張を「護符の如くに転載」し、権威をカサに吠えたてる「家の前のやせ犬」の流儀を、遺憾なく発揮した。勅語をふりかざして批判者の口を封じるという井上の手法は、以後、国家主義系ジャーナリズムやその共鳴者らの常套手段となっていくのだが、この流れに大きな弾みをつけたのが、明治二十七年の日清戦争の勝利だった（講和条約の締結は明治二十八年）。

大国・清を倒したという事実は、日本人をすっかり舞いあがらせた。民衆は、この戦勝によって世界に比類のない日本国体の偉大さが世界に示されたと受け止めた。また、マスコミが書きたてる日本兵の忠勇無比の働きは、まさしく教育勅語が教えている「義勇公に奉じ、以て天壌無窮《てんじょうむきゅう》の皇運を扶《ふ》翼《よく》」するものと理解され、絶賛された。

教育勅語は、いまや日本人の無上の規範へと価値を高めていったのである。

教育勅語の内容と眼目

教育勅語の眼目は、右に引いた「皇運扶翼」にあるのだが、いきなり結論に入る前に、まず全体を読んでおこう。原文は句読点のない漢字カナ文だが、引用に際しては適宜句読点を補い、勅語の意図を明らかにするために①から④までの改行をほどこした。その後につけた現代語訳は、昭和十五年に文部省が校定した通釈である。

①朕惟《ちんおも》うに、我が皇祖皇宗《こうそこうそう》、国を肇《はじ》むること宏遠に、徳を樹《た》つること深厚なり。我が臣民、克《よ》く忠に、克く孝に、億兆心を一にして、世世厥《そ》の美を済せるは、此れ我が国体の精華にして、教育の淵源、亦実に此に存す。

②爾《なんじ》臣民、父母に孝に、兄弟に友に、夫婦相和し、朋友相信じ、恭倹己れを持し、博愛衆に及

ぼし、学を修め、業を習い、以て智能を啓発し、徳器を成就し、進《すすん》で公益を広め、世務《せいむ》を開き、常に国憲を重んじ、国法に遵《したが》い、一旦緩急あれば義勇公に奉じ、以て天壌無窮の皇運を扶翼すべし。

③是《かく》の如きは独り朕が忠良の臣民たるのみならず、又以て爾祖先の遺風を顕彰するに足らん。

④斯《こ》の道は、実に我が皇祖皇宗の遺訓にして、子孫臣民の倶《とも》に遵守すべき所。之を古今に通じて謬《あやま》らず、之を中外《ちゅうがい》に施して悖《もと》らず。朕、爾臣民と倶に拳々服膺《けんけんふくよう》して、咸《みな》其徳を一にせんことを庶幾《こいねが》う。

〈文部省による全文通釈〉

①朕がおもうに、我が御祖先の方々が国をお肇めになったことは極めて広遠であり、徳をお立てになったことは極めて深く厚くあらせられ、又、我が臣民はよく忠にはげみよく孝をつくし、国中のすべての者が皆心を一にして代々美風をつくりあげて来た。これは我が国柄の精髄であって、教育の基づくところもまた実にここにある。

②汝臣民は、父母に孝行をつくし、兄弟姉妹仲よくし、夫婦互に睦び合い、朋友互に信義を以って交り、へりくだって気随気儘の振舞いをせず、人々に対して慈愛を及すようにし、学問を修め業務を習って知識才能を養い、善良有為の人物となり、進んで公共の利益を広め世のためになる仕事をおこし、常に皇室典範並びに憲法を始め諸々の法令を尊重遵守し、万一危急の大事が起っ

たならば、大義に基づいて勇気をふるい一身を捧げて皇室国家の為につくせ。かくして神勅のままに天地と共に窮りなき宝祚《ほうそ》〔天皇という地位〕の御栄《みさかえ》をたすけ奉れ。

③かようにすることは、ただに朕に対して忠良な臣民であるばかりでなく、それがとりもなおさず、汝らの祖先ののこした美風をはっきりあらわすことになる。

④ここに示した道は、実に我が御祖先のおのこしになった御訓であって、皇祖皇宗の子孫たる者、及び臣民たる者が共々にしたがい守るべきところである。この道は古今を貫ぬいて永久に間違がなく、又我が国はもとより外国でとり用いても正しい道である。朕は汝臣民と一緒にこの道を大切に守って、皆この道を体得実践することを切に望む。*6

教育勅語は、まず①で、日本は建国のときから忠孝一筋の国だということ、忠孝は皇祖皇宗が樹てた徳にほかならないということ、臣民はよくその忠孝を尽くして〝美しい国〟を創りあげてきたということ、この忠孝に立脚した国柄こそが日本の特別な美質であり、教育の根柢にあるのも忠孝なのだということが説かれている。

その言わんとするところは、「日本は一貫して忠孝の国」だということに尽きる。そのことは、③と④で重ねて強調される。忠孝を、我が国の建国以来の伝統（「斯の道は、実に我が皇祖皇宗の遺訓」）とする明治生まれのフィクションを語り、過去現在未来にわたり、また洋の東西を問わず、これに勝る教えはないと宣言するのである。

では、勅語のいう「忠孝」とは何なのか。その細目が②に列挙されている。父母への孝行、兄弟間の友愛、夫婦の和合、朋友の信義がそれであり、より具体的な徳目として、社会人として身につけておくべき恭倹、博愛、修学、修業、智能、人徳、公徳心、遵法精神などが挙げられているが、これら忠孝の実践によりおのずから生まれ出るすべての徳には、ひとつの明瞭な目的がある。それが次に述べられている「一旦緩急あれば義勇公に奉じ、以て天壌無窮の皇運を扶翼すべし」なのである。

教育勅語の眼目は、この一節にある。「一旦緩急あれば義勇公に奉じ」は、要約すれば「愛国」となる。「以て天壌無窮の皇運を扶翼すべし」は、要約すると「尊皇」になる。つまり忠孝とは尊皇愛国のことであり、天皇国家のためにこそ必要な徳目なのである。

文部省による全文通釈は、「万一危急の大事が起ったならば、大義に基づいて勇気をふるい一身を捧げて皇室国家の為につくせ。かくして神勅のまにまに天地と共に窮りなき宝祚の御栄をたすけ奉れ」と釈しているが、この釈文は本音を鎧の下に隠している。

教育勅語の解説書は、発布以来、雨後のタケノコの勢いで公刊されてきた。それらのうちでも、国家の意を汲んだ「官定解釈」と位置づけられてきたのが『勅語衍義《えんぎ》』で、著者は、すでに紹介済みの御用学者・井上哲次郎だ。同書のなかで井上は、臣民に対する天皇の鴻恩《こうおん》（大きな恵み）がいかに深厚なものであるかを説き、その恩に報いるためなら「一命を犠牲に供する」のは少しも惜しいことではなく、「真正の男子にありては、国家の為《た》めに死するより愉快なることなかるべきなり」として天皇国家のために命を投げ出すことの素晴らしさを称揚し、「実に服従は臣民の美徳」だとして、天皇国家への服従と忠孝を貼り合わせている。[*7]

さきに紹介した『教育と宗教の衝突』のなかでも、井上は勅語の「一旦緩急あれば」の部分の意味を、「父母に孝なるも、兄弟に友なるも、畢竟《ひっきょう》国家の為めにして、我が身は国家の為めに供すべく、君の為めに死すべきもの」と言い切っているが、この理解は国家の本音を正確に反映している。天皇と国家のために死ね――これこそが忠孝の窮極の発現形であり、天皇の臣民として生まれた日本人の最高の美徳、人生窮極の花道と位置づけられるのである。

国民皆兵制を敷く日本では、農民を中心とした兵卒に対する軍人教育が、軍隊創設時からの懸案だった。明治初期には西日本を中心に各地で徴兵反対の一揆が起こるほど、徴兵制に対する拒絶感が強かった。山県有朋が国民に対する愛国心教育、忠孝に名を借りた国家への奉公心を養成する必要性を痛感し、教育勅語をすみやかに実現させた背景には、これがあった。

憲法発布の一ヵ月前に、国は徴兵令の全面的大改定をおこなっており、そこで官立・県立師範学校卒業生、すなわち小学校教員については六ヵ月の短期現役制を認めている（通常の現役の兵役は陸軍三年、海軍四年で、はるかに長い）。そこには、「教師を体験入隊させることにより、教育現場における軍国主義イデオロギーを貫徹させる足がかり」とし、「小学校を軍国日本の訓育の場とする」狙いがあった。[*8]

こうして忠孝愛国教育をほどこす現場の整備が進められたうえで、教育勅語が発せられた。その結果、首相山県らの狙いどおり、勅語はたちまち教育現場における絶対的な規範へともちあげられていったのである。

御真影と割腹自殺

「一旦緩急あれば義勇公に奉じ」の「一旦緩急」は、戦争だけを意味するのではない。たとえば、地震や火災や洪水に見舞われたとき、奉安殿の御真影を守ろうとして水火の中に飛びこみ、命を落とした校長や教職員の行為は、「義勇公に奉じ」た忠義の典型、教育勅語精神の実践そのものとして激賞された。実例を示そう。

明治二十九年六月十五日に三陸地方を襲った巨大地震による津波は、先の東日本大震災に次ぐ規模の大津波で、二万人を超える死者を出した。そのなかに、御真影を救出するために津波に向かい、逃げ遅れて亡くなった小学校教員・栃内泰吉がおり、同種の事件の先駆けとなった。当時の東京日日新聞は栃内を「忠死の士」と誉め讃え、のちに三十三回忌を記念して建てられた栃内および犠牲者の追悼碑も、こう顕彰している。

故上閉伊郡箱崎小学校教員栃内泰吉氏は盛岡の人なり……偶々《たまたま》明治二十九年六月十五日、大海嘯起るや、老母を家族に托し、奮然身を挺して、聖影［御真影］の奉遷に赴き、不幸にして波濤に流さる、翌日、前川徳蔵氏ら汀辺に索《もと》む、全身傷を負い、半躯泥に埋《うず》もれ、気息奄々として尚、聖影を捧持す、……療を加うるも遂に起たず、齢五十五、聞く者痛惜せざるなし、誠忠真に世の亀《き》鑑《かん》たり。*9

碑文は栃内の行為を、真心から出た本物の忠義（誠忠）、世人のお手本とすべき行い（世の亀鑑）と称えた。こうした反応の表現が、賞賛の定型となっていたのである。

もう一例、出しておこう。作家・久米正雄の父の由太郎は、訓導兼校長として長野県小県郡上田尋常高等小学校に奉職していた。明治三十一年三月二十七日、学校の女子部から火が出て一棟が全焼し、御真影も焼失した。息子の正雄は、火事の翌日、現場でこんな会話を耳にしたと、この事件を題材にした小説「父の死」に書いている。

「何一つ出さなかったってね。」

「そうだとさ。御真影まで出せなかったんだとよ。」……

「……校長先生が駆けつけて、火が廻ってる中へ飛び込んで出そうとしたけれども。皆んなでそれをとめたんだとさ。……校長先生はまるで気違いのようになって、どうしても出すって聞かなかったが、とうとう押えられて了ったんだが。何しろ入れば死ぬに定《き》まっているからね。」

「併《しか》し御真影を燃やしちゃ校長の責任になるのだろう。」

「そうかも知れないね。」

「一体命に代えても出さなくちゃならないんじゃ無いのか。」[*10]

この会話にあるような非難は現実に沸き起こり、校長宅には爆裂弾のようなものまで投げこまれた。火事から三日後の三月三十日、由太郎は延期になっていた女子部の卒業証書授与式に臨んだが、体調不良を訴えて途中退席した。そのまま家にもどって書斎に籠もっていたが、やがて低いうめき声が聞こえてきた。あわてて飛びこんだ妻は、そこで血の海のなか、すでに事切れている夫の姿を見た。正雄によれば、「父は申訳ほど左腹部に刀を立て、そしてその返す刀を咽喉にあてて突っぷし、頸動脈を見事に断ち切って」亡くなっていたという。

由太郎の割腹自殺は、世間でどのように受け止められたのだろうか。岩本努は、大正十二年（一九二三）刊の『噫《ああ》　殉職の十訓導　教育美談』（田淵巌）や、昭和十一（一九三六）年刊『学校事故実話・実例・対策集』から、由太郎の割腹事件に対する後世の評価を引き出している。

校長は［御真影焼失に］恐懼措《きょうくお》くところを知らず直ちに屠腹してその罪を陛下に謝し奉った。これは信州に於《お》ける御真影焼失事件として名高く、誰一人として壮烈な校長の最後に感激し、かつ同情の涙を絞らぬものはなかった……。[*11]

よしや職責上失態あり、恐懼すべき事態を惹起したとはいえ、死は一切を浄化する。罪を一身に負うて処決した久米校長の責任観念は、やがて非難を同情へ、更に賞賛へと転回せしめるに充分なるものであった[*12]。

御真影や教育勅語にまつわる同種の〝美談〟は、敗戦によって価値観が一変するまで、連綿と語りつがれた。校長や教職員に求められたのは栃内らが示したような「誠忠」であり、もし誠忠が果たせず御真影等を失うことになれば、それは「屠腹して陛下に謝」さねばならぬほどの「罪」だという同調圧力が、教育の現場を支配しつづけた。

ここでどうしても銘記しておかなければならないことがある。教職者らにかけられたこの病的な忠孝絶対・尊皇絶対の同調圧力は、教育者だけを圧迫したのではない。マスコミや御用学者らの宣伝を介して広く社会全体を蝕んでいったことはいうまでもないが、より問題なのは、この圧力が教育を通してまるごと児童生徒たちに押しかぶせられた結果、少年少女の聖像・勅語観――現人神《あらひとがみ》天皇観が強固に形づくられたという事実なのである。

この圧力と、絶え間ない刷りこみの反復は、明治二十年代の半ばから昭和前期まで、国家や御用マスコミ、御用学者、御用宗教家らを筆頭とする「阿世媚俗の徒」によって、次第に強度を増しながら継続された。

そのプロセスは、正常な思考力を奪う毒が、次第に全身にまわっていく姿とよく似ている。この教育を受けた子は、教育勅語を疑うことは断じて許されないという心理的なブレーキを心に抱えたまま、父となり母となり、あるいは兵隊となった。さらに彼らの子や孫が、また同じ教育を受けて忠孝絶対・尊皇絶対の精神を身につけ、人の親となり、兵隊となっていった。

忠孝絶対・尊皇絶対は、一方では先祖・親・子・孫と縦の時間軸によって貫かれるコンセンサスとなり、他方では学校・職場・近隣・都道府県・国家と拡大して広がっていく横の空間軸と連帯したコンセンサスともなった。この縦横無尽の繋縛の中心にあったもの――それこそが教育勅語なのである。

勅語の宣伝者たち

教育勅語の「古今に通じて謬らず、之を中外に施して悖らず」という一節は、その表現のうちに、一切の批評や批判を許さないという断固たる国家の意思をふくんでいる。

もともと天皇の言葉である勅語そのものが、臣民による批評や批判を許さない性質のものなのだが（ただし為政者にとってはただの建前にすぎない）、教育勅語はさらに、その内容が古今を通じて無謬《むびゅう》（誤りがないこと）で、世界のどこでも通用する普遍的な教えだと主張していた。勅語そのもののなかに、自己神格化への道が内在していたのである。

井上哲次郎のような典型的な御用学者や、同じ陣営に属する天皇主義者たちは、勅語に内在することの自己神格化を助長し、絶対化、不可侵化を着々と進めていった。

そうした運動の中心人物の一人に、右翼陣営の巨頭で、美濃部達吉の天皇機関説に対する激烈な批判で知られた憲法学者の上杉慎吉がいる。国家主義陣営をリードした国本社《こくほんしゃ》専務理事の竹内賀久治《かくじ》、原理日本社を率いて右翼陣営を扇動し、日本右傾化の一翼を担った蓑田胸喜《みのだむねき》、官界で隠然たる勢力を築きあげ、戦後首相にまでのぼりつめた岸信介など、キラ星のごとき門下を擁した天皇主義の権化である上杉は、教育勅語を「日本人の倫理的活動の基礎綱領」と位置づけ、こんな言葉で不可侵化している。厳密を期すため原文を掲げておく。

勅語は一切の批評を超越せり、正邪善悪の準縄《じゅんじょう》［規則となるもの］は一に聖意に存せり、何を規矩《きく》［基準］として、溯《さかのぼ》りて勅語を言説せんや、主観私智の嚮《むか》う所に依りて勅語を是非するは皇道の本義に非ず。[*13]

天皇から発せられた言葉に対し、臣民は止邪善悪の判断や批評をおこなってはならない。いっさいの価値判断の基準は天皇から臣民に下しおかれるものであって、臣民が自分の了見で勝手に評釈することは許されない。臣民は、ただ無条件に勅語を拝受・信奉し、実行しなければならない。それが「皇道の本義」であり、これに反する者は日本人ではない——上杉は、そう主張したのである。

こうした物言いは、井上哲次郎が使った言論封殺のための脅し文句と同種のもので、教育勅語の絶対化に大いに貢献した。同工異曲の言説は、数えあげればきりがない。すでに明治時代から、教育勅語は「人類普遍の大道[*14]」、「帝国道義の大本、臣民修身の大経[*15]」、「天地の真理[*16]」などといった、なんの中身もない美辞が撒き散らされている。まるで金太郎飴のように、どこで切っても同じ主張が顔を出すこの種の言説は、文部省などによる官製刊行物以外にも、昭和前期の国家主義系の雑誌や書籍に氾濫している。[*17]

かつて押川方義らキリスト者は、御真影と教育勅語への礼拝の強制は、かえって「迷妄の観念を養い、卑屈の精神を馴致する」と訴えたが、この懸念は、軍閥が国政の実権をにぎる昭和前期にいたると、まぎれもない現実となった。教育勅語に代表される偽史が史実と位置づけられ、「天壌無窮の皇運を扶翼」することこそが日本国民の天命・使命であって、それを受け入れられない日本人は非国民だと思いこむほどの「卑屈の精神」に馴らされていったのである。

けれども、こうした官民あげての啓蒙の内実は、当然のことながら寒々しい。口ではきれいごとをいいつつ、裏では私利私欲や保身に走る尊皇愛国論者の実態を批判した内村鑑三の文章をさきに引いたが、同様の思いを共有する者はけっして少なくなかった。明治以降の国粋主義をリードした言論誌『日本及日本人』の時評に、こんな一節がある（明治四十四年三月）。

失徳あれば袞龍《こんりょう》［天皇］の袖に隠れ、失政あれば救解を天恩の余沢《よたく》に仰ぐ。而《しか》して曰く、天恩此の如く、聖諭此の如しと。これ閥族の常套手段とす。[*18]（傍点は引用者）

閥族とは、薩長閥に代表される、維新後に成り上がった支配層のことだ。彼らは失徳を批判されると「袞龍の袖」（天皇の権威の蔭）に隠れ、失政があると、天皇から救いの手がさしのべられるよう働きかける。そのうえで、天皇の思《おぼ》し召しはこうだ、詔勅はこうだと、天皇の権威によって自分たちの正当化をはかる。これが閥族の常套手段だというのである。

上の行いを、下は倣う。内村とは正反対の右翼国家主義陣営に属する、熱烈な教育勅語宣揚者だった及川智雄は、大正十一年の著作でこう歎いている。

平常は教育勅語をそっちのけにしていながら、何か問題が起これば苦しい時の神頼み式に「我に教育勅語のあるなれば」と論議者の口を緘《かん》する方便、難逃れの御守に、勅語を引出すのが官僚者流の遣り口である。[19]

勅語を持ち出して恫喝し、他者の口を封じるという「官僚者流の遣り口」は、たとえば軍隊で新兵などを鞦《なぶ》る際に、上官が陛下を常套句として用いたことなどと軌を一にする。

教育勅語以上の忠君愛国主義で貫かれている軍人勅諭[20]（「陸海軍軍人に賜りたる勅諭」明治十五年）は、「下級のものは、上官の命を承ること実は直に朕が命を承る義なりと心得よ」と訓戒し、「死は鴻毛《こうもう》よりも軽しと覚悟せよ」と教えている。入営した兵隊は、日夜これらの教えを徹底的に叩きこまれ、国家のロボットとなることを要求された。そのため、忠君愛国教育の猛烈な圧力に圧し潰されたことを示す悲惨な例が、軍隊には数多く見られる。なかでも痛ましいのが「軍人狂」と呼ばれた精神疾患だ。

陸軍衛生幇助員として日露戦争に従軍した荒木蒼太郎が、日露戦争における戦時精神病の報告書をまとめており、症状のひとつとして「罪業妄想」を挙げている。[*21]

郷里の親兄弟に対し、また国家に対して申しわけない、臣民としての責務が果たせない自分が許せないといった罪業感がエスカレートして精神疾患を発したもので、自分の過失により家族一同が死刑の宣告を受けたという妄想に苦しむ兵士、自分の疾患を「天罰」とみなして苦悩する兵士などの「罪業妄想」「自罰」「欲死」（自殺願望）などの症状が記されている。

素人の筆者に精神医学的な判断はできないが、こうした「罪業妄想」が、戦争参加を原因とするPTSD（心的外傷後ストレス障害）や、荒木のいう糧食・睡眠の不足、過度な精神疲労、黴毒《ばいどく》、頭傷、急性伝染病、望郷の念などだけに由来するものとは思われない。家族一同が死刑の宣告を受けたという妄想などは、国家・天皇への不忠が家族に累を及ぼしたという妄想であり、忠君愛国というイデオロギーが、彼を「軍人狂」へと追いこんだと考えられるからである。

のちの例になるが、太平洋戦争で戦艦大和の乗員だった表専之助が、こう述懐している。

天皇の為に戦争に征《い》ったという人もいるが、それは言葉のはずみであって関係ないですね。それより戦争を忌避したり、もし不始末でもしでかしたら、戸籍簿に赤線が引かれると教えられたので、そのほうが心配でしたね。自分の責任で、家族の者が非国民と呼ばれ、いわゆる村八分にあってはいけんと、まず家族のことを考えました。[*22]

文中の「赤線」とは、当時、非国民・国賊・反国体主義者として徹底的に共同体から排斥された共産主義者を意味する。表専之助が抱いたという不安が病的に昂じれば、さきの罪業妄想となるだろう。骨の髄まで忠孝を叩きこまれた兵卒は、自分の「不始末」で家族に累が及ぶことを恐怖していた。軍隊は、そうした兵隊心理を煽ることで、兵卒をなにも考えず命令どおりに動く尊皇愛国ロボットにつくりかえようとしたのである。

長年月にわたる教育・洗脳の成果で、天皇にかかわることがらや言葉に、ただちに国民を思考停止の〝金縛り〟にしてしまう強い力が宿った。「天皇」という金縛りは、社会全体にかけられた。その象徴が、御真影であり教育勅語だった。

役人や御用学者らが「方便」「御守」としてことあるごとに駆使した言葉は、ほかにもある。官制イデオロギーそのものである皇国、国体、家族国家、伊勢神宮、天壌無窮の神勅、八紘一宇《はっこういちう》などの言説は、いずれも同様の方便・御守として権力者側がたくみに利用しつづけ、これらを誹謗中傷すれば、ただちに不敬罪をはじめとする弾圧のための諸法令が発動された。

単一民族、単一文化（日本文化の源流は天皇家で天皇家の文化の源流は高天原《たかまのはら》）、単一祖先（日本国民はすべて天皇家の分家）、単一言語（神由来の特別な〝言霊《ことだま》〟言語）など単一性を強調した術語も、その列に加えて考えてよいだろう。いずれも史的・科学的根拠をもたない完全なフィクションだが、戦前まではしばしば事実として強調された。[*23]

「単一」とは、すべての発生源を天皇と日本にもっていくために編み出された壮大な虚構にほかならない。日本のいっさいは天皇から発しているのだから、天皇の臣民であること以外の生き方も死に方も、日本人には許されない。単一説とは、「天皇帰一」だけが日本人の正しい生き方だと刷りこむための、洗脳の道具のひとつなのである。

次に、それら数々の方便・御守の中でも、教育勅語と並んで巨大な影響をおよぼした「家族国家論」について見ていこう。

◉注

1　井上哲次郎『教育と宗教の衝突』敬業社・明治26

2　内村鑑三「文学博士井上哲次郎君に呈する公開状」(『小憤慨録 上』少年園営業部・明治26)

3　「皇御国」は明治16年の『小学唱歌集　第二編』収録。一番の歌詞は「すめらみくにの、もののふ［武士］は、いかなる事をか、つとむべき。ただ身に持てる、真心を、君［天皇］と親とに尽くすまで」となっており、天皇に対する忠、親に対する孝の刷りこみが図られている。忠孝は教育勅語の核心にほかならない。唱歌は小学校における天皇崇拝教育の一環として大いに利用された。同じく同歌集に収められている「天津日嗣」は、「〈一番〉あまつ日つぎのみさかえは、あめつちの共(むた)、きわみなし。わがひのもとの、みひかりは、月日とともに、かがやかん。〈二番〉葦原の、ちいほあき、瑞穂のくにには、日の御子の、きみとますべき、ところぞと、神のみよ［御代］より、さだまれり」で、小学生にも理解できるように噛み砕いた天壌無窮の神勅そのものが歌詞化されている。

4　岩本努『「御真影」に殉じた教師たち』(大月書店・1989)所引『兵庫県教育史』

5　木下尚江「自由の使徒・島田三郎」(『近代日本思想大系10木下尚江集』筑摩書房・昭和50)

6　文部省「聖訓ノ述義ニ関スル協議会報告」(『続・現代史資料9』佐藤秀夫編・みすず書房・平成8)

7　井上前掲書

8　大濱徹也「鉄の軛に囚われしもの―解説・兵士の世界」(『近代民衆の記録8　兵士』新人物往来社・昭和53)

9　岩本前掲書

10　久米正雄『久米正雄作品集』岩波文庫・平成31

11　田淵巌『噫　殉職の十訓導　教育美談』(前掲『「御真影」に殉じた教師たち』所引)

12　『学校事故実話・実例・対策集』(前掲『「御真影」に殉じた教師たち』所引)

13　上杉慎吉『国体憲法及憲政』有斐閣書房・大正5

14　能勢栄『実践道徳学』金港堂・明治24

15　田中知邦『国民教育之要旨』忠愛館・明治28

16　富永徳麿『基督教と国家及道徳』(『国体論史』内務省神社局・大正9所収)

17　一例として、明治期から教育関連出版を手がけてきた筋金入りの教育勅語絶対主義者・来島正時の編纂になる『教育勅語読本』(山海堂出版部・昭和5)を挙げておく。来島はこう説いている。「我が国歴代の君主は、専ら臣民の康福を増進し、その懿徳良能を発達せしむるを唯一の天職となし、臣民はよく君主に事えて、祖先の家風を発達せしむるを唯一の本分となし、互いに相犯すことなきは、実に我が国の特色にして、これ全く我が『天縦惟神の君主国体』の賜なり」

18　「雲間寸観」(『日本及日本人』政教社・明治44・3)

19　及川智雄『教育勅語の背景としての宗教』

20　明治10年代になると自由民権運動が軍隊内部にまで広がった。この情況に強い危機感を抱いた参議兼参謀本部長の山県有朋は、軍人を政治活動から切り離し、大元帥天皇のみに仕える「天皇の軍隊」としての自覚を植えつけるために勅諭の発布を計画し、自らも原案に加筆修正をほどこして明治15年1月に発布した。軍人が守るべき徳目とされたのは忠節・礼儀・武勇・信義・質素で、「世論に惑わず政治に拘らず、只々一途に己が本分の忠節を守り、義は山嶽よりも重く、死は鴻毛よりも軽しと覚悟せよ」(「忠節」の条)と教戒した。のちに勅諭の暗誦が兵士に義務づけられるようになり、「第二次世界大戦における敗戦に至るまで教育勅語とともに天皇制国家観の二大支柱」となった(梅溪昇「軍人勅諭」『国史大辞典』吉川弘文館・平成11)。

21　荒木蒼太郎「戦役ニ因スル精神病ニ就キテ」(前掲大濱論文所引)

22　辺見じゅん『男たちの大和下』角川書店・昭和59

23　単一神話の虚構性は、戦後多くの史家が論証している。たとえば網野善彦は『「日本」とは何か』(講談社・平成12)において「『日本は単一民族、単一国家』などというのは、まったく事実に反する〝神話〟といっても過言ではない」と言い切り、その理由をさまざまな角度から論証している。こうした史学上の常識があるにもかかわらず、いまだに一部政治家や右翼論客のなかに日本の単一性を言いつのる者が存在する理由を、われわれは考えなければならない。

第四章　家族国家論と先祖祭祀の虚構

⩓伊勢神宮内宮図　『伊勢参宮名所図会』第四巻　蔀関月　寛政 9 (1797) 年

家族国家論という虚構

幕末に生まれ、明治から大正にかけて法曹界の重鎮でありつづけた東京帝大法学部長の穂積陳重《のぶしげ》は、こう書いている。

我等日本国民は一大家族を形成するものにして、皇室は実にその宗室たり、臣民は総てその分家たる関係に在る。[*1]

天皇家を日本国の本家、すべての国民を天皇家の分家とし、日本は創始の時点から「一大家族国家」だったとする官制のフィクションを、「家族国家論」という。家族国家論は、明治政府が人民統治のために制度化した「イエ（家）制度」の始まりを日本開国の時まで遡《さかのぼ》らせ、〝開国以来の伝統〟に仕立てあげたものなので、まず明治のイエ制度から見ていくことにしよう。

明治の旧民法は、戸主への権力集中を制度化し、祖先の資産と祭祀は戸主（イエの統率者）のみが相続し、戸主権は長男が単独相続するものと規定した。戸主にすべてを受け継ぐ権利を与えたのである。戸主には、ほかにも数々の権利が与えられた。家族員の住まいを指定する権利や、家族員の婚姻・養子縁組に対する同意権も戸主の専権とし、戸主の同意なしで婚姻や養子縁組をおこなった場合の離籍権（イエから排除する権利）も戸主に帰属させた。田中寿美子がこう書いている。

相続制は、江戸時代の町人たちの間では分割相続制であり、農民でも必ずしも長子相続でなかったのである。しかし穂積たちは（民法の相続制は）「百姓の慣習とすべからず、士族・華族を手本とせねばならぬ」「百姓の慣習は慣習でもなんでもない」と暴言をはいて、武士のならわしである長男子の家督相続制をつくった。[*2]

戸主に絶大な権限を認める明治民法の法規は、武士階級を除く江戸時代までの民衆の多様で柔軟な家族制度に替わる、硬直した新たな官制のイエ像を生みだした。この、国家によって強大な権力を保障された戸主が支配・統括する「戸籍上の架空的家族集団[*3]」を、イエと呼ぶ。

ここでいうイエは、家族がそこで生活する居住空間としての家屋や、夫婦を中心とした今日的な意味での家庭（マイホーム）をさす言葉ではない。戸主とは別の住居に住んで生活している兄弟姉妹や子であっても、分家して自分が新たな戸主になることを認められた者以外は、すべて戸主のイエの構成員としてその戸籍に組み入れられた。たとえば戸主Aの弟Bが結婚して別の住居で生活を営んでいるとしても、戸主が分家を認めないかぎり、B本人やBの嫁、Bの子などはすべてAの戸籍に組みこまれ、Aのイエの一員とみなされたのである。

戸主が絶対的な権力を握るイエ制度では、妻の権利が根こそぎ奪われた。妻という身分が、法律上の「無能力者」と位置づけられたからである。

明治民法は、「不具・廃疾者及び妻は法律行為ができない」と定めている。「法律行為」とは、妻自身がおこなう借金や借金の保証人、不動産または重要な動産の処分や譲渡など権利の得喪に関わる行為、訴訟行為（提訴）、贈与や遺贈の受諾もしくは拒絶、和解または仲裁の契約、相続の承認または相続の放棄、身体に拘束を受けるたぐいの契約（勝手に外で仕事をして夫に服従する義務に違反する行為など）を指す。夫の許諾なしに、妻はこれらの行為をおこなうことはできない。法律用語で、これを「無能力者」という。

右のリストに出る種々の財産には、妻自身の財産もふくまれる。妻自身のものであっても、管理する権利はあくまで夫のもので、財産を勝手にどうこうする権利は、妻にはない。

現在の憲法は「婚姻は、両性の合意のみに基いて成立」すると定めているが、旧民法時代の婚姻は「イエとイエとの契約」であって、「個人と個人の契約」ではない。戸主の同意なしに婚姻が成立しないのはそのためだ。婚姻とは、新婦が「婚家のルール（これは歴代戸主のルールと同義語だ）に従属します、婚家の祖霊に仕えます」と誓う一種の奴隷契約にほかならない。

無償の労働奉仕や妊娠・出産は嫁の絶対的な義務と見なされ、強制される。にもかかわらず、彼女は法律的には「無能力者」で、なんらの権利も持たない。貞操義務を課せられているのも妻だけだ。妻の浮気は姦通罪となるが、夫の浮気は刑法の対象にはならない。財力等が許せば、夫は妾を複数もってもなんら問題ない。

このように、明治民法は男（夫・戸主）の権利を最大限に広げる一方、女（妻・家族員）の権利を極限まで限定した。彼女たちは、夫とイエに奉仕し、子を生むための道具にほかならなかった。田畑や牛馬と同じように、なによりもまず「生産性」が求められたのである。

他方、男の権利のほとんどは、戸主に集中された。イエにおける絶対権者である戸主は、イエというミニマム国家における〝小さな天皇〟であり、戸主に従属するイエの構成員（妻子や兄弟姉妹や使用人など）は、労働力などを提供して戸主に奉仕し、イエ存続のために働く、ミニマム国家における最小単位の〝臣民〟にほかならなかった。

前出の田中がこう書いている。

女に要求されたものは祖先崇拝、戸主への絶対服従、男尊女卑、どこにいても「家」の一員として意識し、自分という個人を無視することであった。そして人間関係は支配者と従属者の上下関係であり、女はいつも支配され、従うものとされた。女はそのように躾られ、そこからはみ出ることを許されなかった。[*4]

ここに描かれている男（戸主）と女（戸主の妻）の関係は、戦前における天皇と臣民の関係の忠実な写し絵になっている。右の田中の文章を、天皇と臣民によって書き替えるとこうなる。

「臣民」に要求されたものは祖先崇拝、「天皇」への絶対服従、「君尊民卑」、どこにいても「大日本帝国」の一員として意識し、自分という個人を無視することであった。そして人間関係は支配者と従属者の上下関係であり、「臣民」はいつも支配され、従うものとされた。「臣民」はそのように躾られ、そこからはみ出ることを許されなかった。

イエという新制度は、まさに明治生まれの天皇制のミニチュア版として法制化され、国民に与えられた。井上哲次郎が『勅語衍義《えんぎ》』のなかで「服従は臣民の美徳」と主張したことを前章で書いたが、イエはそれとまったく同じ発想にもとづいて制度化されたのである。

明治以来、天皇と国民を固く結びつけようと腐心してきた政府は、イエ制度においても、忠孝論を最大限に活用した。

その理屈によれば、戸主とそれ以外の家族員は、戸主に対する家族員の「孝」によって結ばれており、同時にすべての戸主は、日本国民の〝総本家〟である天皇と、「忠」によって結ばれている。総本家であり全国民の親である天皇は、分家であり自分の赤子《せきし》である国民（戸主とその家族員全体）を慈しみ、彼らの忠に応えて恵みを施す。同じように、各イエの戸主は、家族員の自分に対する孝に応えて、扶養その他の恵みを施す。

これが太古以来の変わらぬ家族国家・日本の伝統であり、諸外国では決して見ることのできない、世界に冠たる日本の国体そのものだ――こんな不気味なフィクションが、明治以降くりかえし語られつづけ、今日にいたってもなお一部でその復活が執拗に求められている〝伝統的〟な家族像の中身なのである。

国家神道と家族国家論

家族国家論は、明治政府が生みだした新たな国教――国家神道にとっても、まことに好都合な理論として活用された。

神道家をはじめとするウルトラナショナリストらは、忠孝の精神が、あたかもDNAのように親から子へとうけつがれると主張した。この遺伝的継承を過去に遡っていくと、ついには天孫ニニギ尊とともに高天原《たかまのはら》から地に降《くだ》り、さまざまな氏族の祖神となったお伴の神々へと行きつく。[*5] それら天津神や、天孫に帰服した土着の国津神から伝えられつづけてきた忠孝の〝伝統〟を、氏族らが具体的な祭儀として表現したものが、神社神道における氏神祭祀であり、各イエにおける祖先祭祀だと位置づけたのである。

ところで、国家の教えるところによれば、すべての氏神は、つきつめれば天界の主宰神であり、全国民の祖神とされた天照大神《あまてらすおおみかみ》に帰一する。そこで、皇祖神の天照大神や歴代天皇霊などに対する天皇の祭祀と、個々のイエの祖神祖霊に対する戸主の祭祀は、大小や公私のちがいがあるだけで、もとはといえば同じ根から発したものだという理屈が成立する。すべての先祖祭祀が、やがては天照大神へと収斂していく仕組みが、ここにつくられたのである。

国民の伊勢神宮を崇敬するは、それ天皇陛下の御先祖たる天照大御神を奉祀せる故のみに依るに非ずして、実に天照大御神を以て全国民の先祖と為すに依る。[*6]

前出の穂積はこう述べている。本家の天皇が皇祖神や歴代天皇霊を祀ってきたように（これも明治政府によるフィクションだが、それについては後述する）、分家の戸主は、自分が帰属する氏の神や地域共同体の神（産土神《うぶすな》）、また歴代の祖先の霊を祀らなければならない。

この祭祀儀礼は、先祖に対する崇敬や感謝といった思い、また祖神・祖霊から受けてきた恩愛を儀式化することによって記憶し、次代へと伝承していくことを目的としたシステムだ。それゆえ、神社神道における祖先祭祀は、信仰の有無に左右される神仏祭祀とは本質的に異なる。宗教信仰の場合、たとえば阿弥陀仏を信じないものにとっては、阿弥陀仏は存在しない。信じる者にのみ、阿弥陀は実在の仏となる。キリスト教の神も同様だ。ヤハウェやメシアとしてのキリストの実在性は、あくまで信仰の有無にかかっている。

しかし、各自のルーツである祖先は、まったく疑う余地のない実在者だ。信じる信じないが入りこむ余地はない。ここから、祖先祭祀は神仏への「信仰」にもとづく祭祀ではなく、実在する祖霊や祖神に対する感謝報謝の祭だとする国家神道の「神社非宗教論」が無理なく導きだされ、また、祖先祭祀は子孫による忠孝の表現そのものだという理屈によって、教育勅語の求める忠孝一本と、きわめてスムーズに合流したのである。

祖先祭祀の原点は、いうまでもなく総本家である天皇の祖先祭祀に求められる。教育勅語も「斯の道は実に我が皇祖皇宗の遺訓」だと明示している。

その狙いは、皇祖皇宗が遺した忠孝の道の具体的な実践として天皇家が皇祖皇宗に対する祭祀をおこなってきたように、分家である臣民も、長い歴史を通じて戸主を祭主とする祖先祭祀をおこなってきたと国民に信じこませることにあった。民法が各イエにおける祭祀の相続権者を戸主に限定したのは、祭祀もふくめた皇国の一切の相続権者、日本そのものの家督権者が天皇であることの忠実なコピーなのである。

少し時代は離れるが、昭和十四年（一九三九）に文部省が発行した公民科の教師用テキストが、明治民法における家督相続制の意義を、的確に説明している。

家を永遠に存続せしめるためには、戸主の地位の承継が必要である。これが家督相続であって、今日の欧米の法規には見ることの出来ない、我が民法特有の制度である。元来祖先の名跡と祭祀とを絶やさないことが、家督相続の根本義である。随《したが》って、戸主権の承継が家督相続の本体であって、家産〔家の財産〕の承継はこれに随伴するに過ぎない。系譜・祭具・墳墓の所有権は、家督相続の特権として、必ずこれを相続することになっているのも、祖先の祭祀を主とする精神に

基づくのである。[*7]（傍点は引用者）

本家である天皇と分家である臣民では、祭祀の規模は異なる。けれども、そこに流れている忠孝の精神は共通だ。本家への忠と先祖に対する孝は一体であり、この伝統のもと、「億兆心を一にして、世世厥《そ》の美を済《な》」してきたのが日本国体だ――教育勅語はこう位置付けたのである。

天皇帰一を国民に刷りこむために、執拗かつ巧妙に張り巡らされた官制偽史の論理には、濡れた衣服が肌にへばりつくような、いいようのない気持ちの悪さがつきまとう。東京帝大名誉教授で、社会学の泰斗として知られた戸田貞三は、こう書いている。

家は単に現在の者の一致共同連帯であるばかりでなく、過去の者、現在の者及び将来の者を結びつけ、ここに永遠の生命を実現し、国体の精華発揚に大なる作用を営んでいる。家は単に空間的な統一をなしているばかりでなく、祖孫一体化する時間的統一をなしている。この祖孫一体化によって祖先の心は子孫の心の中に生き、我が国の最も重要な道徳である忠孝一本の道徳が、家に於《おい》て実現せられるのである。[*8]

戸田のいう「祖孫一体」論は、日本人は神武建国のときから今日に至るまで「忠孝一本」を貫いてきたとする偽史を支える理屈として、また家族国家論を支える理屈として、しばしば用いられた。戸田の文章をもう少し引こう。

家という一つの団体生活は、祖孫同じ心になって生きて行く永遠の生命を実現しているものということが出来る。……我等は肉体としては滅んでしまっても、精神的には子孫と共に永遠に生き、家が続く限り我等の生命はこの団体生活の中に永遠に生きて行くのである。……恰《あたか》も国家が永遠の生命をもっている如く、それと同様に家は永遠の生命をもっているのである。我等は国民として一つ心に結びつけられている。即ち天皇の御心に帰一し奉ることによって一つ心に結びついている。この国民精神の内容は我等の祖先から我等へ、また我等から此後に来る者へ伝えられ、かくして我が国民は悠久の昔から永遠の将来に到るまで、一つ心に生きて行くのである。

何より重視されるのは、個々人ではなく、「戸籍上の架空的家族集団」である「イエ」そのものだということが、ここで明瞭に主張されている。この思想が、家族国家論の大前提だ。祖神・祖霊から現在の戸主や家族員、さらにはるか未来の子孫にいたるまで、すべての構成員が「団体生活」を営む場――それが家族国家論者のいうところのイエだ。日本人は、そのようなイエで「祖孫同じ心になって生き」なければならない。なぜなのか。そのわけを、戸田はこう説明する。

我が国民が最も重要視することは、大御心に副《そ》いまつることである。尽忠報国は祖先伝来の最高の道徳である。我等の祖先が最も重要と考えたこの道徳を、祖先の心を体することによって我等の身に体し、祖先と一体化することによって、これを行為の上に現すことが、忠であると同時に孝となるのである。

祖先と一体となって生きなければならないのは、教育勅語の説く「忠孝」実践のためだ。そのためにこそ、イエがある。家族団らんのためでも、夫婦生活のためでも、たんなる生活のためでもない。イエとは、全臣民が「尽忠報国」という「最高の道徳」を磨き、実践の域にまで高めるための修練の場、忠孝実践の〝道場〟なのである。

家族国家論で説かれる祖孫一体論の意図は、右の戸田の文章で言い尽くされている。

歴代天皇と臣民は、国の始まりからいまにいたるまで、すべて親子関係で結ばれ、祭政一致のもと、ひとまとまりの大きなイエとして発展してきた。

このうるわしい伝統が成立し得た理由は、家族国家の細胞をなす個々の臣民が、イエという祖孫一体の場において忠孝の道徳を受け継ぎ、実践し、欠かすことなく祖神祖霊を祀り、孫子《まご》に伝えつづけてきたからだ――教育勅語の渙発《かんぱつ》以来、国家による「牧民」の絶対的な原理・指針となった忠孝論や、国家神道の神社非宗教論と一体化した家族国家論・祖孫一体論という偽史《ぎし》は、こうして理論化された。

さらに、この偽史を国民に植えつけるために、教育現場では、やがて史実にもとづかない日本の歴史が、堂々と教えられるようになっていくのである。

先祖祭祀のルーツを巡る虚構

前節で書いたとおり、国家神道における日本国民の祖先祭祀は、究極的には天照大神を敬い祀ることにひとしいと位置づけられた。そして、天照大神を敬い祀るということは、とりもなおさず天皇を神として敬い祀ることにほかならない。

この巧妙な理屈によって、明治政府は皇室祭祀と祖先祭祀を一本の太い綱に縒り合わせ、フィクションとしての家族国家論を国是とした。

無理を通せば道理が引っこむというが、家族国家論には数々の無理が内在していた。そのひとつに、そもそも祖先祭祀はなぜおこなわれるようになったのかという根本的な問題がある。

人類が死者に対する祭祀をおこないはじめた理由のひとつに、死者の蘇りや祟り、死者がもたらすかもしれない自然災害、さまざまな不幸などに対する原始的な恐怖感情があったことは確実だ。[*9]死者の国を、血や膿や腐敗などで穢れ、まがまがしい悪鬼邪霊がうごめいている恐ろしい場所とする観念は、イザナギが黄泉国《よみのくに》の妻イザナミを訪ねて逃げ帰ったとする『古事記』の一シーンに明瞭に描かれているとおりだし、考古学の方面でも遺体の手足を折り曲げて葬る屈葬墓の研究などで、早くから指摘されてきた。

神への祭祀の背景のひとつに「祟る神」への恐怖があったことは、疑う余地がない。なにより官撰史書等に見られる数多くの記事が、それを証明している。天照大神を「祟る神」と見なした記録も、現に存在している。[*10]

ところが家族国家論のなかでは、こうした不都合な事実は黙殺され、あるいは改変された。

幕末から明治にかけて活躍した水戸藩出身の史学者・栗田寛《ひろし》は、祖先崇拝や祭儀は「父母を敬う心」や父母への「思慕」の念から発したのだという空想論を説き、[*11]熱心な家族国家論者の一人だった前出の穂積陳重も、祖先祭祀は父母への「敬愛なる自然的感情」から生じたものであって、「亡魂の恐怖、鎮撫の如き迷信的動機に出でたるものに非」ずと断じて、以下のような強弁を展開している。

父母に対する尊敬は、時に或《あるい》は畏懼《いく》［おそれおののき］に近きものあるや蓋《けだ》し争うべからず。然れども、この畏懼たるや恐怖の念に出づるに非ずして敬愛の極に発するものなり。……祖先祭祀の起源を霊魂の恐怖と霊魂の鎮慰とに帰せんとする学者は、未だ霊魂に恐るべきものと、敬すべきものとの区別あるを識《し》らざるなり。[*12]

前出の戸田も、祖孫一体論と祖霊祭祀を結びつけて、次のように論じる。

我等は祖先の祟りを惧れて祖先を崇拝するのでもなく、また彼《あ》の世にさ迷う祖先の冥福を祈るために祖先を祀るのでもない。祖先の心は我等の心の中に宿っており、我等と共に生きている。これがわが国民の信念である。[*13]

実際には穂積のいう「迷信的動機」が先祖祭祀の主要なピースとなっており、仏教が民間に浸透するにつれて、ますます大きな――中心的な、といってもよい――要素となっていくのだが、家族国家論はそうした事実をすべて黙殺した。

そうしなければならなかった理由は、はっきりしている。日本国民の先祖祭祀のルーツは皇室の先祖祭祀にあり、両者は「同根」だと、国家が位置づけていたからである。

両者が同根であるなら、臣民の先祖祭祀に「亡魂の恐怖」を認めるということは、皇室の先祖祭祀こそが「亡魂の恐怖」の源流だと認めることにひとしい。お手本である皇室の先祖祭祀が、そもそも「迷信的動機」に色濃く支配されていたのであって、庶民の先祖祭祀はそれに倣ったのだということにならざるをえない。

けれども、すでに見てきたとおり、為政者側としては、祭祀は〝うるわしい〟忠孝心の儀礼化から発していたのでなければならない。穂積が、祖先祭祀は父母に対する「敬愛」の感情から始まったと執拗に主張しなければならなかった理由は、まさにここにあったろう。

では、天皇家における先祖祭祀は、ほんとうに「敬愛」の感情から生まれ、先祖に対する忠孝心が核となって継承されてきたのだろうか。歴史の語るところはまったく異なる。「敬愛」から生まれ、長大な時間を経て継承されてきたはずの天皇家の先祖祭祀は、実際のところ、明治になるまで打ち捨てられてきたのである。このことは以前拙著『天皇の秘教』に記したが、要点を再説したい。

天皇家の先祖祭祀

発足直後の明治新政府にあって、平田篤胤《あつたね》の復古神道の流れを汲む平田派とともに神祇方面の政策立案を担ったのは、石見国津和野藩（島根県鹿足郡津和野町）藩主の亀井茲監《これみ》を筆頭とする、いわゆる津和野派の国学だ。一章に登場した大国隆正《おおくにたかまさ》も津和野派に属する国学者で、藩主・茲監によって抜擢され、藩校・養老館の国学教師に起用されている。

この亀井伯爵家には、神祇政策にまつわる数々の文書が遺されている。そのなかに、歴代天皇の墓所である山陵（陵墓）の扱いに関する明治元年の神祇局案がふくまれており、現代人の感覚ではちょっと信じがたいことが書かれている。

◆上代には天皇を現津御神《あきつみかみ》と称え奉った。この呼称は、いま現在、神として在らせられるという意味だから、天皇が幽界に移られても、同じく神として在らせられることは、まったく疑いのないことである。ところが中世以来、仏教徒の巧みな説にとりこまれて、大切な御葬祭をすべて僧侶に委任してしまっただけではなく、その御陵《ごりょう》までも仏寺の境内に造営することとなった。そのため、神聖な天皇の山陵を、穢《けが》れた場所のように心得る者まで出てきたことは、あまりに嘆かわしいことである。……山陵は万代変ることのない幽宮《かくれのみや》なのだから、世人が穢処などと心得違いをしないよう、伊勢神宮における天祖天照大神のお祭りと同じように、山陵も潔く清しくお祭り申しあげるべきである。[*14]

ここには天皇の墓所を「穢処」――近づくと穢れが感染する場所として忌避してきた明治初年時点における「世人」の伝統的な山陵観が、はっきりと示されている。神祇局案はその非を訴え、歴代天皇霊を神として祭祀すべきだと主張しているのである。

これに対し、新政府の制度事務局判事で、山陵研究の第一人者だった谷森種松（善臣《よしおみ》）が、それは無理だろうとして、こう反論している。

『年中行事秘抄』の荷前《のさき》の条には、「〔山陵祭祀は〕神事に似るとはいえども、すこぶる不浄に渉《わた》る。よりて他の神事を行わず」とあるし、「忌み月には諸陵の役人は宮中に出仕してはならない」とも記されている。この文によるなら、山陵を神社に準じて考えることはとても無理なのではないか。[*15]

谷森が反論で引いている『年中行事秘抄』は、鎌倉時代初期までには成立していたと考えられている朝廷の儀式書の一種で、「すこぶる不浄に渉る」という文言は「荷前使《のさきのつかい》」の条に記されている。

荷前とは、諸国から納められる税物（布や地方特産物など）のうちの初荷のことだ。その初荷から、神事・山陵などへのお供え用に献納物の一部を抜きとり、毎年十二月、中務省《なかつかさしょう》から使者を派遣して陵墓に奉献する儀式が、古代以来の年中行事のひとつとなっていた。この使者を荷前使という。

荷前は神事の際にも神々に供されており、神祭における奉幣の儀式とよく似ている。似てはいるが、神事ではない。なぜなら山陵そのものが「すこぶる不浄に渉る」と考えられており、必ず清浄が守られなければならない神への奉幣とは、明確に区別されていたからである。

実際、天皇に代わって「不浄」な山陵に出向かねばならない使者役は不人気で、できれば御免こうむりたいという思いが、朝廷内で徐々に募っていったらしい。荷前使に選ばれたにもかかわらず陵墓に参らない者が、時代の進展とともに多くなったため、平安時代末期以後、朝廷は「不参」を荷前使の「略儀」として認め、陵墓に対する荷前奉献が省かれるようになった。さらに観応元年（一三五〇）十二月には、ついに儀式そのものが途絶している。

制度事務局判事の谷森は、こうした歴史的背景を踏まえたうえで、山陵をにわかに神社に見立てて山陵祭祀をおこなうことに疑問を呈したのである。

明治の国学界や神道界で重きをなした平田派国学者の矢野玄道《はるみち》も、山陵を神社として扱うことに強く反対している。

その『御陵意見書』で、矢野はまず「高天原は清明の地、夜見国《よみのくに》は汚濁の地」だとする記紀神話にもとづく理解を、価値判断の大前提として掲げる。この二分法によるなら、一切の吉事や清明心は

「天国」（天界の国すなわち高天原）に属し、凶事や汚穢心は「夜見国」に属することとなる。人も、その心や言行が清明なら、死後は天国で「善神」となるが、心や言行が汚穢であれば、最後には「夜見国」に属することとなる。

神社と山陵には、このように上古以来の「いささかの御差別」が立てられて今日にいたっているが、その「御差別」は、まさに「浄と穢の差異」にもとづいている。天神を祀る神社は清明な高天原の領域にあるが、屍の鎮まる山陵は汚穢の夜見国に属する。「されば……神社と山陵に御差別がなされてきたのも、けだし上世の昔からの御遺風」にちがいなく、上古以来の伝統を破って山陵を神社化してはならないと主張したのである。[*16]

矢野は、明治政府が王政復古の理念として採用した「神武創業」を玉松操《みさお》らとともに提唱し、岩倉具視《ともみ》を動かしたと伝えられる維新期を代表する天皇信仰創作者の一人だ。その矢野が強く反対せざるをえなかったほどに、山陵の神社化は伝統と歴史を頭から無視した、政治上の必要のほかには正統性のない、横紙破りの新儀だったのである。

そもそも浄穢の厳格な立て分けと、いっさいの穢れの排除や祓除《ばつじょ》は、皇家神道・神社神道いずれにとっても、自分たちの存在理由の生命線をなすものだ。浄穢の立て分けは、天皇の日常生活から公事・諸儀式にいたるまで、宮中生活のすべてを支配し、いまも支配している絶対的なルールだ。だからこそ、長い歴史を通じて、山陵と神社が混同されることはなかった。天皇家は山陵に眠る先祖の祭祀をおこなうどころか、みずから参ることもなく、神武以下の伝説的な天皇陵墓の確定にも、まったくといってよいほど関心を示さず、陵によっては肥《こえ》かぶりの農地に転用されたままに放置して、維新まで過ごしてきた。これが歴史の実態なのである。

たとえやんごとなき天皇や皇族であっても、亡くなれば死穢を帯びるし、触れれば穢れに感染する――明治維新で天皇像の全面的な書き換えがおこなわれる以前、死という万人平等の局面では、天皇も庶人も同じだった。ともに死穢を帯び、仏の救済を必要としている亡者の一人であることに変わりはなかった。

だから朝廷では、あたりまえのように成仏を祈念しての供養や年忌法要、各種の法事がおこなわれていたし、天皇の寝所の隣には、守護仏である観世音菩薩《かんぜおんぼさつ》が祀られてきた。それが平安時代からつづく宮中の伝統だった。

朝廷の祭祀を掌《つかさど》る神道は、前記のとおり穢れを徹底的に遠ざけてきた。そのため死穢にかかわる祭祀に神道はタッチしないのが大原則であり、死の穢れに感染した者は、神社への参拝も神事への参加もできず、三十日間の謹慎というのが『延喜式《えんぎしき》』の定めだった。

この触穢《そくえ》の思想があったからこそ、死穢と接触する宗教儀礼の主要な部分はすべて仏教が受けもち、一部を陰陽道《おんみょうどう》がになう体制が守られてきた。天皇家の葬儀が山陵への土葬による神葬から、火葬を用いる仏式に変わり、ついには墓そのものまで寺院の管理となったのものそのためだ。神道が葬送儀礼に関わるようになったのは、二章で記したとおり、神仏分離によって神社を独立させ、神道を国教の方向に導こうとした明治以降のことなのだ。

こうした文化状況のなか、いきなり「伊勢神宮における天祖天照大神のお祭りと同じように、山陵も潔く清しくお祭り申し上げるべき」だとする横紙破りの建議が、神祇局から提起された。いままで「穢処」とされてきた山陵を、いきなり伊勢神宮と同等の清浄な聖域に格上げするということは、古代からつづく天皇家の伝統、天皇家の神事・祭祀の決まりごとを、明治初年のこの時点で根本から書き替えるということにほかならない。神道や国学サイドから反対が出るのは当然だった。

けれども明治政府は、もっぱら政治的な理由から、伝統の書き換えを選択した。明治元年閏四月七日、「山陵に穢れなし」と決定した政府は、天皇による山陵親拝を〝復興〟させた。またひとつ、いかなる伝統的裏付けも持たない〝復興〟という名の偽史のピースが積み重ねられたのである。

明治政府がつくりだした新たな伝統

山陵を神宮に準じるものとして扱うということは、山陵の被葬者を、仏教式の供養が必要な「ホトケ」ではなく、伊勢神宮の皇祖神と同じような「カミ」として遇するということだ。それは同時に、山陵を、全国民がこぞって崇敬し、忠義を尽くさねばならない「生き通しの神の鎮まる神社」の一種へと新生させることを意味する。

これこそが「神国日本」の正しい姿であり、「神武創業」の祭政一致時代に復古する明治の聖代《せいだい》にふさわしい——明治政府はこの方針に基づいて宗教・教育政策を強力に推進し、伝統の根本的な統廃合を断行した。このときから、過去の天皇霊は、ホトケではなくカミとして、国民の前に立ち現れることとなった。

こう書くと、宮中には歴代天皇霊を「神」として祀る「皇霊殿《こうれいでん》」があるのだから、天皇を神として祀る伝統自体は古代からのものだろうと考える方があるかもしれない。けれども明治元年のこの時点で、皇霊殿などという施設は、宮中のどこにも存在していなかった。歴代天皇を神として祀る施設がないということは、歴代天皇を神として祀る祭儀そのもの、伝統そのものが、宮中には存在していなかったということを意味する。

その端的な証拠が、神祇省から発せられた明治四年の「御歴代皇霊ヲ奉遷シ神器同殿ニ祀ラン事ヲ乞《こう》ノ議[*17]」に明記されている。書き出しはこうだ。

◆天孫瓊々杵尊《ににぎのみこと》を始めとして、神武天皇以来の歴代天皇霊を霊廟にお祀りしてこなかったことは、古来からつづく制度上の大欠陥である（「天孫瓊々杵尊を始め、神武天皇以還、歴代の皇霊大廟に祀らせ玉わざるは、実に古来の一大欠典也」）

そもそも明治という新時代が生まれた時点で、わが国には天皇家の宗教施設の頂点をなすと考えられている「宮中三殿《きゅうちゅうさんでん》」そのものがなかった。天照大神の形代《かたしろ》（神霊の代替物とされる象徴物で、それ自体に霊異が宿ると考えられた）とされる神鏡のレプリカを祀る「賢所《かしこどころ》」だけは、古代から宮中に存在した。

しかし、歴代天皇霊を祀る「皇霊殿」と、天皇家の守護神である宮中八神および天地やおよろずの神々を祀る「神殿」は存在せず、この三者が宮中三殿として揃ったのは明治五年のことなのである。

他方、歴代天皇の霊牌《れいはい》（位牌）や念持仏《ねんじぶつ》などを祀る仏教にもとづく宮中施設は、平安時代の光孝天皇（在位八八四～八八七年）のときから清涼殿《せいりょうでん》内に設けられ、近世まで絶えることなく受け継がれてきた。「御黒戸《おくろど》」（黒戸御殿）と呼ばれる持仏堂がそれだ。

御黒戸は、常には女官が管理したが、天皇自身がなかに入って念仏を唱えたり、天皇の命に依《よ》って加持祈禱《かじきとう》などの修法がおこなわれた。称光天皇や後土御門《ごつちみかど》天皇のように、御黒戸で崩御した天皇もいる。歴代天皇の霊牌のほか、彼らが守護仏として信仰してきた念持仏も御黒戸に祀られており、歴代天皇によってそれらが拝まれ、供養されてきたという事実は、明治になって書き改められる以前の天皇の死後の姿が、「カミ」ではなく「ホトケ」と見なされていたことを何より雄弁に物語っている。[*18]

さらに、ともすれば古代からの伝統と錯覚されがちな宮中祭祀も、天皇家における先祖祭祀が明治の新制だということを、あからさまに証している。

宮中祭祀は、明治生まれの法律（「皇室祭祀令」）によって二種に大別された。天皇自身が皇族および官僚を率いて親祭する「大祭」と、掌典長《しょうてんちょう》[*19]が祭祀をおこない、天皇は皇族および官僚を率いて拝礼のみをおこなう「小祭」だ。

重要なのはもちろん天皇が親祭する大祭で、表に掲げた十三種と定められている（表二）。

これら十三大祭のうち、古代から受け継がれてきたのは、践祚大嘗祭《せんそだいじょうさい》についで重い祭と位置づけ

表二　十三大祭

①元始祭	（一月三日）
②紀元節祭	（二月十一日）
③春季皇霊祭	（春分の日）
④春季神殿祭	（同前）
⑤神武天皇祭	（四月三日）
⑥秋季皇霊祭	（秋分の日）
⑦秋季神殿祭	（同前）
⑧神嘗祭	（十月十七日）
⑨新嘗祭	（十一月二十三・二十四日）
⑩先帝祭	（毎年の崩御日）
⑪先帝以前三代の式年祭	（各帝の崩御日）
⑫先后の式年祭	（崩御日）
⑬皇妣たる皇后の式年祭	（同前）

られてきた⑧の神嘗祭《かんなめさい》と、毎年の大嘗祭である⑨の新嘗祭《にいなめさい》のわずか二祭のみだ。両祭は、ともに稲の収穫を祝い、神々に感謝を捧げるためにおこなわれた古代的な祭儀で、⑧では天皇が新穀を伊勢神宮に献じ、⑨では天皇が新穀を神々に捧げて自身も食する。

　これら稲の祭は、天皇家が創始して民間に広めたものではなく、有史以前から広く日本各地でおこなわれていた伝統的な収穫祭が、天皇による統一政権の成立後、朝廷にとりこまれて儀礼化したものと考えられているが、ルーツはともあれ、神嘗祭と大嘗祭が古代以来の天皇家を代表する祭祀だったことはまちがいはない。

　けれども、天皇家の伝統祭祀といえるのはこの二祭のみであって、残る十一祭は、すべて明治生まれの大祭なのだ。

右翼陣営の学者・評論家や神道者などは、いまも「宮中における祭祀と祈りこそが天皇家の伝統だ」と、ことあるごとに力説している。しかし、彼らがお題目のように唱えている「伝統」は、はるか古代からつづく伝統を意味するものではけっしてない。明治から昭和までの三代の伝統、より正確にいえば、明治天皇の代にもっぱら政治的な理由によって生みだされた、新儀による伝統と断りを入れなければウソなのである。

しかも大祭の中身から、明治政府の意図が手に取るように見えてくる。その意図とは、それまでおこなってこなかった歴代天皇霊に対する、神道式祭祀の実践だ。

大祭十三祭のうち、歴代天皇霊に対する先祖祭祀は、じつに③⑤⑥⑩⑪⑫⑬の七祭を数える。これらすべてが、それまでおこなわれてこなかった新しい先祖祭祀、「古来の一大欠典」を補うためにつくりだされた新儀なのである。

そうした先祖祭祀を天皇みずからが手厚くおこなうということの意味、および政府の意図は、もはや説明するまでもないだろう。親や祖先に対する天皇の祖孫一体の忠孝を、天皇自身が率先垂範して赤子《せきし》たる国民に示すこと、本家が分家のために忠孝のお手本としての祭儀祭礼をやってみせることにほかならない。

つまりこれは、明治新制の国体説や忠孝一本論と軌を一にし、明治中期には主要な国体イデオロギーとなる家族国家論、神社非宗教論、祖孫一体論などを載せる土台を形成した、偽史を形づくるピース中の大ゴマなのである。

明治の開始とともに、山陵に鎮まる歴代天皇霊は「ホトケ」から「カミ」へと姿を変えた。山陵を舞台とする国家祭祀や、天皇による山陵親拝も、新たに開始された。國學院大學教授の武田秀章は、この新しい事態の意味を、次のように的確に表現している。

神武創業を存立の根拠とした維新政府にとって、山陵・皇霊への祭祀は、いわば政権存立の根幹にかかわる国家祭祀だったのであり、それは天皇の山陵行幸・宮中への皇霊鎮祭という前代未聞の新儀を実現するまでに進展したのである。[*20]（傍点は引用者）

こうして「前代未聞の新儀」が確定されてのちに、天皇家の祖神祖霊祭祀と民衆の祖先祭祀を合体させた家族国家論が、さかんに唱えられるようになる。

家族国家論は「国家と家という異質の制度」を「天皇と民衆の先祖を媒介することによって接合」したものにほかならない。[*21]民衆が長い歴史のなかでつちかってきた多様な宗教観を、政府が強権によって取り払い、明治生まれの〝天皇教〟に合致するように平準化した「官制の先祖崇拝」——それこそが明治新制の家族国家論なのである。

この思想によって、親や先祖への「孝」と、天皇への「忠」はひとつに縒《よ》り合わせられた。天皇と国家にひたすら忠誠を尽くすことを求めるために編み出された、明治生まれのこの壮大なフィクションは、日清・日露戦争の勝利によって、大衆層に深々と根をおろすこととなる。

◉注

1　穂積陳重『祖先祭祀ト日本法律』有斐閣・大正6

2　田中寿美子「『家』思想の確立」(『女性解放の思想と行動 戦前編』時事通信社・昭和50)

3　西川祐子「男の家、女の家、性別のない部屋」(『ジェンダーの日本史 下』脇田晴子／ハンレー編・東京大学出版会・平成7)

4　田中前掲論文

5　五伴緒神とは、天孫・火瓊瓊杵尊とともに地に降ったとされる天児屋命(中臣氏の祖神)・太玉命(忌部氏の祖神)・天鈿女命(猿女氏の祖神)・石凝姥命(鏡作部の祖神)・玉祖命(玉祖連の祖)の随伴神をいう。いずれも祭祀にかかわる氏族である。なお、ニニギ尊が五伴緒神を率いて降臨したとする神話は記紀などに記された10種をこえる天降神話のバリエーションのひとつに過ぎず、『日本書紀』本文(当時の国家の正伝)の所伝では、ニニギが赤児の姿で一人日向の高千穂峯に天降ったとしており、明治国家が国民に植えつけた天壌無窮の神勅や三種の神器の賜与、五伴緒神の随伴などの異伝は、すべて後代に拡張された所伝と考えられている。拙著『アマテラス』(原書房・平成28)参照。

6　穂積前掲書

7　文部省編『師範公民書 上』教学図書・昭和14

8　戸田貞三『家と家族制度』羽田書店・昭和19

9　民族学者の大林太良は人類の死者に対する態度にふたつの型があったことを、諸説を引いて論じている。なかでもレオ・フロベニウスの論を評価し、その説をこう要約している。

「未開民族が、死者を家の外に運び出して、墓穴に埋め、土をかけるのは、死者と関係をもたないようにするためだ。これは幽霊を恐れる結果である。このような行いをするのは死者への恐れがまさっているからだ。これに反して、死者への愛情と尊敬と、死者との関係を維持しておこうという努力がまさっているときには、反対のしかたが始まり、死者をできるだけ保存しようとする。未開民族はいつも死者への恐れと死者への尊敬の間を動揺しているので、それに応じて、あらゆる葬式の習慣も死体の破壊と死体の保存との間を動揺している。／このフロベニウスの基本的な構想は、今からみても、驚くほど新鮮である。死体保存と死体破壊、この二つが基本的なものであるという点は、動かぬところであろう」（増補版『葬制の起源』角川選書・昭和52）

10 『続日本紀』延暦元年7月29日条
なお、拙著『秘説陰陽道』に天照大神を含む神々の崇りの例を挙げている。

11 栗田寛『祭礼私攷』皇典講究所・明治28

12 穂積前掲書

13 戸田前掲書

14 神祇局「勤斎公奉務要書残篇」（『明治維新と神道』阪本健一・同朋舎出版・昭和56）

15 谷森種松『復古記』（東京大学史料編纂所・維新史料綱要データベース、阪本前掲書）

16 矢野玄道「御陵意見書」（『維新期天皇祭祀の研究』武田秀章・大明堂・平成8）

17 神祇省「御歴代皇霊ヲ奉遷シ神器同殿ニ祀ラン事ヲ乞ノ議」（阪本前掲書）

18 藤巻一保『天皇の秘教』・学研・平成21

19 明治17年、宮内省に設置された式部局掌典部の長。宮中や御陵の祭典を掌った。戦後は行政機関から外れ、天皇家が雇う私的な職員として存続している。

20 武田秀章『維新期天皇祭祀の研究』大明堂・平成8

21 川村邦光『幻視する近代空間』青弓社・平成2

第五章　浸透する天皇教

△日露戦役凱旋大観兵式に臨む明治天皇　明治39年４月30日（『少年日露戦争物語』芦間圭・大同館書店・昭和10年）

日露戦争と国粋主義

明治も末になる頃には、明治政府がつくりあげた虚構の天皇教は、民衆への浸透の度を深め、一種の空気となって日本を覆うようになっていた。

この浸透を、啓蒙や教育といった刷り込み政策よりはるかに強力に押し進めたのは、明治二十七年（一八九四）から二十八年にかけての日清戦争と、三十七年から三十八年にかけての日露戦争だ。大国を相手にした両次の戦争における劇的な勝利が、日本は神国であり天皇は神だという教えの〝真実性〟を証明するものと受け止められたのである。

教育界で大きな足跡を残し、のちに東北帝大総長や京都帝大総長などを歴任した沢柳政太郎《まさたろう》は、まだ文部官僚だった明治三十八年の著書でこう書いている。

若《も》し我国体にして万世一系の皇室を戴くことなからしめたならば、我々は決してこの戦争に当たって今日までの如き経過を見ることは出来なかったであろうと思う。……国民が勇んで戦場に赴く有様の如き、又戦場に臨める兵士の勇敢にして真に国に殉ずるを以て名誉とするが如きは、皆実に我国体に基づくものと云わなければならぬ。……今回の事変に際して、国民はこの国体の単に歴史的のものにあらず、現実に一人勢力であることを覚ったと思うのである。[*1]

日露戦争は、それ以前の日清戦争とはまったく質を異にした日本初の大規模戦争であり、払った代償もきわめて大きかった。日清戦争が陸軍動員兵力約二十四万人（海軍は正式な記録なし）、全戦没者約一万三千人、戦費約二億円だったのに対し、日露戦争は陸軍動員兵力約百八万人（同前）、全戦没者約八万四千人、戦費は国家予算の六年分に相当する約二十億円で、動員兵力四倍強、戦没者は約六倍、戦費にいたっては九倍という犠牲がはらわれた。

しかも、勝つには勝ったがまったくの薄氷の勝利であり、国民に知らせてはいないものの、実際には日本はもはや戦争の継続は不可能という瀬戸際にあった。その土壇場で米大統領ルーズベルトの斡旋を受けて講和に臨み、最終の御前会議で「償金［賠償金］、割地［領土の割譲］二つながら之を抛《なげう》つとも、この場合、戦争継続は回避されねばならぬと決せられ[*2]」、日本はようやく戦争を終えることができた。

天皇・政府・軍部には、賠償金や領土の割譲をあきらめても講和するという以外の選択肢はなかった。戦争をつづけたなら、国が破綻することは明らかだった。けれども、莫大な人的・経済的犠牲をはらい、堪えに堪えてつかんだ勝利であるにもかかわらず、ほとんど見返りのない屈辱的な講和を受け入れた政府の弱腰外交に、民衆は怒りを爆発させた。大新聞などのマスコミは、民衆の怒りに同調して、戦争の継続を求めさえした。

こうした空気のなか、日比谷焼打事件（明治三十八年九月）が勃発した。内務大臣官邸や政府の御用新聞と目されていた国民新聞社、警察署などが次々と焼き打ちされ、戒厳令によってようやく鎮定されたこの事件は、時代の民衆の意識をよく反映していた。長年にわたって刷りこまれつづけてきた国体意識が、借り物ではなく自分のものとして、民衆のなかで「内面化」[*3]されていることを示していたからである。

外交が天皇の専権事項である以上、講和は天皇の意思であり、苦情を言い立てるなら、その相手はほんらい天皇でなければならない。けれども民衆の怒りは天皇には向かわず、天皇の国政を補弼《ほひつ》[*4]するものとして憲法に規定されている政府に向かった。昭和になって頻発することとなるテロやクーデター未遂の心性と同じ心性――悪いのはすべて天皇を取り巻いている元老・重臣・資本家たちだとする心性が、民衆のなかで育っていたのである。

国体イデオロギーの内面化にマスコミが果たした役割は、きわめて大きい。

日清戦争の勝利につづく日露戦争の勝利で、民衆は〝神国日本の無類の強さ〟に、いわば確信を抱くようになったが、その確信をより強固なものとしたのが、新聞・雑誌などマスコミによる戦争報道だった。戦前、非戦論を唱えていた大衆向けのマスコミは『万朝報』のみだったが、同紙も「ロシア討つべし」という世論の圧力に屈して、明治三十六年十月には開戦論へと方針を転じていた。非戦の論陣を張っていた社員の内村鑑三、幸徳秋水、堺利彦は退社し、「ここに非戦の主張は大衆的な言論機関から姿を消した」[*5]。

当時のマスコミの状況を、内村鑑三は明治三十八年二月の講演でこう語っている。

日露戦争は我国民の中に残留せし僅かばかりの誠実の念を根こそぎ取りさらいました、……新聞紙の如き、一ツとして真事実を伝うる者なく、味方の非事と云えば悉《ことごと》く之を蔽い、敵国の非事と云えば針小を棒大にして語るを歓び、真理その物を貴ぶの念は全く失せて、虚を以てするも実を以てするも、ただ単《ひと》えに同胞の敵愾心を盛にして戦場に於《お》いて敵に勝たしめんとのみ努めました、……私は信じて疑いません、戦争二十箇月間、日本国に一箇の新聞紙のありませんでしたことを、即ち事実を報導し、吾人をして公平の判断を下さしむるに足る一個の新聞紙のありませんでしたことを。[*6]

内村が描きだしたマスコミの姿は、太平洋戦時には国家・軍部による徹底した検閲と、マスコミ自身の度はずれた忖度や阿諛追従《あゆついしょう》により、いちだんと低劣の度を増して再現されることとなるのだが、その先例が、すでに日露戦争の時点で認められる点に注目しなければならない。国民ともども戦争に熱狂したマスコミ自身が、すでにどっぷりと国体論にとりこまれていたのである。

日清・日露戦争の意味するものを、内村は正確に見通していた。同じ講演で、彼はこう訴えている。

日清戦争はその名は東洋和平のためでありました。然るにこの戦争は更《さ》らに大なる日露戦争を産みました。日露戦争もまたその名は東洋平和のためでありました。然《しか》しこれまた更らに更らに大なる東洋平和のための戦争を生むのであろうと思います。戦争は飽き足らざる野獣であります。[*7]

では、内村や幸徳らと反対の陣営にあった国体論信奉サイドの知識人は、当時なにを語っていたのだろうか。一例として、随筆や評論などで多くの読者をかかえていた大町桂月の文章を引こう。日露戦争さなかの明治三十七年六月に刊行された『軍国訓』の一節だ。

◆日本国民は、なんと天佑に恵まれた国民であろうか。開闢《かいびゃく》以来、万世一系の帝室を戴いてきたことなど、世界を見渡しても比類がない。開闢以来、一度も外国に汚されることなく、金甌《きんおう》無欠の独立国としての体面を保っているのも、日本のみに見られることだ。わずか二、三十年で一躍世界第一流の文明国となるほどに智能が優れていることも、他に例はないであろう。……今回の日露戦争では……わが軍は一隻も失わないまま、敵である東洋艦隊の戦闘力をほとんど失わしめた。これも稀代の勝利である。軍人はもちろん、国民一般も、みなこれぞ天佑という思いを抱かない者はないだろう。[*8]

国粋色を全面に出した大町の「天佑」は、太平洋戦争時には、しばしば「神風」の名で語られた。[*9]こうした神憑《かみがか》り的な表現は、自分は弾丸や砲弾が飛んでくることのない安全地帯に身を置きながら、国民や兵隊には強く忠誠・忠死を強要する軍部や政官界、地方自治体の指導者層などのエリートが好んで使うものだが、実際に現場で戦っている前線将兵はそうではない。日露戦争の天王山となった奉天会戦の戦場でかわされた、石光真清少佐（第二軍令部高級副官）と川上素一大尉（満州軍総司令部副官）の会話が、よくそれを表している。

川上「この勝利は天佑でもなく、陛下の御稜威《みいつ》でもございません。兵士一人一人の力によるものであります。」

石光「いやいや……その通り、僕もそう思っているよ。天佑とか御稜威とかいうのは、あれは君、陛下に報告するときの文章だよ。[*10]」

桂月は同じ著書で、日清・日露戦争を相撲にたとえて論じてもいる。日清戦争当時の日本は、腕力はあるが実力はまだ未知数の「田舎力士」で、日清戦争も各地の神社境内で催されるごくローカルな「宮相撲」程度のものにすぎなかった。そんな田舎力士が、日露戦争でいきなり世界が注視する[*11]本場所の土俵に上がった。

対戦相手のロシアは、当時の横綱・常陸山か、巨漢で鳴らした横綱・大砲《おおづつ》クラスだ。とても通用するわけはないと世界の人々は思った。ところが「日本は小男ながらも、大砲のごとき大力士を打ち負かした。これにより世界は、はじめて日本の強きことを知」ったというのだ。

日本はなぜかくも「強い」のか。

井上哲次郎は日本民族が「皇室を中心として鞏固《きょうこ》なる統一を成せること」や、民族の純粋さ、日本文明の壮健さ、武士道の発達などを数え挙げ、[12] 政治学者の加藤弘之は、ばらばらの人種で構成されている欧州各国と異なり、「吾邦のみ建国以来今日まで日本民族の族父たる天皇が君位を保」ちつづけてきた「単一」民族国家であることを挙げて、日本国体の優越を力説した。[13]

日本国体の優越は、維新前から国学者らによって唱えられていたし、政府もさまざまな方策を用いて国民に教えこんできたものだ。

とはいえ、国家がどれだけ皇国《みくに》の素晴らしさを力説しても、それに見合うだけの国力がともなわないうちは説得力をもたない。たとえば幕末以来、欧米諸国に強制されて結んだいちじるしく不平等な条約は、明治二十二年まで是正することができず、二十二年の改正でも関税自主権は従来の不平等のままで、明治四十四年まで据え置かれた。物質文明やさまざまな学術は欧米にはるかに及ばず、日清戦争で得た遼東半島は、ロシア・フランス・ドイツによる三国干渉で、ただちに清国に還付せざるをえないという屈辱を、日本は甘受した。そんな状態で説かれる「世界に冠たる国体」など、内弁慶によるただの空威張りに過ぎなかった。

そんな弱小国の日本が、自他共に認める世界の大帝国に戦争を仕掛けられるわけはないと、戦前のロシアは完全にタカをくくっていた。ロシア皇帝ニコライ二世は日本を「東洋の猿」と蔑み、ロシア大使館駐在武官のワノフスキイは、日本軍が「ヨーロッパの最弱の軍隊」とどうにか同列のレベルに達するまでに「ざっと百年かかるだろう」と本国に報告していた。[14]

そのロシアに勝ったという事実は、天皇を戴く日本国体の素晴らしさを実地に裏付けるものと受け止められ、民衆の熱狂を呼び起こした。井上ら御用学者や知識人・言論人による最大級の自画自賛が、マスコミを通じて喧伝され、「国民の意気益々昂り、内に戦勝の因《よっ》て来る所を探りて国体の優秀に及ぶもの愈々《いよいよ》盛」になったのである。*15

進む国家の兵営化

日露戦争で払った代償は甚大だったが、民族の自尊心を満足させるに足る果実はつかんだ。この果実を、為政者が国民統合に利用しないわけはなかった。大河を朱に染めるほどに流された八万人余の兵卒の血は、皇国の美化に転用された。日露戦争の勝利と世界の「一等国」の仲間入りが、教育勅語や軍人勅諭などに盛られたイデオロギーの正しさ、皇国の素晴らしさの実証として大いに喧伝され、国民のあいだにも、「皇御国《すめらみくに》」なればこそ、この奇跡的な勝利が現実のものになったのだという漠たる気分が広まった。

戦前と戦後の変化についての大江志乃夫の以下の分析は的確だ。

民衆から国民への意識転換すなわち国家への帰属意識の強化のためのキー・ワードとして鼓吹されたのが「一等国」意識であり、この「一等国」意識を直接に天皇のもとに統合するイデオロギーとして浸透させられたのが、日露戦争におけるおびただしい流血への哀惜が取り結んだ血の連帯を利用しての、疑似家族制の幾重もの積重ねのうえに築きあげられた、天皇を家父長とする家族国家観であった。[*16]

国家への帰属意識が希薄だった「民衆」を、国家と同じ方向に顔を向ける「皇国国民」につくりかえることは、明治維新以来の国家の一大目標だった。日露戦争の勝利と一等国の仲間入りが、まさしくこの目標を実現するための大きな転機となった。

当時、世界の一等国と見なされていたのは、イギリス・フランス・ロシア・ドイツ・オーストリア・イタリア・アメリカのいわゆる欧米列強で、世界の七大強国とも呼ばれていたが、戦後そこに日本が加わり、七大強国は八大強国になった。

北欧最古の大学として知られるスウェーデン・ウプサラ大学の地理学者で、優れた地政学者でもあったルドルフ・チェレーン（大正期の邦訳書ではキエレンないしキェルレン）の『現代の八大強国』は大正七年に邦訳されているが、そのなかで日本は「最も年若き強国」「新版の英吉利《イギリス》・太平洋の英国」として取りあげられている。

既にして一八九四年〔明治二十七〕日清戦役の結果、日本は台湾・遼東半島・旅順を収めたが、その後、露西亜《ロシア》の煽動に依て遼東半島の放棄を余儀なくされた。一九〇〇年〔同三十三〕欧州に伍して北京を遠征せる際、日本が謂《い》うところの列強と同資格の位置を贏《か》ち得たことは疑《うたがい》ない。一九〇二年の日英同盟は実にこの事実を裏書したものと見るべきである。一九〇四、五年〔同三十七・八〕の戦勝は満州・旅順の外に、真の獲物として朝鮮及び樺太の一半を得しめしが、この戦勝以後、日本は列強と対等たるべき形式的標識として大使を諸国に派した。かくて存在も認められぬ「除去数に」国を起こしたる日本は、僅々半世紀足らずの短日月の間に、現代列強の間に跳梁するに至ったのである。[*17]

日露戦争後の朝鮮併合は、さらなる大陸進出をめざす日本にとって、たしかに「真の獲物」に相違なかった。「日本の世論は『一等国』意識を強化し、新領土の開発を期待して併合を歓迎した。新聞も併合後の日本の責任を論ずる一方、併合が朝鮮人社会に秩序と進歩をもたらすと自讃した[*18]」。ただしチェレーンは、この時点で日本の将来を冷静に予測している。

ロシア、ドイツに次ぐ世界第三位の軍事予算をもちながら、人口一人あたりの貿易額は、列強では弱小のイタリアと比較しても三分の一しかない。加えてめぼしい国内資源もない日本は、軍事力をバックに大陸進出政策を進め、また「南進」して「太平洋諸島を突」く両面政策に「将来の進路を見出さんとして」いくにちがいない。しかしこれらの政策を進めれば、必ずやアメリカと衝突するだろう。多くの弱点を抱える日本が東洋の盟主として欧米を脅かす黄禍《こうか》（黄色人種が白色人種にもたらす災い）の中心となる可能性は低く、「世界将来の最大市場」である中国こそが、「真の黄禍」となる公算が大きいと予測したのである。

いうまでもないことだが、チェレーンは「皇国の御稜威」「国体の優越」などといった日本でしか通用しない観念論は相手にしていない。天壌《てんじょう》無窮《むきゅう》の神勅にもとづき、アジアの「統制者・指導者」になるのが日本の使命・天職であり国体の本義だとするイデオロギーは、「夢想的信仰」の一語で片付けられている。

けれども日本政府は、いちだんと強く、その「夢想的信仰」へと国民をリードしていった。

明治四十年代初頭からはじまった学校における教育勅語の暗唱指導は、その表れのひとつにほかならない。暗唱指導は小学校、高等師範学校、中学校、高等女学校へと一挙に広められ、「御真影に対し最敬礼を行った後、生徒は上体を前に傾け不動のまま校長等による教育勅語の奉読を聴き、奉読終了後は敬礼を行う」という共通の作法も定められた。[*19]

日露戦争の前後から、各地でばらばらに結成されていた在郷軍人会が、明治四十三年、陸軍省の指導のもとで帝国在郷軍人会（初代総裁・伏見宮《ふしみのみや》貞愛《さだなる》親王）として統合されたのも、同じ流れに沿った動きのひとつだ。戦時の動員を準備しておくことが第一の目的だが、もうひとつの大きな目的は、日本各地の在郷軍人を介しての国民統合、皇国意識の養成にあった。大濱徹也は、これを適切にも「国家全体の兵営化を促進するもの」と表現している。[*20]

与謝野晶子と大町桂月

われわれは、日本の大陸および太平洋への進出と欧米との激突が、目に見える距離まで近づいた時代までやってきた。けれどもそこで起こっていたことを見ていく前に、天皇信仰がいかに民間レベルに浸透していたのかを確認しておきたい。

与謝野晶子が雑誌『明星』に「君死にたまふこと勿《なか》れ」を発表したのは、明治三十七年九月のことだ。詩は日露戦争に出征した弟に送ったもので、「旅順口包囲軍の中に在る弟を嘆きて」の副題が付されている。切々と魂に訴えてくる詩なので、まず読んでいただきたい。

あゝをとうとよ、君を泣く、
君死にたまふことなかれ、
末に生れし君なれば
親のなさけはまさりしも、
親は刃《やいば》をにぎらせて
人を殺せとをしへしや、
人を殺して死ねよとて

二十四までをそだてしや

堺の街のあきびとの
旧家をほこるあるじにて
親の名を継ぐ君なれば、
君死にたまふことなかれ、
旅順の城はほろぶとも、
ほろびずとても、何事ぞ、
君は知らじな、あきびとの
家のおきてに無かりけり。

君死にたまふことなかれ、
すめらみことは、戦ひに
おほみづからは出でまさね、
かたみに人の血を流し、
獣の道に死ねよとは、
死ぬるを人のほまれとは、

大みこゝろの深ければ、
もとよりいかで思《おぼ》されむ。[*21]（以下二連は略）

ここで歌われているのは、出征した親兄弟や夫を持つ者ならだれもが抱くにちがいない肉親の情だ。けれども徴兵者を送り出す親兄弟らは、生きて帰ってくれという思いを呑みこみ、国のために奉公する機会を天皇から与えられたことに感謝し、「万歳」を唱えて見送ることがルーティンとなっている。泣いて「君死にたまふことなかれ」と訴えることは許されない。

大町桂月が、晶子の詩にただちにかみついた。「家が大事也、妻が大事也、国は亡びてもよし、商人は戦うべき義務なしと言うは、余りに大胆すぐる言葉なり」と批判し、詩人・角田浩々歌客《かくだこうこうかきゃく》による晶子擁護論が読売新聞に掲載されると、桂月と角田の論争に発展し、桂月は晶子を「乱臣なり、賊《ぞく》子《し》なり」とまで批判した。

ここで注意しなければならないのは、「君死にたまふことなかれ」と歌った晶子も、「乱臣賊子」と否定した桂月も、ともに天皇崇敬者だったという事実だ。

なるほど晶子は詩のなかで、天皇はみずから戦場に出ることはないと歌っており、天皇に対する苦情の言い立てと読むこともできなくはない。けれども、晶子の思いの比重は、「大みこゝろの深ければ、／もとよりいかで思されむ」のほうにある。「大みこゝろの深ければ」は、皮肉ではない。晶子はみずからの天皇信仰をたびたび吐露し、明治天皇の時代に生まれたことのありがたさを文字にしている。この一連は、慈悲深い天皇が、人の血を流せ、獣の道に死ね、死ぬことが誉れだなどというお考えのもとに、赤子を身代わりとして戦地に送りこんだはずはないという彼女の天皇信仰を背景としている。

桂月の批判文「人生と戦闘」が『太陽』誌上に掲載された翌月、晶子は夫・鉄幹に宛てた手紙という体裁をとって、反論文である「ひらきぶみ」を『明星』に寄せた。それを読むと、彼女の批判がどこを向いていたかが見えてくる。

> この国に生まれ候《そうろう》私は、私らは、この国を愛で候こと誰にか劣り候べき。物堅き家の両親は私に何をか教え候し。堺の街にて亡き父ほど天子様を思い、御上の御用に自分を忘れし商家のあるじはなかりしに候。……（以下長文中略）
> 私が「君死にたもうこと勿れ」と歌い候こと、桂月様たいそう危険なる思想と仰せられ候えど、当節のように死ねよ〳〵と申し候こと、またなにごとにも忠君愛国などの文字や、畏れおおき教育御勅語などを引きて論ずることの流行は、この方かえって危険と申すものに候わずや。*22

兵隊に「死ねよ死ねよ」と圧力をかけるのも、教育勅語の権威をカサに着て忠君愛国を国民に強制するのも、天皇自身ではなく、天皇の権威を利用して国を動かしている天皇補弼の臣たちではないかという思いが、ここではっきり吐露されている。

明治政府は徳川幕府時代を否定する一方で、徳川が政権保持のイデオロギーとしておおいに活用してきた儒教道徳と武士道を随所で利用してきたが、晶子は武士道を徹底して否定した。論争から七年後の『一隅より』で、彼女は武士道を「蛮道」と呼び、「皇室から云えば叛逆の道で、国民から云えば私党の規約」、「歴史上の事実に見て武士道程非忠君、非愛国」なものはないとまで言い切った。そのうえで、こう書いている。

忠君愛国主義の道徳には立派な教育勅語がある以上、別に不祥な武士道などを借《か》る必要は無い。教育勅語は王道であり、併せて民道である。これ程立派な道徳は一寸《ちょっと》類が無い。……尚武の気象を鼓吹する必要があるなら、立派な王道民道の上に神武帝の御事蹟や大久米《おおくめ》氏、物部《もののべ》氏の祖先の功業を例に引く方が堂々として居ないでしょうか。[*23]

晶子の主張は、彼女自身も桂月とは別の形で深々と天皇教にとりこまれていたことを明らかにしている。私は本章の冒頭、明治も末になる頃には、明治政府がつくりあげた虚構の天皇教は民衆への浸透の度を深め、一種の空気となって日本を覆うようになっていたと書いた。明治十一年生まれの晶子もまた、天皇教を空気のように呼吸して育ってきた明治人の一人なのである。

晶子と桂月の距離は、じつはそう隔たってはない。両者とも天皇教それ自体はほとんど無批判に受け入れていた。たとえば桂月は、こう書いている。

◆天照太神が皇祖である。歴代の天皇は皇宗である。そうして現在の天皇は現《あき》つ神《かみ》〔現人神《あらひとがみ》〕である。現つ神に忠であれば、その忠はおのずから皇祖に及び、また天皇というひとつの家から広まった国家に及ぶ。これがわが国において敬神・忠君・愛国の三者が一致する理由である。世界万国のなかでも、ただわが国だけが有している国体である。[*24]

晶子は、桂月が無批判に受け入れている祖孫一体論や国体の冠絶《かんぜつ》説には批判的だった。「兵士許《ばか》りでなく、学問や芸術を虐待する国家は決して万世不朽の国家とも国民とも申しにくい」とも主張した。[*25]けれども、天皇を崇敬し、教育勅語を無条件で受け入れるなどの点で、彼女は桂月と変わらなかった。二人が特殊だったのではない。たとえば、明治の教育のまっただなかで育った石川啄木《たくぼく》（明治十九年生まれ）は、四十年の日記にこう記している。

申すもかしこけれども、聖上睦仁《むつひと》陛下は誠に実に古今大帝者中の大帝者におわせり。陛下の御名は、常に予をして襟を正さしむ。予は、陛下統臨の御代に生まれ陛下の赤子の一人たるを無上の光栄とす。[*26]

戦後、国民的作家として一時代を築いた吉川英治《よしかわえいじ》（明治二十五年生まれ）の述懐はこうだ。

十一月三日の旧天長節に、黒木綿の紋付を着、小倉の袴をはいて、小学校の校庭に「君が代」を唱して明治の世に生い立って来た私などには、天皇に対し奉る尊念と臣民の誓いは、ものごころついてからのものであって、年と共に「日本に生れたるの幸福」の思いを厚うし、同じ地球上の人類のうちでも、どこの国家よりも何の民族よりも優れたるこの日本であることをわが身そのもののように誇りとして来た。[*27]

晶子も桂月も、啄木や吉川英治らと同じように、天皇を崇敬していた。ただ、晶子と桂月では、大きなちがいがあった。桂月は天皇教の創作者――元勲・重臣・大臣・軍部首脳ら天皇を補佐する実権者らも込みで受け入れ、晶子は政治の裏に隠されているご都合主義や私利私欲の度しがたい醜さを、激しく批判したのである。

大正五年の「駄獣の群」という詩で、彼女は政治家についてこう歌っている。[*28]

あはれ、此国の
怖るべく且つ醜き
議会の心理を知らずして、
衆議院の建物を見上ぐる勿れ。

禍《わざはひ》なるかな、
此処に入る者は悉く変性す。
……
見よ、此処は最も無智なる、
最も敗徳なる、
はた最も卑劣不作法なる
野人本位を以て
人の価値を
最も粗悪に平均する処なり。
……
彼等を選挙したるは誰か、
彼等を寛容しつつあるは誰か。
……
かくしつつ、年毎に、
われわれの正義と愛、
われわれの血と汗、
われわれの自由と幸福は

最も臭く醜き
彼等駄獣の群に
寝藁《ねやく》の如く踏みにじらる《ママ》……

大逆事件の意味するもの

天皇教に対する批判精神を欠いた信仰という視点からみれば、桂月や晶子は当時の日本の平均的な市民だったといってよい。こうした信仰のありようをまったく別の角度から浮き彫りにしたのが、明治四十三年の幸徳秋水事件だ。

同年五月から六月にかけて、天皇暗殺の企てに参画したとの嫌疑で、各地の社会主義者・無政府主義者が続々と逮捕された。大逆罪《たいぎゃくざい》は大審院の一審のみで終審となる。その結果、翌四十四年一月には早くも幸徳伝次郎（秋水＝四十一）、管野スガ（三十一）、森近運平（三十一）、宮下太吉（三十七）、新村忠雄（二十五）、古河力作（二十八）、奥宮健之（五十四）、大石誠之助（四十五）、成石平四郎（三十）、松尾卯一太（三十三）、新美卯一郎（三十三）、内山愚童（三十八）の十二名が死刑に処された。世にいう大逆事件である。

この事件で実際に爆弾を製造し、明治天皇の爆殺を計画したのは、機械工の宮下太吉だ。

『平民新聞』を読んだことがきっかけで社会主義思想に共感を寄せるようになった太吉は、明治四十年十二月に大阪平民社を訪ね、関西社会主義運動の中心人物だった森近運平と会った。運平は太吉に、神武天皇の即位伝説にもとづく建国紀元は史実ではなく、「信ずるに足らざる」ものであることを説き、太吉は皇室への不信を抱きはじめた。

運平が太吉に語った内容は、大審院の「判決書」ではぼかされているが、政府が駐日各国大使館に配布した『逆徒判決証拠説明書』には、よりはっきりした記述がある。この説明書は、各国から寄せられた事件処理に対する日本への抗議に応え、「誤解」を避けるために諸外国向けに作成した異例の文書で、判決文よりはるかに詳細な長文となっている。[*29]

同文書によると、運平は太吉にこう語った。

◆神武天皇は九州の辺隅で起こり、〔東征して〕長髄彦《ながすねひこ》らを倒し、その領土を略奪した者なのだから、尊信に値しない。

運平の主張は、一章で見た植木枝盛《えもり》の主張と同じだ。これだけならたんなる不敬罪の範疇なのだが、無政府主義への傾斜を深めた太吉は、さらなる行動へと移っていく。

約一年後の四十一年十一月、太吉は東海道線大府《おおぶ》駅の駅頭に立った。大府は愛知県知多半島の付け根に位置し、名古屋に隣接する村だ。彼がこの村にやってきたのは、その日、明治天皇行幸の鹵簿《ろぼ》(儀仗を備えた行幸・行啓の行列)が通過することになっており、拝観しようと集まってきた観衆に「無政府共産説を宣伝」するためだった。

それら観衆に、太吉は曹洞宗《そうとうしゅう》の僧侶で無政府主義者でもあった内山愚童の著書『入獄記念　無政府共産』を配り、演説した。はじめのうちは、みな喜んで太吉の言葉に耳を傾けた。ところが話題が皇室批判に及ぶと、人々の反応が一変した。このときの情況を、大審院の「判決書」はこう記している。

◆太吉の演説がひとたび皇室の尊厳を冒すと、それまでのように聞いてくれる者がいなくなった。それを見て太吉は、帝室の革命をおこなおうとするなら、まず大逆を犯し、それによって人民の忠君愛国の信念を殺ぐよりほかはないと心中に思い定めた。[*30]

爆弾によるテロを決意した太吉は、その旨を運平に手紙で伝え、運平は手紙を秋水に示して太吉の決意を伝えた。そこで秋水は、後日、運平と大石誠之助に対し、赤旗事件で投獄されている連累者の出獄を待って決死隊数十人を募り、富豪の財を奪って貧民にわかつとともに、諸官庁を焼き討ちし、行政府の高官らを殺害し、かつ宮城《きゅうじょう》を襲って大逆を実行するという意思を伝え、運平と誠之助がこれに同意した。

明治四十二年二月、太吉は上京して秋水を訪ね、爆弾テロという「予定の逆謀」を告げた。このとき秋水は太吉の真意をはかりかね、「不得要領」の受け答えをしたと判決文にある。秋水は太吉の計画にはあまり乗り気ではなかったが、太吉は機械工をつづけながら密かに爆弾製造のノウハウを集め、着々と準備を進めた。

当時、太吉は転勤で長野県東筑摩郡中川手《なかがわて》村明科《あかしな》（現安曇野市東部）の明科製材所に移っており、そこでも同僚職工らに無政府共産説を「鼓吹」した。けれども彼らの反応は、かつて大府駅で観衆が示したそれと同じだった。そのときの思いを、太吉は予審でこう述べている。

◆私が政府の役人などを攻撃したときには、誰もが「それはそうだ」と賛成いたしますが、天皇のことになると、みな「わが国は他国とその国体を異にする」とか、「皇統連綿の天皇は神だ」とか申して、私の言うことに承知いたしません。それで私は、天皇もわれわれと同様に血の出る人間だということを示して迷信を破らなくてはならぬ、天皇を斃《たお》さなければならぬと決心いたしました。[*31]

すでに太吉は、天皇現人神説は「迷信」だと確信していた。けれども、大府駅頭に集まった観衆や、明科製材所の職工たちはそうではなかった。彼らはそろって太吉の主張を拒絶し、刷りこまれたとおりの架空の物語――「我国は他国とその国体を異にする」という空想的国体説や、「皇統連綿の天皇は神だ」という天皇現人神説で反論した。

先に例示した与謝野晶子や大町桂月も、広い意味ではこれら観衆や職工と同じ信仰グループにふくまれる。晶子は為政者を厳しく批判したが、大府の観衆も、太吉の「政府の役人」に対する攻撃には「それはそうだと賛成」した。しかし、当時の日本人一般の思考が及ぶ射程は、そこが限界だった。明治憲法が規定したとおり、「天皇ハ神聖ニシテ侵スヘカラ」ざる存在として、いっさいの批評や批判の埒外に超然と屹立する絶対者となっていた。大逆事件は、はからずもそれを明らかにした。

内に不満を抱えてはいても有力者を頂点とした序列には卑屈なまでに忠実であり、そこからはみ出す者には声をそろえて同調圧力をかけ、従わなければ秩序（序列構造）の外に排斥するという〝村社会〟通有のメンタリティが、政府のめざした天皇を頂点とする強固な序列構造とリンクし、かくもみごとな「牧民」教育の成果となって実を結んだのである。

太吉はなぜ爆弾テロという方法を選んだのか、その理由がここで語られている。われわれと同様、天皇も傷つけば血が流れる人間であり、神ではないということを実証するにはこれしかない――彼にはそれ以外の方法を思いつくことができなかった。情況に風穴をあけようとする者が、ついに実力行使へとみずからを追いこんでいくのは、国家による苛烈な言論封殺政策が招く必然だったからである。

太吉は、実際に爆弾製造に成功し、山中で実験して十分使えることを確認した。秋水らの一党も、明治四十三年の秋季を期して「大逆罪を遂行」すると決めた。けれどもテロは事前に当局に漏れ、まず太吉が捕まり、その後、秋水ら関係者が一網打尽となった。

秋水の依頼で事件の弁護人となった今村力三郎は、十四年後、皇太子（のちの昭和天皇）の車列に銃弾を撃ちこんで逮捕された難波大助《なんばだいすけ》の虎の門事件でも弁護人を務め、両事件の「事実と感想」をまとめた『芻言《すうげん》』を残しているが、そこに注目すべき一節がある。大逆事件と虎の門事件には共通するものがあるとして、こう書いているのだ。

◆およそ裁判官として、警察・裁判・閣僚・代議士の非を挙げ、事件の責任の一部は彼らにあると受け取られかねない文字を判決文に記すことは、世間の誤解を招く恐れがあるため、彼らは最も嫌忌している。にもかかわらず、両判決が嫌忌の情を抑えてそれを判決文に示した理由は、あえて犯罪の原因を公開し、官民の両者に考えさせなければならないと判断したからにほかならない。[*32]

裁判そのものは、検察の露骨な、また常套的なフレームアップのもとにおこなわれた暗黒裁判だが、ここではそこにはふれない。国家の顔色をうかがいながら審理を進めることが常態となっている日本の裁判で、裁判官があえて為政者側の非に言及したという指摘は、太吉の「政府の役人」批判に「それはそうだと賛成」した観衆の心情と重なる部分がある。

この心情を、より徹底した強権によって押さえこみ、国民を国家の思うがままに動かそうとした昭和軍閥の時代、だれも口がきけなくなる時代が、大正というつかのまの解放の時代を経て、ひたひたと近づいてくる。

◉注

1　沢柳政太郎『時代と教育』同文館・明治38

2　『岩波講座日本歴史』第9巻・国史研究会編・岩波書店・昭和9年

3　M・H・シュプロッテ「国家に主導された市民社会？」（『ヨーロッパ研究』平成26・5）
「1905年の抗議運動（日比谷焼打事件）は、愛国主義から国粋主義への移行期に位置付けることができる。……これらの騒擾は支配権力への単なる不服従と脅威であったのみならず、支配エリートが直接天皇の権威に依拠したのと同じく、権力を維持する装置としての支配イデオロギーである国体をいかに民衆が内面化し、身をゆだねていたかを示していた」

4　帝国憲法第55条は、国務大臣が天皇の総攬している権能を各自の職責に応じて担当し、助言などをおこなって天皇を補佐する旨を規定している。これを「輔弼責任」といった。

5　大江志乃夫『日露戦争と日本軍隊』立風書房・昭和62

6　内村鑑三『宗教と現世』警醒社書店・大正3

7　内村前掲書

8　大町桂月『軍国訓』博文館・明治37

9　神風信仰は第二次世界大戦で戦局が不利になるにつれ、ますます鼓吹されていく。その窮極が昭和19年10月から始まった海軍による「神風特別攻撃隊」だ。同年10月25日付毎日新聞はこう書いている。「神風特別攻撃隊の忠烈無比なる尽忠報国の精神は悠久三千年の皇国歴史に燦として輝き、その偉勲はわが大和魂の精神として一億国民の等しく讃仰するところである」。日本には神風の天佑があるとする根拠のない神頼み信仰は朝野に根づいていた。言霊研究家で狂信的な国粋論者だった武智時三郎の以下の言葉が、昭和期の神風信仰をよく表している。「如何にアメリカが、我国に比し、人的物的の戦争資材が豊富だといっても、我国には、これ等の人的物的［資材］を根こそぎに吹飛ばす神風というものがあり、如何なる強敵に対しても、絶対の不敗が、天佑神助によって、保証されてある」

（『翼賛政治会の驀進すべき皇道政治の目標』太道教壇六合塾・昭和17）
10　大江前掲書
11　当時の戦争では、当該戦争に直接かかわっていない第三国が、交戦国の許可を得たうえで戦況を視察するための武官を派遣していた。これを観戦武官（観戦将校）という。日露戦争では、英・米・独・オーストリア＝ハンガリー帝国・スペイン・イタリア・スイス・ノルウェー・スウェーデン・ブラジル・チリ・アルゼンチン・オスマン帝国の13カ国が日本に観戦武官の派遣を申し入れ、70名をこえる武官を送りこんだ。「世界が注視する」と書いたのは文字どおり「注視」したのであり、文章のアヤではない。
12　井上哲次郎「日本の強大なる原因」（『日本人』明治37・12月号）
13　加藤弘之「吾が立憲的族父統治の政体」（『東洋学芸雑誌』明治38・8）
日本を「単一民族」とする主張については三章・注23を参照。
14　小菅敏夫「日本海海戦　その情報通信からの視点5」（『太平洋学会誌』94号・平成17）
15　『国体論史』内務省神社局・大正9
16　大江前掲書
17　ルドルフ・チェレーン『現代の八大強国』富山房・大正7
18　臼井勝美「韓国併合」（『国史大辞典』吉川弘文館・平成11）
19　服部有希「教育勅語の成立から終戦後の国会決議に至る経緯」（『レファレンス』国立国会図書館調査及び立法考査局・平成29・9）
20　大濱徹也「鉄の軛に囚われしもの」（『近代民衆の記録8　兵士』新人物往来社・昭和53）
21　与謝野晶子『恋衣』本郷書院・明治38、なお『恋衣』は山川登美子・増田まさ子との共著
22　与謝野晶子「ひらきぶみ」（『明星』11号・明治37）
23　与謝野晶子『一隅より』金尾文淵堂・明治44
24　大町桂月『冷汗記』富山房・大正5
25　与謝野前掲書
26　石川啄木「丁未日記」（『啄木全集』13巻・岩波書店・昭和28）
27　吉川英治「書後に」（『わが天皇』日本青年文化協会・昭和10）

28 与謝野晶子『舞ごろも』天弦堂・大正5
29 宮武外骨編『幸徳一派大逆事件顛末』竜吟社・昭和21（『明治社会主義文献叢書』第4巻）
30 宮武前掲書
31 塩田庄兵衛・渡辺順三編『秘録大逆事件』上 春秋社・昭和34
32 今村力三郎『芻言』（前掲『幸徳一派大逆事件顛末』附録）

第六章　臣民教育の徹底

△朝鮮独立運動（三・一運動）の犠牲者　1919（大正8）年

「家畜の忠誠心」

敗戦から十四年後の昭和三十四年（一九五九）、戦後を代表する評論家として活躍していた大宅壮一《おおやそういち》が、占領統治下の沖縄を訪ねた。沖縄では集団自決に追いこまれた女子学徒隊ひめゆり部隊慰霊碑の「ひめゆりの塔」や、同じく米軍の降伏勧告を拒んで若い命を散らせた沖縄師範学校男子学徒隊（鉄血勤皇隊）の慰霊碑「沖縄師範健児之塔」など戦争の爪痕や沖縄の現状を取材して回ったが、その際、地元記者にコメントを求められて、こんな趣旨の返答をした。

こういう死にかたというものは、この際再検討されなければならない。その〝忠誠心〟をたたえるだけではいけない、批判をともなわない忠誠心は、その〝純粋性〟の故に美化されやすいが、これは奴隷道徳の一種で、極端ないいかたをすれば、飼いならした家畜の主人にたいする忠誠心のようなものである。こういった忠誠心はどうして生まれたかというと、多年この島を支配した権力者の〝動物的訓練〟の結果と見られる点が多分にある。[*1]

この「家畜の忠誠心」発言が報じられると、大きな批判がわきおこり、ショックを受けて精神に異常をきたす者まで現れたと地元紙「沖縄タイムス」が報じた。この事態に対し、大宅は自分がいかなる考えのもとでこの発言をしたのかを、雑誌『文藝春秋』で発表した。引用文はそのなかの一節だ。

国内最大の地上戦が展開された沖縄戦では、わずか三ヵ月余の戦闘で日本軍将兵・軍属・一般県民あわせて約二十万人が命を散らした。死者の約半数は非戦闘員の一般県民であり、実数はさらに多いとも推定されている。沖縄県民がこうむった戦禍は筆舌に尽くしがたい。

しかも日本は、昭和二十七年に主権を回復して戦後復興の道を驀進《ばくしん》していたが、米軍統治下の沖縄は、いまだ戦時下の延長線上にあった。大宅の発言に抗議の声がわきおこったのも無理はなかったが、表現に配慮を欠いたとはいえ、発言内容そのものにまちがいはなかった。

大宅が語ったとおり、「多年この島を支配した権力者の〝動物的訓練〟の結果」が、この惨禍を生みだした。ただし、注意しなければならないのは、これが沖縄にかぎった話ではないということだ。大宅のいう「動物的訓練」は、日本全土でおこなわれた。

朝鮮新義州《シニジュ》で生まれ、昭和十七年から一兵卒として南方戦線を転戦し、軍隊と戦争の愚劣さを骨身に徹するまで味わわされた作家の古山高麗雄《ふるやまこまお》も、日本人は権力者に「追従する者も、便乗して旗を振っている者も、みんな家畜」になったと書いている。*2

軍部が執拗に求めていた本土決戦に突入していたら、沖縄と同じことが本土各地で起こっただろう。教育勅語に典型的にみられるようなきれいごとでコーティングされた軍国主義下の「奴隷道徳」が、国民精神を破滅的に蝕んでいたからである。

戦時中はバリバリの「軍国少年」で、沖縄で結成された鉄血勤皇隊の一員として「銃を執って戦闘に参加することにいささかの未練も感傷もなかった」とふりかえる琉球大学教授の大田昌秀は、自身の少年時代を回顧してこう語っている。

小学校一年の幼い頃から毎日のように奉安殿前で、そして「宮城遥拝《きゅうじょうようはい》」ということで東方に向かって最敬礼をさせられたり、天長節をふくめ四大節の厳粛な儀式において、モーニングに身を包み純白の手袋をはめた校長が、御真影《ごしんえい》の前で声を震わせながら教育勅語や詔勅を朗読するのを頭を垂れて聞いているうちにいつしか天皇（制）像をそのまま受け入れるしかなかった。[*3]

大正三年（一九一四）に始まり、七年に終結した第一次世界大戦ののち、日本では軍国主義に否定的な空気が国内に広まった。ここでいう軍国主義とは「軍事力による対外的発展を重視し、戦争とその準備のための政策や制度を国民生活の中で最上位におき、政治、経済、文化、教育をこれに全面的に従属させようとする立場、あるいはその体制」[*4]をいう。これまでの章でみてきた、国家まるごとの「兵営化」体制である。

国際的な軍縮の気運や、大正デモクラシーなどが、この反軍の空気を生みだしていることに強い危機感を抱いた軍部は、植民地の治安悪化などを口実に海外侵略の拡大を図り、昭和三年には満州支配の引き金とすべく、張作霖《ちょうさくりん》爆殺事件（満州某重大事件）を引き起こした。この年、昭和天皇の即位大嘗《だいじょう》祭《さい》が挙行されている。

つづく昭和四年には、ニューヨークから発した世界恐慌が、大海嘯となって世界を襲った。この未《み》曾《ぞ》有《う》の国難は、アメリカとの友好を基本方針とする従来の対米外交の転換をうながし、日本を軍国主義者が叫びつづけていた軍国化のよりいっそうの拡大と、軍事力を背景とする満州への武力進出へと導いた。

かくして昭和六年、満州では関東軍参謀（作戦主任）の石原莞爾《いしわらかんじ》らによる満州事変、国内では錦旗《きんき》革命事件（十月事件）が勃発して軍部の強大化が進み、昭和十二年からの日中戦争、昭和十六年からの大東亜戦争という全面戦争の時代へと驀進していく。

この軍国化の動きと並行して、明治以来の臣民教育――「家畜の忠誠心」の刷りこみが、かつてないほどの徹底さをもって進められたのである。

『国体の本義』の刊行

忠孝一本、忠君愛国、家族国家、祖孫一体など、明治から国家が営々と積みあげてきた偽史のピースを網羅し、猛然と進められている日本ファシズム化の正統性を謳いあげた「家畜の忠誠心」の集大成ともいうべきプロパガンダ本を文部省が出版したのは、昭和十二年五月のことだ。書名を『国体の本義』という。

緒言につづく本論は「大日本国体」と「国史に於《お》ける国体の顕現」の二部構成になっており、冒頭から、われわれにはすでになじみのプロパガンダが以下のように全面展開される。

大日本帝国は、万世一系の天皇皇祖の神勅を奉じて永遠にこれを統治し給う。これ、我が万古不《ばんこふ》易《えき》の国体である。而《しか》してこの大義に基づき、一大家族国家として億兆一心聖旨を奉体《ほうたい》して「よく心に留めて」、克《よ》く忠孝の美徳を発揮する。これ、我が国体の精華とするところである。*5

この本は全国の学校（小学校、中等学校、高等学校、専門学校、大学）のほか、社会教化団体や官庁などに配布されるとともに、一般書店でも販売された。驚くべきは発行部数だ。筆者の所蔵本は昭和十五年の六刷だが、奥付によると昭和十二年の初版二十万部、十三年の二刷八万部、三刷と四刷が発行された十四年は計二十五万部、十五年の五刷は記載がなく不明だが、同年末十一月の六刷は十万部だ。これだけでも累計六十三万部プラスアルファという、昭和前期の出版物としては異例の大部数なのだが、増刷はその後もおこなわれており、国会図書館所蔵の九刷（昭和十八年）は百四十三万部となっている。

冒頭の一節を見れば、およその内容は知れるだろうが、ざっと紹介しておこう。

第一部は、天地初発から天孫降臨による国家の創設（肇国《ちょうこく》）にいたる経緯、歴代天皇の聖徳、臣下たる国民の忠節へと論が進められている。「我が国の祭祀と政治と教育との根本を確立」したのは皇祖天照大神《あまてらすおおみかみ》であり、天皇による統治権の根拠と位置づけられた天壌無窮《てんじょうむきゅう》の神勅は「君臣の大義」を昭示したもので、これにより「我が国体は確立し」た。

天皇は、天孫が天照大神から授かってきた神鏡をつねにいつき祀り、「大神の御心をもって御心とし、大神と御一体と」なって祭祀をおこなってきた。これこそが「我が国の敬神崇祖の根本」にほかならない。また、天皇が執りおこなう政治は、天照大神をはじめ皇祖皇宗と一体となった現人神《あらひとがみ》による政治だから、他国の政治とは根本的に異なる。大神の御心をわが御心としておこなわれる「神聖なる事業」であり、天皇の私的な「はからい事」ではないというのだ。

わが国体を明らかに示しているものとして、同書は天壌無窮の神勅、万世一系の皇位、三種の神器《じんぎ》を挙げる。

これらについては、すでに以前の章で詳しく書いてきた内容のくりかえしなので省略するが、もはや定型化したプロパガンダのうち、天皇に対する徹底した随従（同書の表現では「渇仰随順《かつごうずいじゅん》」）が強烈に求められている点に、戦時下という時代相が反映されている。「家畜の忠誠心」のさらなる徹底が政府の急務だということが、はっきり伝わってくるのである。

同書によれば、欧米のいわゆる人民と、日本の臣民は「その本性を異にしている」。欧米の人民は君主を擁立したり排斥したりをくりかえしてきたが、日本の君臣は「一つの根源より生まれ、肇国以来、一体となって栄えてきた」。この一大家族国家体制こそがわが国の「大道」であり「臣民の道の根本」であって、ここに「世界無比の我が国体」が成り立っている理由がある。

君臣一体の日本では、忠の実践こそが「唯一の生きる道であり、あらゆる力の源泉」となっている。忠の道は敬神崇祖の道とも完全に一致している。「我等は、忠によって日本臣民となり、忠に於て生命を得」るのである。

忠はまた、「愛国」とも一体のものである。日本の国民精神は、「海行かば水漬《みず》く屍《かばね》、山行かば草むす屍、大君の辺《へ》にこそ死なめ、かえりみはせじ」の大伴家持《おおとものやかもち》の歌によく表れている。「天皇の御ために身命を捧げることは、所謂《いわゆる》自己犠牲ではなくして、小我を捨てて大いなる御稜威《みいつ》に生き、国民としての真生命を発揚する所以」なのである——。

第一部のあらましは右のとおりだ。

つづく第二部では、歴史を通じて一貫する国体思想の具体例を説き、国土のすばらしさ、「敬神・尊皇・没我・和」などの特性をもつ国民性、言語、風俗、習慣、道徳などの優秀さ、天皇を頂点とした神祇・祖霊祭祀のすばらしさ、軍事の卓越、個人の利益を追求する欧米経済とは異なり、「皇国無窮の発展のための大御心に基づく大業」として発展してきた日本経済の「世界的躍進」などを高らかに謳いあげる。こうして良いことづくめの日本に生まれ合わせた幸せを執拗にくりかえしたあと、『国体の本義』は結語において、こう結ぶのである。

国民は、国家の大本としての不易な国体と、古今に一貫し中外に施して悖《もと》らざる皇国の道とによって、維《こ》れ新たなる日本を益々《ますます》生成発展せしめ、以て弥々《いよいよ》天壌無窮の皇運を扶翼《ふよく》し奉らねばならぬ。これ、我等国民の使命である。

『国体の本義』の配布にあたり、文部省はこの本を小学校の修身、国史、地理、国語などの授業に活用するよう指示し、中等学校、高等学校、専門学校に対しても、国体にかかわる授業では本書の趣旨をしっかり教えるようにと通達した。

洗脳の対象は、学童や生徒だけではなかった。教える側の教師に対しても、『国体の本義』精神の徹底が図られた。昭和七年、文部省は左翼思想の排除、国体明徴、日本精神の植えつけを目的として、道府県に直轄の国民精神文化講習所を設置していた。講習の対象は全国の教職員のほか、青少年団指導者、青年訓練所職員らもふくまれており、「銃後の戦士」たる青少年を育てるにふさわしい忠君愛国精神に燃える指導者の涵養《かんよう》が狙いだったが、この講習所における主要テキストとしても、『国体の本義』がもちいられたのである。

さらに巧妙な策も講じられた。本書が全国の高等学校、専門学校、大学予科、各府県の師範学校の入学試験、文部省中等教員試験検定、各府県小学校教員試験検定の試験問題として出題されるようになったため、入試や検定試験にかかわるすべての者は、好むと好まざるとにかかわらず、本書を学ばざるをえなくなった。[*6]

この〝洗脳テキスト〟とあわせて、文部省は「国体の本義解説叢書」[*7]を矢継ぎばやに刊行し、教育勅語のときと同様、商機に便乗した御用学者と出版人による解説本が次々と刊行された。国民に徹底した「家畜の忠誠心」を求める『国体の本義』は、たちまち時代の思潮となり、かつてないほどに強く国民の心を縛る方向へと進んだのである。

教育の超国家主義化に向けての動きは、組織の改編もうながした。本書が発行された昭和十二年、文部省は外局として、国体教育を専門とする反動機関の「教学局」を設置した。教学局の前身は文部省「思想局」だ。その役割は、日本国体を害しつづけてきた欧米流の左翼思想や自由主義・個人主義思想などを教育現場から排除し、絶対的な国是である忠君愛国思想を学生らに植えつけること――いわゆる「思想善導」にあった。この思想局を、文部大臣の諮問機関である教学刷新評議会の答申にもとづいてより拡充・強化し、組織としたものが教学局なのである。

同じく昭和十二年には、教育軍国化の出先機関である教育審議会（内閣総理大臣の諮問機関）も発足した。現文部科学省がホームページで公開している『学制百年史』の説明はこうだ。

教育審議会は満州事変後における内外諸情勢の著しい変化に基づいて、教育の制度・内容の全般に関する刷新振興の方策を審議するという重大な使命をもって、昭和十二年十二月に設置された機関である。そののちに行なわれた教育の著しい改革は、ほとんどすべてこの審議会の答申した改革の基本要項に従って実施された。

『学制百年史』は教育の「改革」という、いかにも役人の作文らしい本音をくらます姑息な表現を使っているが、「改革」といったのでは実態が見えてこない。教育審議会の答申は、生徒に徹底した奴隷訓練をほどこすための〝著しい改悪〟そのものだったからだ。

その〝改悪案〟を策定するために、審議会は教育刷新の方策の立案を、田所美治《よしはる》を特別委員長とする三十名からなる特別委員に付託した。田所は土佐出身の士族で、文部官僚、文部次官、貴族院勅選議員などを歴任した文教族の一人だ。

教育審議会による答申は、第十回総会（昭和十三年十二月）で田所から報告された。田所は、日本が「東亜に於ける新秩序の建設」のただなかにあるいま、「思想に産業に国防に、国家総力の発揚を必要としている」として、教育もそうした国情に合致したものに切り替えねばならないと強調し、具体策として、従来の小学校・高等小学校を廃止し、義務教育八年制（六歳からの初等六年と、以後十四歳までの高等二年）の国民学校を創設することを提起した。

新制度の狙いは、軍国主義体制下における〝銃後の戦士の養成〟にあった。「知徳心身を一体として国民を錬成し、以て内に国力を充実し、外には八紘一宇《はっこういちう》の肇国精神を顕現すべき次代の大国民を育成」することが目的とされたのである。[*8]

田所が使っている「大国民」は、大国・強国の国民という意味で、明治時代には欧米列強の国民をさす言葉としてももちいられた。けれども日清・日露・第一次大戦に連続して勝利し、大陸に進出して満州建国を成し遂げ、「東亜の盟主」への道を突き進む過程で、国家および国民の一等国意識は肥大した。国粋主義の高まりともあいまって、大国民は〝他国とは別格の偉大さをもつ皇国国民〟というニュアンスでもちいられるようになった。今日、中国がことあるごとに「世界の二大強国」意識をふりかざし、韓国がしばしば「先進国」をアピールしているのと同じメンタリティといってよい。

非常時下の『臣民の道』

こうして軍国主義教育が押し進められるなか、教学局は『国体の本義』と並ぶ国民教化の〝聖典〟を発行した。昭和十六年の『臣民の道』[*9]である。

タイトルに明らかなように、本書は『国体の本義』をさらに徹底させた戦時体制下における臣民教育――「家畜の忠誠心」の養成を目的として刊行された。

さきゆきの見えない泥沼の日中戦争や、欧米の包囲網による経済的な逼迫など、数々の困難のさなかの出版だけに、『国体の本義』ではまだ多少は認められた余裕は、もはやない。本文第一章に引かれる、昭和十五年九月の日独伊三国同盟に際して発せられた「非常の時局を克服し、以て天壌無窮の皇運を扶翼せよ」と命じる昭和天皇の政務詔書[*10]が、その空気を色濃く反映している。天皇の名で発せられているが、中身はもちろん官僚による作文だ。

「非常の時局」を背景に、全編ファナティックな皇国絶対主義で染めあげられた『臣民の道』は、まず最初に欧米による近世以降の侵略史を述べ、欧米がいかに悪辣非道な国々であるかを説く。そのうえで、「世界新秩序の建設」こそが、天壌無窮の神勅や神武天皇の八紘一宇の理想を戴いて発展してきた皇国の世界史的使命だと鼓吹する。

いまや欧州による侵略によって形成された「旧秩序」は、終わりの時に近づいた。世界は日本天皇を盟主とする「道義による世界新秩序」体制（八紘一宇体制）に転換する時節を迎えているとして、満州事変こそが転換の発火点だと訴える。[*11]

日本の行動は、すべてが神と天皇の名によって正当化される。昭和十二年の盧溝橋《ろこうきょう》事件から始まった日中戦争（支那事変）も、「我が肇国の理想を東亜に布き、進んでこれを四海に普《あまね》くせんとする聖業」の実践にほかならない。ところが中国はこの「聖業」を理解せず、抗日・侮日をつづけている。ほんらい日本と手をたずさえて、欧米の搾取・暴圧勢力を打破すべきなのに、欧米およびコミンテルンの策動に乗ぜられて、反日に走るという過ちを犯している。

皇国の臣民は、天皇のもとでこぞって力をあわせ、奉公のまことを尽くして、彼らを迷妄の淵から救い出す使命があると執拗に主張する本書は、戦時下の臣民の理想の生き方として、北畠親房《きたばたけちかふさ》の言葉を引く。「凡《およ》そ王土にはらまれて、忠をいたし命を捨つるは人臣の道」[*12]だと説き、国家天皇に奉祀することは「所謂《いわゆる》自己犠牲ではなくして、小我を捨てて大いなる御稜威《みいつ》に生き、国民としての真生命を発揚する」ことだと訴えるのである。

「御稜威に生きる」だの「真生命の発揚」だのと言葉を飾りたてているが、国家がここで力説しているのは、「おまえら臣民は天皇のために死ねることを喜べ、感謝しろ」ということだ。これこそが、当時の政府の認めた日本国民の「唯一の生きる道」なのだ。

臣民にはそれぞれの職分があるが、いかなる職についていようと、職分を通じて「天皇に帰一し、国家に奉仕する」ことを忘れてはならない。「一椀の食、一着の衣と雖《いえど》も単なる自己のみのものではなく、また遊ぶ閑、眠る間と雖も国を離れた私はなく、すべて国との繋がりにある」。かく臣民の道を実践し、天壌無窮の皇運を扶翼することによってのみ、「非常の時局を克服し、新秩序建設の聖業」が完遂されるというのである。

忠を拒めば、国家から、また社会や組織から、非国民として排除される。事実、日本国内でそのおりのことがおこなわれたし、植民地の朝鮮では、もっと陰惨な〝家畜化〟政策がおこなわれ、従わない者に対する排除が実践された。

彼らはいかに「家畜の忠誠心」を強いられてきたのか。その実際をみていこう。

神道による皇民化と「皇国臣民ノ誓詞」

昭和十一年に第七代朝鮮総督に任ぜられ、以来十七年まで総督の地位にあった陸軍大将の南次郎は、それまで徴兵制の対象外だった「半島人」(朝鮮民族に対する当時の呼称)にも徴兵制を適用し、日本軍の兵力を増強するという狙いのもと、それまでの微温的な「内鮮融和」から、強権的な「内鮮一体」へと半島経営の方針を転換し、朝鮮人を日本人そのものに変えることを目的とした「皇民化政策」を強力に推進した。
皇民化政策の意図をきわめてわかりやすく示している宣伝文書に、朝鮮総督府が昭和十七年に刊行した『前進する朝鮮』がある。同書は、日本人となって天皇を戴くことが朝鮮人にとってなによりの幸せだという総督府サイドの建て前で貫かれており、朝鮮民族が世界から消えて日本民族と同化し、ひとつになることを「歴史的な民族の大解消、大融合」だと称揚する。近年、半島内で増加しつつある日本人と朝鮮人の通婚も、「その優越する日本の血を以てする半島の皇国化であって好ましき傾向」だというのである。[*13]

皇民化政策は教育・文化のすみずみまで及ぶように工夫されているが、本書のテーマと深く関連する政策に、神道による皇民化の推進、「内鮮共学、皇国臣民ノ誓詞」の奉唱強制、創氏改名などがある。順にみていこう。

神道による皇民化の推進とは、明治以来、日本国内でおこなわれてきたように、朝鮮人に対しても神社への崇敬を義務づけることで、万世一系の天皇と神国日本への信仰心を育み、皇民となることは歓喜感激すべきことだという意識を植えつけることを目的とした施策をいう。

朝鮮には、日本の統治以前からおこなわれていたキリスト教や仏教、新宗教の天道教《てんどうきょう》（東学党《とうがくとう》）、シャーマニズム系の土着信仰であるムーダン（巫堂）など、土地と民族に根ざした宗教信仰があった。
大正八年に日本からの独立をめざして勃発した三・一運動は、キリスト教の牧師、禅宗の僧侶、天道教の前教主や長老・教師らの指導によって広まっている。

こうした半島内の信仰を、現人神天皇と日本の神祇信仰に切り替えさせるために、総督府は朝鮮内の神社の整備を進めるとともに、神社参拝を強制した。

併合以前から、朝鮮には居留日本人が建立した神社が各地に設けられていた。京城《キョンソン》（ソウル）の南山大神宮（併合後に京城神社）や天満宮、釜山《プサン》の産土《うぶすな》神社や龍頭神社、密陽《ミルヤン》の天照皇太神宮や稲荷神社、群山《クンサン》の金刀比羅《ことひら》神社その他の神社がそれだが、これらの神社は居留日本人のための神社であって、朝鮮人の神社ではなかった。総督府は、新たに朝鮮人のための神社を各地に建立するという政策を進めたのである。

整備については、昭和十二年に一面（村）一社という目標が立てられ、昭和十七年時点で神社六二社、神祠七八六社が設けられた。[*14] 三面に一社の割合であり、当初の目標は下回っているが、じわじわと整備が進められていることを示している。

また、朝鮮の各家庭に伊勢神宮の大麻《たいま》（神札）を祀らせるべく、大麻を納める神棚を購入させた。体験者の金時鐘《キムシジョン》がこう回想している。

神殿をもじった「神棚」が学校を介して配られてきた。只で配られるのではない。授業料の四つきぶん近くはあった、白木づくりの高価な模型だったが、晴れて皇祖神を戴ける感動を、諄々《じゅんじゅん》とさとされて買わされた。これで正真正銘の日本人になれるとのことであった。

家では一番きれいな場所に東方を拝める形で神棚を祀り、朝晩の礼拝を欠かさぬこと。中に納められている「天照大神」の御神体には絶対手を触れぬこと。年に一度……御神体をお取り換えするさい、もし汚れや破損をきたしたものが見つかれば、現人神の御始祖であらせられる大神を損ねたものとして、厳罰に処せられること、等々の重々しい注意を申し渡され、……礼拝の上げ方まで実演つきで教えてもらい、全校生徒のひとりひとりが、うやうやしく神棚をおしいただいて帰った。*15

朝鮮には、大正八年に創建された朝鮮神宮（創建時は朝鮮神社、祭神は天照大神と明治天皇）があり、朝鮮地方の総鎮守となっていたが、南総督治下の朝鮮では、これに加えて、日本と深い歴史的つながりをもつ扶余《ふよ》（百済《くだら》最後の都が置かれた地、忠清南道《ちゅうせいなんどう》扶余郡）にも官幣《かんぺい》大社を創建する計画が立てられ、すでに建設が進められていた。

祭神に予定されていたのは、『日本書紀』に三韓征伐を行ったと伝えられる神功《じんぐう》皇后、征伐時に皇后の胎中にいたとされる応神《おうじん》天皇、百済大寺《くだらのおおでら》の創建を命じ、百済が唐・新羅《しらぎ》に攻め滅ぼされて遺民から救援を求められ、支援の出兵を行ったときの天皇である斉明《さいめい》女帝、その皇子で日本軍の朝鮮出兵を認めた中大兄皇子《なかのおおえのみこ》（天智《てんじ》天皇）の四柱だ。いずれも朝鮮出兵と密接に関連する天皇・皇后であり、総督府の意図が透けてみえる。

朝鮮鎮守のかなめとして朝鮮神宮と扶余神宮の両神宮を配し、地域祭祀の拠点として村社・神祠を整備し、家庭には神宮大麻を祀る神棚を設置させて日々拝礼させる——これらの施策によって、半島人の皇民化をはかったのである。

同様の文脈で、総督府は『国体の本義』出版と同じ年の昭和十二年に「皇国臣民ノ誓詞」を制定・公布した。半島人に対し、ことあるごとに必ず唱えるようにと強制した、日本臣民としての誓いの言葉だ。総督府学務局嘱託の李覚鐘が考案し、総督・南次郎が決裁して公布されたもので、誓詞には以下の児童用（初等学校生徒）と中等学校以上の生徒および成人用の二種があった。

〈児童用〉

私共は、大日本帝国の臣民であります。

私共は、心を合せて、天皇陛下に忠義を尽します。

私共は、忍苦鍛錬して、立派な強い国民となります。

〈成人用〉

我等は皇国臣民なり、忠誠以て君国に報ぜん。

我等皇国臣民は、互に信愛協力し、以て団結を固くせん。

我等皇国臣民は、忍苦鍛錬力を養い以て皇道を宣揚せん。[*16]

さきにみてきた『国体の本義』や『臣民の道』と、中身は変わらない。「皇国臣民ノ誓詞」は、これら「家畜の忠誠心」養成書のエッセンスを平易な言葉に換えたもので、誓詞にあるとおり、天皇と皇国への「忠義」「忠誠」を刷りこむことが目的だ。

朝鮮の小学校では、この誓詞を毎朝斉唱させ、職場や家庭などにおいても「あらゆる機会に、これを反復朗唱すること」を求めた。朝鮮総督府が発行した『施政三十年史』は、この誓詞を「広く一般国民の日常生活を規制する根本信条」と位置づけている。刷りこみは、年齢が低くなるほど効果が高い。戦時中、日本の少年たちがなんの疑いもなく「軍国少年」となっていったように、朝鮮においても同様の事態が進行したのである。

これ以外にも、宮城遙拝、日の丸掲揚、国歌（君が代）斉唱などが強制され、内地の隣組に相当する「愛国班」（約十戸をひとつの班とし、戸長が班長となる）による相互監視の体制を敷くことで、反体制分子の摘発・排除を進めた。

皇民化教育の狙いについて、『前進する朝鮮』はこう書いている。

半島人を立派な皇国臣民に育てあげる。日本人の誇りを誇りとし、またその光栄と共に生き抜く本当の皇国臣民を錬成する。光輝ある国体精神の下、断固として百難邁往《まいおう》、不撓《ふとう》不退転の強靱な体力、意力を錬成する。ここに今日に於ける半島教学の指標がある。

創氏改名と朝鮮語の抹殺

さまざまな皇民化政策のうちでも、朝鮮民族の伝統とアイデンティティをもっともあからさまに踏みにじったのは、昭和十四年の「改正朝鮮民事令」による「創氏改名」だろう。

この法令は、朝鮮人固有の姓名を廃止して日本式の氏名を新たにつくり、民事令の施行日（昭和十五年二月十一日）から六ヵ月以内に、各府・邑（町）・面の長に新たな氏名を届け出ることを義務づけた。朝鮮人にとって創氏改名がいかなる意味をもつのかを、姜在彦《カンジェオン》はこう説明している。

儒教色の強い朝鮮人のばあいは姓を換えることは「換父易祖」といって、不孝の最たるものと考えられていた。しかもそれを日本式に換えるのだから、祖先を裏切り、民族を裏切ることを意味する。[*17]

朝鮮民族の姓は「男系の血縁」を表している。天皇家の伝統と同じく、初代の男性の先祖（始祖）から連綿と受け継がれてきた血（血筋）の証と考えられてきたのが、朝鮮民族にとっての姓だ。だから男も女も、朝鮮では男系の姓を受け継ぐ。[*18] 朝鮮の貴族階級であるヤンバン（両班）には「姓不変」の大原則があり、ほんらい改姓は許されない。同じ姓、または同じ本貫《ほんがん》（宗族の始祖の発祥地）の者同士の結婚もできない。「朝鮮人にとって『姓』というのは存在証明そのもの」[*19]であり、それが朝鮮の伝統なのである。

すでに詳しくみてきたとおり、日本では家族国家論の大支柱として、祖孫一体論をくりかえし国民に刷りこんできた。祖先あっての子孫なのだから、祖先祭祀は何より大切なイエの事業であり、忠孝の根本だと教えてきた。相続権の本質は祖先を祀る祭祀権の相続であって、財産の相続は、祭祀権相続の附随にすぎないとも主張されてきたことはさきにみたとおりだ。

ところが日本人に対してはこのように教えながら、日本以上に祖先が重い意味をもつ朝鮮民族に対しては、祖先に対する「裏切り」を強制する同化政策を、総督府は平然と実行した。ここに、朝鮮統治時代の日本の本質をみることができる。

この強制に対し、朝鮮人はどう応えたのだろうか。

前出の姜在彦によれば、「期限内に全戸数の約八〇％（約三二二万戸）」が日本式の新たな氏と新たな名を届け出た[*20]。大多数の半島人が創氏改名を受け入れたということだが、それには理由があった。総督府は「創氏改名しない者は、その子弟を各級学校に入学させない、各級公的機関に採用しない、各級行政官庁はそういう者の事務を取り扱わない、食糧をはじめすべての配給対象から除外する、労務徴用を最優先的に適用する」などの厳しい圧力をかけた。その結果としての「八〇％」なのである。

さきに筆者は、国家への忠誠を拒めば、日本国民は非国民として排除されると書いた。朝鮮でも同じことがおこなわれたわけだが、その方法はあまりに理不尽だ。排除というレベルを超えて、拒否すれば生存が困難になるレベルに達している。

さかのぼって考えれば、朝鮮の姓も日本古代の氏も、ともに「男系の血縁」の名を表したものであることに変わりはない。ちがうのは姓の背景にひかえている文化だ。総督府の狙いは、まさに半島における伝統文化の消去にあった。『前進する朝鮮』で語られていた「民族の大解消、大融合」の典型、それこそが創氏改名の目的なのである。

これら一連の政策と並行して進められたのが、教育における皇民化政策だ。これには、神社の整備などよりはるかに逼迫した理由があった。当時の日本には、消耗いちじるしい日本兵の補充要員として、朝鮮人兵士を早急に養成する必要が生じていたのである。

日中戦争の泥沼化のなか、日本および総督府は、朝鮮の「人的資源」をいかに活用するかの検討を重ねてきた。半島にはまだ徴兵制は敷かれていないが、徴兵制の導入を求める声は日増しに増大している。当時の半島人口は約二千三百万。本土人口の三分の一という巨大な「人的資源」が、手つかずのまま眠っている。政策がその活用へと向かったのは必然の流れだった。

とはいえ、軍部内には半島人を日本軍に取りこむことに対する根強い反対論があった。朝鮮民族に対する抜きがたい差別意識に加え、朝鮮人が軍隊内に反日思想をもちこむ恐れがあるという意見や、一般朝鮮人の教育程度が低く「国語」（当時の半島で国語というのは日本語を意味した）も使えない者に軍務は困難だという意見、軍隊訓練をおこなうとなれば彼らに武器を持たさなければならないが、銃口が敵ではなく日本に向けられる恐れがあるという意見、内地と同様の徴兵制を敷く場合、半島人の要求している参政権付与の問題が大きく浮上して、統治に支障をきたすという意見などがそれだ。けれども兵員不足問題は逼迫していた。朝鮮軍参謀長が当時陸軍次官だった東條英機に送付した要望書の添付書類には、土地が広大で数億という人口を擁する中国相手の戦争は「難事」といわざるをえず、もはや「朝鮮人兵役問題の可否を議論すべき時期」ではない。「一気にこれ（朝鮮における徴兵制）を制定し、軍の需要を満足せしめ、国策遂行に遺憾なからしむること」が最も緊急を要する施策だと訴えている。[*21]

実際に朝鮮で徴兵制が実施されたのは敗戦前年の昭和十九年だが、[*22]その第一歩として、まず昭和十三年二月に朝鮮人による志願兵制が導入された。合わせて打ち出されたのが、第三次朝鮮教育令だ。遠くない将来、徴兵制はかならず導入される。そのときに備えて半島人の皇民化を加速する必要があるが、そのためには皇民教育に不可欠な「国語」普及率の大幅なアップが必要だという切実な理由が、教育令改正の裏にはあった。

事実、朝鮮内の日本語教育は、遅々として進んでいなかった。明治四十三年の韓国併合から三十年近い歳月が経過したにもかかわらず、昭和十三年当時の国語の普及率は、全人口のわずか一割程度にすぎなかった。この状況を打開するため、総督府は、朝鮮半島でも内地と同じ教科書を使わせ、授業はすべて日本語で統一するとともに、朝鮮語を正課のカリキュラムから除外する方針に転じた。これら一連の措置を内鮮共学という。

ここで朝鮮における日本語教育の歴史をざっとふりかえっておこう。

併合から敗戦までの三十五年間にわたる日本の朝鮮統治は、おおむね三期に区分される。①併合がおこなわれた明治四十三年から三・一独立運動が起こった大正八年までの「武断政治期」（憲兵警察統治期）、②三・一独立運動から昭和六年の満州事変までの「文化政治期」、③満州事変以降、昭和二十年の敗戦までの「民族抹殺期」で、ここまで見てきた南総督時代が③の「民族抹殺期」にあたる。

朝鮮児童の教育は、第一期からおこなわれた。「（半島における）教育は教育に関する勅語の旨趣に基き、忠良なる国民を育成することを本義とす」（第一次朝鮮教育令第二条）という大方針のもと、教育勅語を根本とする忠孝思想の植えつけに、教育の力点が置かれた。教科書は内地用とは別に朝鮮用がつくられたが、半島人の母国語である朝鮮語学習のための教科書（『朝鮮語及漢文読本』）を除く教科書は、すべて日本語で編纂されたものがもちいられた。

この教育令は、②の文化政治期に改正された（大正十一年の第二次朝鮮教育令）。それまでは日本とは異なる学制が敷かれていたが、日本と同じ学制が敷かれるようになり、普通学校の修業年数も四年から六年に延長された。この時点では、朝鮮語はまだ必修科目だった。

けれども、③の第三次朝鮮教育令になると、朝鮮の各種学校でも日本と同じ教科書を使うことが定められ、朝鮮語が必修科目から外された。正課における国語は、テキストも授業もすべて日本語のみとなり、事実上、朝鮮語学習が排除された。そうして、敗戦間際の昭和十八年になると、朝鮮語の科目そのものが廃止されるにいたるのである。[*23]

さきに引用した金時鐘は、③の時代に教育を受けており、「大日本帝国が敗れ去るまで、私は母国語の一字も書き取れない皇国少年であった」と述懐している。[*24] できる読み書きは日本語のみで、天皇への忠誠は当然と考える半島内の「軍国少年」が、この時期、総督府の狙いどおりに養成されていたのである。

日鮮同祖論

昭和十七年、南次郎は朝鮮総督から退き、第八代朝鮮総督として小磯国昭陸軍大将（東條の次の第四十一代内閣総理大臣）が赴任した。

小磯は、日本と朝鮮はもともと同族だとする日鮮同祖論を信奉していた。日本と朝鮮の祖神が同じなら、日本が推進してきた皇民化政策は、朝鮮文化の抹殺などではなく、朝鮮民族が長いあいだ忘れ去っていたほんらいの宗家がだれで、親国はどの国かを教え、絶対的な宗家である天皇のもとに朝鮮民族を里帰りさせる情誼《じょうぎ》の政策ということになる。

小磯は昭和十年に朝鮮軍司令官としていちど朝鮮で勤務しており、そのとき日本と朝鮮は同祖の国だと確信したと、総督として赴任する前の昭和十五年に講演でこう語っている。

私は朝鮮に赴任中、朝鮮の神代史に見逃すことの出来ない曾尸茂梨《そしもり》（素戔嗚尊《すさのおのみこと》）の故事に興味を覚えたのであるが、それは曾尸（牛）茂梨（頭）…牛頭天王《ごずてんのう》…牛頭山…牛頭里（村）の存在で、これは紛れもなく素戔嗚尊の御活動範囲の史蹟を綴る尊き史料と拝察するのであります。[*25]

曾尸茂梨というのは、古代朝鮮の新羅にあった地名だ。『日本書紀』の一書《あるふみ》は、高天原《たかまのはら》で乱暴狼藉を働いたスサノオが、地上に追放されて「新羅の曾尸茂梨」に天下ったが、やがて「自分はこの国にはいたくない」と考えて船出し、東に航海して出雲の鳥上峯《とりかみのたけ》（鳥髪山、現在の船通山《せんつうざん》）にたどりついたと伝えている。

小磯はこの曾尸茂梨の意味を、東洋史の在野の研究家だった元陸軍将校・浜名寛祐《かんゆう》の『日韓正宗《しょうしゅう》遡源《そげん》』（『契丹古伝《きったんこでん》』）に従って「曾尸＝牛」、「茂梨＝頭」と解釈した。牛頭とは祇園社などで祭神となっている牛頭天王のことで、牛頭天王は古来スサノオと同体とされてきた神だ。そして、その牛頭＝スサノオの足跡と思われる地名が、たしかに朝鮮半島には実在する。半島南部の牛頭山（伽耶山《かやさん》）や、牛頭里（未詳）がそれだ。これから推して、日本と朝鮮は、がんらい同祖から発した国だったのだろうということを、小磯は講演で語ったのである。[*26]

『日韓正宗遡源』とは、いまは失われて現存しない渤海国《ぼっかいこく》の史料をもとに、東丹国《とうたんこく》の耶律羽之《やりつうし》が編述したとされる素性不明の十世紀の史書『契丹古伝』の〝解読書〟だ。[*27]同書は、日本と朝鮮と満州の始祖は共通しているとしてスサノオをその始祖に充て、日鮮同祖論を唱えた。小磯が言う「素戔嗚尊の御活動範囲の史蹟を綴る尊き史料」とは、この『契丹古伝』をさしている。

日鮮同祖論そのものは江戸時代からあり、明治以降も一部の学者が唱えていた。そのなかには、スサノオを新羅の王と主張した国学者の星野恒《ひさし》や、言語学・国語学の面から日本語と朝鮮語の同系論を唱えた金沢庄三郎（『辞林』監修者）、「日鮮両民族同源論」を執筆した在野の歴史家・喜田貞吉《きたさだきち》などの碩学がおり、こうした言説が、日本による朝鮮統治の正統性の論拠として利用されてきた歴史がある。

けれども、小磯はこうした学問によるアプローチを踏まえたうえで、日鮮同祖論を唱えたのではない。彼は、『契丹古伝』だけではなく、稀代の偽書として知られる『竹内文書《たけうちもんじょ》』の信奉者でもあった。明治以来の偽史教育を血肉として思想形成をおこなってきた小磯は、記紀には記されていない太古天皇による世界の統治を信じ、世界各地の未解明の文字は日本天皇が創作した神代文字だと考えていた（小磯に見られるような偽史の破滅的な膨張については次章で書く）。それら自身の妄想を証拠づけるピースのひとつとして、日鮮同祖論を信奉したのである。

この小磯が、南の後を受けて朝鮮総督に就いた。その少し前に総督府で開かれた第二十三回定例中枢院会議で、彼はこう演説している。

日本書紀によれば、天孫降臨より神武創業までに百七十九万二千四百七十四年を閲《けみ》している。故に悠久二千六百年ではない。はるかに永い歴史を持つ日本帝国である。南方民族の自決とか、東亜連盟理論の思想的真意を解せざる者があると聞くが、これは内鮮［日本と朝鮮］が同根同祖であるとの国体を知らざる者の言である。韓国併合は異民族の結合ではない。かく観ずれば、内鮮という語句そのものが既に変なもので、寧ろ時代錯誤の感ありといわねばならない。インドネシヤ民族とは根本的に相違する。各位はこの点を十分考えて、迷わず指導されたい。[*28]

さきに記した小磯の思想を踏まえて読めば、ここで彼が日本の歴史を「百七十九万二千四百七十四年」としている意味がわかっていただけるだろう。『竹内文献』や、そこにふくまれる『竹内文書』を真実の歴史と考えていた小磯は、『日本書紀』に出るこのありえない数字も、まともに史実と受け取っていた。

引用文に出る日鮮の「同根同祖」も、統治の便法として語ったものではなかった。小磯は、同根同祖を事実と信じていた。インドネシア民族と根本的にちがうとは、インドネシア人は異民族だが、朝鮮人は同民族の分枝という意味なのだ。

そうであれば、歴史のなかでほんらいの宗主である天皇や宗主国である日本を忘れ去り、すっかり歪んでしまった朝鮮を、皇民化によってもとの姿に引きもどすことに、何の遠慮がいるだろうか。彼らをほんらいの〝正しい〟皇民に導きもどすことは、なにより彼らのためであり、また聖戦のまっただなかにある皇国のためであると考えたのである。

この小磯および前代の南の指導のもとで、皇民化が強力に推進された。この時期を、韓国の研究者らが「民族抹殺期」と呼んだのは、当を得ている。

皇室を全国民の宗家とする家族国家論の窮極的な姿は、アリの社会だ。大多数を占める働きアリは、女王アリの世話と巣の維持のために黙々と働き、兵隊アリは巣の防衛や狩猟など、戦闘という職務に専心する。アリの世界においては、〝臣民〟アリの、女王アリと巣（国家）に対する忠は、ほぼ完璧にプログラムされており、完全に統制のとれた社会を実現している。

個は全体のためにのみ存在するというルールによって、アリの巣は経営されている。この巣は、第四章で書いた戸田貞三のいう「永遠の生命をもっている」イエと同じだ。イエは、過去のすべての祖霊と、現在の戸主および家族員と、未来のすべての子孫が一体をなすための特別な寄場であり、ひとつのイエはひとつの巣に相当し、巣の集合体である一個の巨大な巣は、天皇の国家そのものと位置づけられる。

朝鮮における皇民化政策は、朝鮮人に対し、この「神聖」で「世界に類のない」偉大な巣の構成員となる権利と義務を与えるものとして提示され[*29]、強権をもって実施された。朝鮮における徴兵制は、天皇からの「ありがたい思召《おぼしめし》」による賜として宣伝されたが、その賜とは、偉大な巣の働きアリと兵隊アリになることにほかならなかったのである。

◉注

1　大宅壮一「忠誠　あまりにも忠誠」（『文藝春秋』昭和34・9月号）
2　古山高麗雄『人生、しょせん運不運』草思社・平成16
3　大田昌秀「忽然と消滅した神々しい像」（『朝日ジャーナル緊急増刊号　総検証天皇と日本人』平成元年1月）
4　『日本国語大辞典』第二版・小学館
5　文部省編『国体の本義』文部省・昭和12
6　小野雅章「国体明徴運動と教員政策」（『教育學雑誌』33号 日本大学教育学会・平成11）
7　解説叢書は「『国体の本義』の内容を解説敷衍する目的を以て編纂したもの」（文部省教学局）で、「御歴代の聖徳に就いて」「明治以後詔勅謹解」「肇国の精神」「帝国憲法と臣民の翼賛」「我が国体に於ける和」「我が国体と経済」「日本の仏教」「国体と修史」などが陸続と刊行されている。政治・経済・歴史・法制・文化などすべてのジャンルを皇国史観による読み替えで一元化することが意図されており、教学局自身の執筆によるもののほか、山田孝雄、花山信勝、作田荘一、吉田熊次など一流の学者が執筆陣に加わっている。
8　教育審議会の答申をもとに、文部省は昭和十六年三月、国民学校令施行規則を公布した。その解説要領によれば、「国民学校の教育は一に皇国の道の修練」であり、各科目の授業一切は「皇国の道の修練に統合」されなければならない。そのためには「我が国固有の考え方、感じ方、行い方に導くと共に東亜及び世界の大勢について知らしめ、特に各教科を通じて産業、国防、海洋等に関する認識を深め、よって以て皇国の世界的地位と歴史的使命の自覚に導かねばならぬ」と強調している。軍国少年・軍国少女の養成命令である。（『資料日本教育実践史3』三省堂・昭和54）。
9　文部省教学局編『臣民の道』文部省・昭和16
10　「日本国、独逸国及伊太利国間三国條約締結ニ関スル詔書」（昭和15年9月27日）
「大義を八紘［世界］に宣揚し、坤輿［地球］を一宇たらしむるは、実に皇祖皇宗の大訓にして、朕が夙夜眷々措かざる所なり。而して今や世局はその騒乱底止する所を知らず、人類の蒙るべき禍患、また将に測るべからざるものあらんとす。……惟うに万邦をして各々その所を得しめ、兆民をして悉くその堵に安んぜしむるは曠古［古今未曾有］の大業にして、前途甚だ遼遠なり。爾臣民、益々国体の観念を明徴にし、深く謀り遠く慮り、協心戮力［心と力を合わせること］、非常の時局を克服し、以て天壌無窮の皇運を扶翼せよ」

11 「満州事変は、久しく抑圧せられてきた我が国家的生命の激発である。この事変を契機として、我が国は列強環視の中に、道義的世界の創造、新秩序建設の第一歩を踏み出した。蓋しこれ悠遠にして崇高なる我が肇国の精神の顕現であり、世界史的使命に基づく国家的生命の已むに已まれぬ発動であった」（文部省教学局『臣民の道』昭和16）

12 北畠親房『神皇正統記』改造社・昭和15

13 倉島至編『前進する朝鮮』朝鮮総督府情報課・昭和17

14 前掲『前進する朝鮮』

15 金時鐘「母国語から切り離された皇国少年として」（『朝日ジャーナル緊急増刊号　総検証天皇と日本人』平成元年1月）

16 『施政三十年史』朝鮮総督府・昭和15

17 姜在彦『朝鮮近代史』平凡社・昭和61

18 たとえば朴という姓の父親の娘は父と同じ朴姓であり、結婚しても姓は変わらない。かりに彼女が李という姓の男性と結婚したとすれば、李さん一家の姓は、夫が李、妻は朴、生まれる子は男系の李姓ということになる。さらに李さんの母親が息子である李さんと一緒に暮らしていたとすれば、母親は自分の父親の姓、たとえば金という姓を名乗っているはずなので、李さんを家長とする一家には、李と金と朴という三つの姓があることになる。一方、日本は事情が異なる。民法が「戸主及び家族は其家の氏を称す」（746条）と定めているとおり、一家に所属する家族は親兄弟姉妹すべてが同じウジ（氏）となる。朝鮮のように、李さんと金さんと朴さんによって構成される一家族ということにはならない。ただし朝鮮の姓と同様、日本の氏も元来は「男系の血縁」の名称だった。阿部武彦はこう説明している。

「うじの語源は古くは『内』『生み血』『生み路』『産み筋』などといわれ、また漢字の『氏』の朝鮮音に接頭語『う』の加わったものとも説かれた。しかし最近は、うじは奈良時代udiと発音され、朝鮮語ul（族）に由来するといわれる（朝鮮語lは日本語dと対応する）。なお蒙古語にuru-q（親戚）、トルコ語キルギス方言にurü（親戚）、ツングース語にur（息子）、ブリヤート語にuri（子孫）があり、いずれも同根という。これは父系の親戚に用い母系では使わない。つまり、うじは男系の血縁を示す語で、ウカラ・ヤカラのカラよりも明確な意味で使われた言葉である」（『国史大辞典』「氏」）ここで解説されている古代的な意味でのウジは、古代国家の解体とともに姿を消していき、ウジに替わる苗字（のちに名字）が南北朝のころから現れだし、室町時代には社会に定着したといわれる。苗字はウジのような男系の血縁を表すものではなく、居住地、所領・荘園所在地などの地名、官職名、天文・方角・地形・動植物名などさまざまなものからとられており、古代的な男系血縁の表示ではなくなった。より柔軟で自由なかたちへと変化していったのである。

19 宮田節子「皇民化政策」（論文集『歴史と真実』筑摩書房・平成9）

20 姜在彦「創氏改名」（『国史大辞典』吉川弘文館）

21 東條英機宛要望書（三ツ井崇「揺らぐ『内鮮一体』像『現代中国研究』中国現代史研究会・平成25・10）

22 東條内閣による改正兵役法が実施されたは昭和19年8月だが、朝鮮への徴兵制施行が閣議決定されたのは17年5月。

23 李善英「植民地朝鮮における言語政策とナショナリズム」（『立命館国際研究』平成25・2）

24 金時鐘前掲エッセイ

25 朝鮮軍事普及協会『朝鮮徴兵準備読本』朝鮮図書出版・昭和17

26 現代の解釈は異なる。たとえば『日本大百科全書』は、曽は朝鮮古音ソイの音借字で意味は「金」、尸は連辞（格助詞の「ノ」）、茂梨は「山」で、「金の山、輝く山」の意としている（「曾尸茂梨」吉井巖）。

27 浜名寛祐『神頌契丹古伝　日韓正宗遡源』八幡書店・昭和61

浜名が日本と朝鮮の関係に着目したのは、ある朝鮮人から歴史に関する質問を投げかけられたことがきっかけだった。朝鮮人は浜名にこう尋ねた。表現がまわりくどいので要約を掲げる。

「教育勅語に、『国を肇むること宏遠に』とある。私ども朝鮮人は、神武紀元（紀元前六百六十年）を信じたいと思っているが、日本の学者は、紀元を少なくとも五百五十年から六百年は引き下げるべきであり、天孫降臨は、引き下げた紀元より百年ほど前のことだといっている。だとしたら、教育勅語のいう『肇国宏遠』は、日本ではなく朝鮮にこそあてはまる。朝鮮の祖神である檀君が初めて国を朝鮮と名づけたのは、日本の国土創世より一千年以上も昔だ。前年［大正8］の万歳騒動［三・一独立運動］の際に発表された独立宣言のなかに『半万年（＝五千年）歴史之権威』という文句があったのも、朝鮮人にこの自尊があったからである。いま、教育勅語に従って日本の宏遠に帰依するなら、朝鮮族は自分たちが有している日本以上の『宏遠』の歴史を投げ捨てなければならないことになる。これは民族として、耐えられることではない」

この質問を聞いて、浜名は日鮮の源流史の研究に取り組み、ついに日本と朝鮮は同祖であり、神代史の姿はいま教えられているものとはまったく異なっているということを、『契丹古伝』の解読を通じて明らかにしたと主張している。日本を万国発祥の国とするには、その歴史があまりにも短いことが皇国絶対論者のアキレス腱のひとつだった。『竹内文書』などの偽書は、このアキレス腱をきれいに解消する古伝承として歓迎された。

28　小磯国昭「米内内閣桂冠を前にして小磯拓相日本思想を強調す」（『神日本』昭和15・8）

29　前掲『朝鮮徴兵準備読本』。本書は徴兵される朝鮮壮丁とその父兄に対し、帝国陸軍および兵役とはどのようなものか、徴兵前の準備はいかにすべきか、軍人に要求される精神および修練とはなにか、入営後の生活はどのようなものか、陸軍幹部として出世するにはどうすればよいかなどを説明するガイドブックとして出版されたもので、皇民として徴兵の栄誉を賜ったことのありがたさが、一貫して強調されている。その説くところによると、軍隊は天皇の軍隊すなわち「皇軍」、兵隊は「天皇親率の神兵」「必勝不敗の精鋭」であり、これまで行ってきた戦争は、すべてが「正義の聖戦」にほかならない。「皇軍の目的とすることは、神武天皇以来の八紘一宇の大精神に基づき、万邦・万民をして各々その所を得せしむる」ことにある。朝鮮同胞の青年たちは、ついにその「世界に比ぶべきもののない神聖にして崇高極まる兵役」に服することができるようになった。だから、この軍隊、この兵役にふさわしい兵隊となるために、心身の鍛練と諸準備を怠りなく重ねなければならないという。

第七章　偽史教育とオカルト

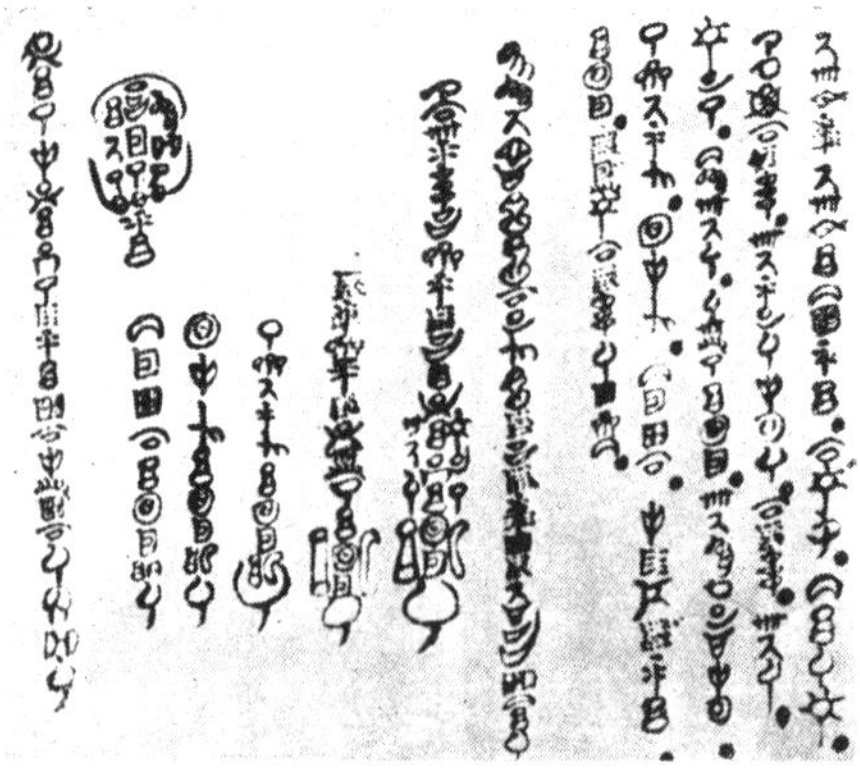

∧『竹内文献・神代文字宝之巻』の一部（『神代秘史資料集成　天之巻』八幡書店・昭和59年）

史実の穿鑿はせず

戦前の歴史教育は、なにを目指してきたのか。教育勅語が発せられた明治二十三年（一八九〇）の翌年、はやくもその大方針が文部省によって通達されている。二十四年十一月の「小学校教則大綱」がそれだ。同大綱の歴史科・第七条は、こう定めている。

日本歴史は本邦国体の大要を知らしめて国民たるの志操を養うことを以て要旨とす。[*1]（傍点は引用者）

歴史という科目は、歴史それ自体を学び、考えさせるものではない。歴史をもちいた「国体」教育なのだという大方針が、ここではっきりと打ち出されている。では、「国体の大要を知らしめ」るとは、具体的には何をさすのか。つづく文章にその説明がある。

郷土に関する史談より始め、漸く建国の体制、皇統の無窮、歴代天皇の盛業、忠良賢哲の事蹟、国民の武勇、文化の由来等の概略を授けて国初より現時に至るまでの事歴の大要を知らしむべし。

教師は、まず子どもたちになじみの深い郷土史の話からはじめ、次第に「建国の体制」へと導いていかねばならない。建国の体制とは「皇統の無窮」のことだ。天照大神《あまてらすおおみかみ》から統治の大権を授かって国を開いたのが天皇家のはじまりであり、その血統だけが天地のつづくかぎり皇位を継承するというのが、わが国の建国以来の体制（国体）であり、この体制のもと、歴代天皇はさまざまな事業を興し、国を発展させてきた。この「建国の体制、皇統の無窮、歴代天皇の盛業」が、歴史教育の不動の根本軸として、まず位置づけられる。

ついで、天皇の赤子である臣民たちの数々の忠義が教えられなければならない。「忠良賢哲の事蹟、国民の武勇、文化の由来等」とは、天皇サイドから見た忠良賢哲たちの事蹟（その典型として利用されたのが楠正成《くすのきまさしげ》・正行《まさつら》父子だ）、天皇ために発揮された国民の武勇、天皇によってもたらされ、あるいは発展せしめられた文化の由来という意味だ。

これらは明治国家が発足以来、国民への刷りこみに注力してきた国体観に肉付けをほどこすための〝部材〟に相当する。臣民は天皇のために忠義を尽くし、時に臨んでは一死をいとわず天皇のために命を投げ出してきたという〝物語〟を、〝史実〟として刷りこむこと——それこそが歴史教育の眼目なのである。

この指針が、道徳教育ではなく歴史教育に対するものだという点に、われわれは注意する必要がある。実際の歴史がどのようであれ、教えるにあたっては右の「大綱」に合致するように、つまり歴史を「国体」という鋳型にはめて教えるようにと、文部省は指導した。ここでは史実がイデオロギーとしての国体に、完全に従属させられている。江戸時代の国学者を通じて育てられてきた偽史創作の精神が、明治国家の教育の大方針となっているのである。

こうした歴史教育の理念がエスカレートしていった結果を、われわれは昭和十二年（一九三七）の「高等学校教育要目」に見ることができる。そのなかで、文部省は歴史教育をこう位置づけている。

> 歴史教授に於《おい》ては、徒《いたずら》に史実の穿鑿《せんさく》及びその羅列的説明に陥ることなく、常に歴史の真随を把握し、国史を中心とし、国史の精神を現在に生かすことによって、国民として進むべき道を得しめ、また国史の世界史に於ける意義を明確にして、国民の使命を自覚せしむるにつとむべし。[*2]

まことに驚くべき暴力的な指針だ。歴史は史実の追究ではないというのだ。

文部省によれば、いたずらに史実を「穿鑿」したり、歴史の流れを時代を追って羅列することは歴史の勉強ではない。では、生徒はなんのために歴史を学ぶのか。「国史の精神」、すなわち万世一系の国体を歴史から学びとり、忠良なる臣民となるためだ。文部省からいえば、歴史とは国家が国民に要求している「家畜の忠誠心＝臣道」を学ばせるための、歴史に材料を借りた洗脳教材にほかならない。生徒をしばしば反国体的な危険思想に導く「史実の穿鑿」など、する必要も、させる必要もないといっているのである。

要目には、もうひとつの見逃せない重大な指示がある。「国史の世界史に於ける意義を明確に」教えよという指針がそれだ。これは昭和になって国家ぐるみのスローガンと化した「八紘一宇《はっこういちう》」の意義を、歴史教育を通じてしっかり生徒に植えつけるようにという指示にほかならない。

　別の章でも書いてきたとおり、八紘一宇とは、世界をひとつ屋根の下に治めるという神武天皇の詔《みことのり》を指す。八紘は、ほんらい神武が征服しようとした日本全体のことをさした言葉と考えるのが自然だが、明治以降の国家主義の進展とともに、八紘は日本ではなく世界の意味に変わり、全世界をひとつ屋根の下に治めることと主張されるようになった。

　以下は一章でも引いた『八紘一宇の精神』[*3]の一節だが、「高等学校教授要目」と並べて読むと、国家の意図がどこにあるのかが、はっきり見えてくる。

> 我が日本こそ諸国家・諸民族に率先し、万死をも辞せざる不退転の覚悟を以て、世界を闘争と破滅とより救済する為にこの難局に当たらねばならぬ。……流転の世界に不易の道を知らしめ、漂える国家・民族に不動の依拠を与えて、国家・民族を基体とする一大家族世界を肇造《ちょうぞう》する使命と実力とを有するのは、世界広しと雖《いえど》も我が日本を措いては他に絶対にないのである。

　八紘一宇という言葉こそ使ってはいないが、「一大家族世界を肇造《ちょうぞう》する」という表現がそれを表している。日本にはこの神命を達成すべき「使命と実力」がある。なぜなら、日本こそが「漂える世界を永遠に修理固成《つくりかため》なして、生成発展せしめ[*4]」るという特別な役割を授かって創始された国だからである。

さきの「高等学校教授要目」は、「国史の世界史に於ける意義を明確にして、国民の使命を自覚せしむるにつとむべし」と指示していた。つまり教師は、建国以来のこの使命を、生徒らに教育徹底せよということだ。それが「国史の世界史に於ける意義を明確に」するという文章の意味にほかならない。その裏側にあるのは、中国侵出から満州国建国へといたる大陸進出の意義と正統性を、生徒たちに自覚させよということなのである。

国是となった八紘一宇

学校教育で、なぜ「史実の穿鑿」をさせてはいけないのか。理由は、はっきりしている。ただの神話にすぎず、しかも『日本書紀』本文ではなく、同書に併録されたその他の伝承（「一書《あるふみ》」）にしか記されていない天壌無窮《てんじょうむきゅう》の神勅や、神武による八紘一宇の詔（正式には橿原《かしはら》建都の令）を絶対的な事実として国民に教えこむためには、史実の穿鑿を封じるほかないからだ。

大日本帝国憲法の節などで書いたとおり、国家の根本法である憲法は、天壌無窮の神勅を根拠としてまとめられた。天壌無窮の神勅を根拠としたのは、この国は肇国《ちょうこく》以来「天皇の国」だと主張するためであり、「君が代は千代に八千代に」を正当化するためだ。

この国体イデオロギーを刷りこむことが国民に歴史を教えることの意味である以上、天壌無窮の神勅は神話にすぎないとか、神武紀元や神武の肇国を史実とするのは無理があるとか、神武東征は侵略戦だとかいった、「天皇の国」に傷をつけ、疑問を抱かせかねない「史実の穿鑿」は、国家の強権によって封じるほかないのである。

驚くべき主張が、中村栄孝《ひでたか》によってなされている。中村は日本統治下の朝鮮における国史教科書の編修官で、『初等国史』改訂版（昭和十五・十六年）の編修に携わった官僚だ。

彼は、国史においては万世一系の天皇による統治という「事実」そのものが編修の体系とならねばならないと主張した。この観点から教科書を見たとき、鎌倉時代以降の武家政権を時代区分としてきた従来の国史ほど「国史の発展に対する、基本的体系の理会をゆがめたものはない」。これら「因襲的なる時代の区分を基準とした時代的理解の如きは、精算し去らねばならない」というのだ。[*5]

時代区分は、通常は政権の所在地や政権の主体を基準に仮設される。一般にもっともよくもちいられてきた鎌倉・室町・戦国・江戸などの時代区分は、この基準にもとづいて名づけられたものだ。けれども、国家統治の大権は国がはじまって以来天皇から動いたことはないとする立場からすると、武家政権の時代などというものは、ありうべきものではないということになる。

こうした考え方が最も過激かつ異様な形で具現化されたのが、昭和十七年から十八年にかけて発行された国史教科書、『皇国《みくに》の姿』だ。

同書は驚くべき時代区分を行っている。

①皇国のはじめ

②大和中心の日本
③京都中心の日本
④東京中心の日本

という四区分がそれだ。この教科書では、鎌倉時代も江戸時代も、すべて③に含まれる。日本は「天皇の国」だとする思想の、窮極の姿がここにある。

文部省が昭和十八年に出した『国史概説』は、こう書いている。

> 神代の伝承は、国体の真義を示し、且《か》つ永遠に国史を貫いて生成発展する国家生命の源泉である。……我が神話を見るに当っては、これを過去の歴史的事象として考察すると共に、その尊厳にして且つ悠久なる精神的意義を把握し、以てこれが国史の生命として展開せることを明らかにすべきである。[*6]（傍点は引用者）

日本の神話は、ただの神話として読まれるべきではない。そこで語られているのは「歴史的事象」、すなわち実際に歴史上で起こった事実だと、『国史概説』は謳っている。江戸の国学者たちは、自身の素朴な信仰としてこの説を唱えたが、文部省はそうではない。もっぱら政治的・功利的な必要から、記紀神話を最大限に利用したのである。

文部省はさらに、日本の歴史は「歴史的事象」である神話によって語られた精神の「展開」史だと言いくるめる。この解釈から導きだされるのは、八紘一宇の実現こそが「天皇の国」の使命だというおなじみのイデオロギーだ。

八紘一宇が政府の公式見解となったのは、第二次近衛《このえ》内閣による「基本国策要綱」（昭和十五年）からだ。同要綱は大東亜新秩序の建設を謳っているが、そのなかで政府は「皇国の国是は八紘を一宇とする肇国の大精神に基」づくと明記した。ここにいたるまでも唱えつづけられてはきたが、大東亜戦争直前の昭和十五年以降、八紘一宇は国家によって確定された施政方針、すなわち「国是」となったのである。

八紘一宇の第一段階としてさかんに唱えられた「大東亜共栄圏」も、第二次近衛内閣の松岡洋右《ようすけ》外相が昭和十五年に記者らの前で語ってから、広くもちいられるようになった言葉だ。その理屈は、「八紘一宇の世界一家体制」を建設するのが日本の使命だというところにある。

家族国家論は、ほんらい日本における君民の関係をしっかりと固定するために創作されたものであり、一部のエキセントリックな狂信者を除けば、海外までふくむものではなかった。ところが昭和の軍閥政治は、それを世界規模に拡大した。

八紘一宇と忠孝一本論を国民に徹底して刷りこむための仕掛けは、昭和十二年八月の第一次近衛内閣による「国民精神総動員実施要綱」によって、すでに公に実現されている。

この運動は、前月の盧溝橋《ろこうきょう》事件から始まった日中戦争に国民を動員するための「官製国民運動」であり、『挙国一致』『尽忠報国』の精神を鞏《たくましゅ》うし、事態〔日中戦争〕が如何に展開し、如何に長期に亘《わた》るも、『堅忍持久』総《あら》ゆる困難を打開して所期の目的を貫徹すべき国民の決意を固め、これがため必要なる国民の実践の徹底を期する」ことが目的として謳われた。[*7] さきに読んできた文部省の『八紘一宇の精神』も、まさにこの年の暮れに発行された。同書はこう述べる。

国民精神総動員の運動は、官命によって強制実行せられるという受動的な心構からではなく、国民各自が崇高なる国体に対する自らなる渇仰随順《かつごうずいじゅん》の至誠を天皇に捧げ奉るという止むにやまれぬ大和魂の深奥から発露した運動でなければならない。……換言すれば、我の由《よ》って来る歴史伝統の大生命、即ち「八紘一宇」の純乎として純なる日本精神に帰一し、滅私奉公の精神に生きることである。[*8]

近衛内閣によって国民に課された運動は、「精動強調週間を皮切りに神社・皇陵への参拝、勅語奉読式、戦没者慰霊祭、軍人遺家族の慰問、出征兵士・英霊・傷痍軍人の歓送迎、建国祭への協力、武道奨励、ラジオ体操、清掃などの勤労奉仕、国防献金」(以上昭和十二年)、「国旗掲揚・生活簡素化・物資節約・廃物利用・禁酒節煙」(以上昭和十二年)などであり、「工業・農業の増産運動、愛国公債購入運動、貯蓄報国運動、一戸一品献納運動」などの「経済国策協力運動」も併せて実施され、近衛内閣から平沼内閣、阿部内閣、米内内閣へと受け継がれていく。

その意義については、こう説かれる。

この運動は、内に於ては我が国体と歴史とに貫通した恒久的な国民教化運動となり、国民の教育・思想・文化・政治・経済等のあらゆる分野の健全な発展を促すと共に、外に発しては各国家・各民族の発展を妨げるあらゆる障碍を清掃する世界浄化運動となり、真実なる国際正義を顕現することが出来るのである。[*9]

「世界浄化運動」「国際正義」の顕現という名目の東亜および南方進出は、ほどなく大東亜戦争へと国民を導いていくことになる。

『竹内文献』と「神日本運動」

官製偽史が民間に及ぼした影響には甚大なものがあった。その典型として、官製偽史を極限までエスカレートさせた弁護士・中里義美《なかざとよしみ》による「神日本運動」をみていこう。あとで詳しく述べるが、中里は政界や軍部など国家の支配層に数々のパイプをもっており、さきに書いた小磯国昭とも親密な関係にあった。昭和十年代の狂信的な精神情況を濃縮した運動体が、中里の創設にかかる神乃日本社なのである。

中里の主張は、彼が主宰する神乃日本社の機関誌『神日本《かみのにほん》』（昭和十二年十一月創刊、当初の誌名は『神乃日本』）が昭和十三年七月号から欠かさず巻頭に掲げるようになった「本社の主張と使命」に端的に言い表されている。文章は号を重ねるごとに少しずつ書き改められているが、形がほぼ固まった昭和十四年四月号から核心部分を引用する。

国体の明徴と顕幽一貫の臣道は
天津《あまつ》霊嗣《ひつぎ》皇尊絶対至上信仰の確立にあり
我神日本は世界全人類の祖国にして
日本天皇は即世界天皇に在《おわ》します
——（昭和の維新は世界の廃藩置県〔世界組織の再編成〕である）——

『神日本』の目標は、この五行に端的に表現されている。
冒頭の「国体の明徴」とは、すでにさまざまな角度から読んできた「天皇の国・日本」という国体を明らかに証拠だてるといった意味だ。国体明徴という用語そのものは、昭和十年に憲法学者・美濃部達吉の天皇機関説を排撃する際に使われ、同年の衆議院に「国体明徴決議案」として提出されて、満場一致で可決された。天皇の絶対的な統治権にいささかでも疑問を抱かせる学説や言論の徹底的な排除をめざしたもので、軍部や右翼、在郷軍人会などが中心となって全国的な運動が展開され、弾劾された美濃部の著書三冊が発禁処分を受けている。

国体明徴につづく「顕幽一貫」とは、肉体人間の世界（顕界）と、神霊の世界（幽界）が一体となり、幽界の神々の方針や命令のままに地上の統治がおこなわれ（祭政一致）、神の心と人の言行にへだたりがない状態をいう。

太古の世界は、天皇を不動の中心とする「顕幽一貫」「祭政一致」の政治によって貫かれていたが、のちに人々が自我心で動くようになると、神と人とのあいだに隔たりが生まれ、神の声を聞かない我流の政治に陥ったと中里らは考えていた。

この悪しき時代から脱却するためには、世界の統治権者である現人神《あらひとがみ》天皇のもと、太古の「顕幽一貫」「祭政一致」に復古しなければならない。日本人には、そのために働く使命がある。そうした生き方をさして、「顕幽一貫の臣道」というのである。現代の国民は、西欧文明などの悪影響で、ほんらいの「臣道」を忘却している。国民をあるべき臣道に立ち帰らせるためには、かたちだけの天皇信仰ではなく、真の天皇信仰を自覚させる必要がある。だからこそ、「天津霊嗣皇尊絶対至上信仰の確立」が不可欠だというのである。

三・四行目は、江戸時代の国学以来、執拗に主張されてきた日本神国説と天皇世界総帝説をいっている。天皇は日本に限定されたローカルな王ではなく、世界天皇なのだから、その赤子《せきし》である日本人には、全世界を天皇信仰に導く使命がある。その使命の具体的な内容が、五行目の「世界の廃藩置県」だ。世界の指導者に土地と人民を奉還させ（廃藩）、天皇が改めて世界統治の体制を定める（置県）という意味で、つまりは八紘一宇にほかならない。

異様な主張ではあるが、ここまではまだ国家が国民統治の便法として利用してきた国体論の延長線上にある。けれども中里らは、ここから神憑《かみがか》り的な飛躍へと歩を進める。日本神国説を証明するために「学問を総動員し、優秀無比なる神代の日本文化を汎ゆる角度より検討究明実証し、以て超非常時下長期建設の完璧体制を確立」[*10]しなければならないとして、さまざまな偽書に記されている神代史を、神話ではなく「史実」として実証しようとしたのである。

『日本書紀』に伝えられる天壌無窮の神勅を、国家は神代の「歴史的事象」と位置づけ、国体の根拠としてきた。けれども中国やエジプトなど日本よりはるかに古い歴史と文化伝統をもつ国とくらべるとき、『古事記』や『日本書紀』は成立があまりにも新しく、なおかつそこに記されている神武紀元以来の歴史そのものが、世界の親国と称するにはあまりにも短くみすぼらしい。

神が最初の国として創造したはずの日本が、そんなに短い歴史の国、みすぼらしい文化の国であるはずはない――この思い込みがエスカレートし、ついに記紀は日本のほんとうの歴史を覆い隠すために編まれた偽物の史書だと、彼らは見なすにいたった。

歴史家は神武紀元にもとづいて日本の歴史を「二千五百有余年」とし、それ以前は「混沌たる未開時代」だとしてきたが、それはまちがっている。その証拠に、近年「国史に目覚めたる憂国の士」が起ちあがり、従来の歴史家が顧みようともしなかった「諸古文献乃至古蹟の研究に努力した結果、悠久なる神代の史実が漸次明白となり、過去数千年、或《あるい》は数万年に亘《わた》る日本国内の祭祀の状況と、日本民族と全世界の古代国家の関係、即ち所謂《いわゆる》神代の帝紀なるものが愈々闡明《いよいよせんめい》」されはじめた。その結果明らかとなった「悠久なる神代の史実」は、日本主義にもとづく軍事・政治・経済や、「思想的維新運動」の「原動力をなすもの」であり、日本民族の自覚の「指標」となるべき「久遠の大哲理を包蔵して」いると主張したのである。[*11]

　中里が真実の歴史を伝えるものだと力説する「諸古文献乃至古蹟」とは、『竹内文献』『富士宮下文《みやしたもん》書《じょ》』『ウエツフミ』などの偽書類や、「国史に目覚めたる憂国の士」らによって「発見」されつつある太古日本の祭祀遺跡、神代の神宝、日本のピラミッド遺跡、朝鮮におけるスサノオの古蹟（曾戸茂梨《そしもり》）、世界各地で発見されている数々の未解読文字（『竹内文献』はそれらの文字を記紀以前の歴代天皇によって創作された「神代文字」だとする）などを指す。

　従来の教育、従来の歴史認識では、日本人に自分たちは「天孫神族の末裔」だと腹の底から自覚させることはできない。天皇がなぜ神聖無比で、世界天皇たる現人神なのかもわからない。日本人を真実の「天津霊嗣皇尊絶対至上信仰」に導き、『竹内文献』などに説かれている〝神代の正史〟を忘却している世界人類の覚醒をうながすためにも、超古代文献の研究と顕彰が不可欠であり、その実現をはかるために、いまこそ「神日本運動」を起こさなければならないとして、中里はこう叫ぶのである。

> 散在せる日本主義並びに諸史料を糾合編纂してその精華を総合統一し、以て神代以来の史実と文化を究明し、而《しか》して皇国は真に万世一系天壌無窮の国体なることを厳に国内に徹底せしむると同時に、普《あま》ねく世界人類に宣揚せしめんとするものである。[*12]

偽史に群がった人々

　中里らがとびついた『竹内文献』は、承継者を称する竹内巨麿《きよまろ》が昭和二、三年頃から徐々に公開していったもので、神代文字による巻子本、武内宿禰《たけしうちのすくね》の孫にあたる平群真鳥《へぐりのまとり》が漢字カナ文に訳して子孫に伝えたと称する写本群のほか、神代の世界地図、神代の日本地図、天皇の遺骨でつくったと称する神体神骨像、勾玉や鉄剣など、神武天皇以前から存在していたという神代皇室の神宝・御器物その他をいう。これらを総称して『竹内文献』と呼んでいる。

　中里がはじめて同文献に接したのは昭和八年。元海軍大佐で、熱心な大本《おおもと》教信者でもあった矢野祐太郎を介して竹内巨麿の天津《あまつ》教と出会い、たちまち心酔した。

　文書の中身は荒唐無稽というほかなく、歴史学や考古学、地質学、歴史言語学など歴史科学の検証に耐え得るものではない。けれども、江戸国学者らが唱えていた日本を万国の親国とする説、諸外国を天皇・皇族らが開発統治した枝国・朝貢国とする説、天皇を世界の総帝とする説、地球上のすべての文字を天皇の御製とする説、神武以前に上古二十五代、不合《ふきあえず》朝七十三代が存在していたとする説など、皇国国体の絶対的な崇高さと歴史の長大さを謳った内容が狂信的な国粋主義者の信奉を集め、無視できない影響の広がりをみせるようになった。

　そのため、昭和五年と十一年の二次にわたり、関係者が詐欺罪・不敬罪・文書偽造行使罪で逮捕され、天津教管長の竹内巨麿が起訴されるとともに、教団活動も禁止された。[*13] こうした背景から、中里はさきの創刊巻頭の辞で『竹内文献』の名を伏せて「古文献」と呼び、前章で書いた朝鮮総督の小磯国昭も、文献名を伏せて講演をおこなったのである。

けれども、こうした狂気の〝神代正史〟を支持する者の顔ぶれを見れば、その影響力の大きさが見えてくる。

神乃日本社の顧問として名を連ねている者のうち、政官界および陸海軍に属しているのは、公爵・一条実孝《さねたか》、伯爵・上杉憲章《のりあき》、枢密顧問官・菅原通敬《みちよし》、貴族院議員・水野錬太郎、陸軍大将・南次郎（朝鮮総督）、陸軍大将・小磯国昭（朝鮮軍司令官）、海軍大将・山本英輔、貴族院議員・赤池濃《あつし》、貴族院議員・菊池武夫、陸軍中将・佐藤清勝、陸軍中将・秦真次、陸軍中将・柳川平助らで、いずれも筋金入りの天皇主義信奉者だ（肩書は『神日本』に最初に掲載された昭和十三年七月当時）。顧問はその後さらに増員され、陸軍大将・林銑十郎（元首相）、陸軍大将・林仙之《なりゆき》、海軍中将・八角三郎《やすみ》、陸軍中将・大島健一、海軍中将・上泉徳彌《かみいずみとくや》、陸軍少将・江口鎮白《やすきよ》、陸軍少将・苫米地四楼《とまべちしろう》、陸軍少将・金子定一《ていいち》、貴族院議員・井上清純《きよずみ》らが加わっている。

ここに名を連ねた人物全員が『竹内文献』の熱心な信奉者というわけではないが、一条や小磯、山本、赤池、秦、林銑十郎らが同文献に強いシンパシーを抱いていたことはまちがいない。

五摂家筆頭という名門の出で、大正天皇の大喪使祭官長を務め、右翼諸団体を束ねる大日本経国連盟の創設者でもあった一条実孝は、昭和三年に茨城県多賀郡磯原町（現在は北茨城市）の皇祖皇大神宮で『竹内文献』を拝観している。[*14] また、前記の矢野が同文献を顕彰するために「神宝奉賛会」[*15]を創設した際にも協力し、明治天皇が詠んだ「古の文の林をわけてこそあらたなる世の道も知らるれ」を謹書して、矢野に提供している。

神宝奉賛会は翌年には内紛を起こし、矢野は会長から退いて新たに秘教カルト団体「神政龍神会」[*16]を組織するのだが、創設メンバーのなかに、神乃日本社顧問として名を連ねる上杉憲章や赤池濃もふくまれている。

内務省畑を歩んで警視総監を二度務めた赤池は、政官界きっての国家主義者の一人として知られた人物だ。反ユダヤ・反欧米陣営の梁山泊ともいうべき「国際政経学会」（外務省の外郭団体として昭和十二年に創設）の理事長で、「国際反共連盟」（同年創設）発起人の一人でもある。中里との関係も深く、『神日本』創刊号に寄せた祝辞で、日本の歴史は「悠久幾万年」であって神武紀元よりはるかに古く、神代は天皇が世界を統治する八紘一宇の姿そのものだったと述べているが[*17]、これはまさしく『竹内文献』の言説にほかならない。

戦争末期の昭和十九年に東條英機と交替して首相に就いた小磯国昭も、熱心な『竹内文献』信奉者だった。東條の後継として小磯の名が挙がったとき、昭和天皇が小磯は「神憑《かみがか》り」だといって難色を示した背景[*18]には、おそらく小磯のこうした狂信性があったと思われる（ただし小磯はこの方面に関わる発言は慎重に隠しており、戦後巣鴨プリズンで書きあげた自伝『葛山鴻爪《かつざんこうそう》』でも超古代史信仰にかかわる部分は完全に消し去っている）。

小磯と同志関係で結ばれていた中里義美の日記を私家版で刊行した實方直行《さねかたなおゆき》は、日記中に驚くべき記述を発見した。小磯が、首相官邸で竹内文献関連史蹟映画『日本におけるキリストの遺跡を探る』の映写会を催したというのだ。[*19]

制作者は、日大講師からNHKの前身である東京中央放送局に転職していた仲木貞一《なかぎていいち》だ。映画は竹内巨麿らによってキリストおよびその弟イスキリの墓と断定された青森県戸来《へらい》村の墳墓、日本とユダヤの同祖説を信奉するキリスト教系天皇主義者・酒井勝軍《かつとき》が鑑定した太古日本のピラミッド、エデンの園に比定された迷ケ平《まよいがたい》、大湯のストーンサークル、小磯も多大の関心を寄せていた朝鮮・曾尸茂梨のスサノオ史蹟などのドキュメントからなるという。

驚くのは、この映画の制作費用の一部が小磯から出ていたという事実だ。中里の日記には、こう記されている。

朝八時、小磯総督の自宅を訪《おとな》い戸来岳磐境の映写費弐阡参百六円也を無条件にて快く手交し呉《く》れたり。彼も少々分《わか》る男なり、次期総理には最適任なり[*20]（昭和十九年五月十八日条）

小磯内閣の発足は昭和十九年七月二十二日で、このとき小磯はまだ朝鮮総督の地位にあった。曾尸茂梨撮影のために中里はスタッフと朝鮮に渡り、旧知の小磯に資金の提供を依頼し、さらに神日本学会（神乃日本社を改組した神代文化研究団体）の朝鮮・江原道支部長（宮内幾太郎）からも四千円の醵出《きょしゅつ》金を得て、『竹内文献』の〝実証映画〟を完成したのである。中里日記の昭和十九年十月六日条には、「首相官邸に行き、曾戸茂梨の映画を試写す。小林秘書官と三人で見る」と記されている。

小磯の前任の朝鮮総督・南次郎も中里とはごく近しい関係で、中里は昭和十年に南からの委嘱を受けて北支五省を視察している。帰国後、小著を著しているが、そこでも『竹内文献』にもとづく神代史観が顔をのぞかせている。太古以来の「天孫神族」すなわち天皇とその臣民たる日本人は、「嘗《かつ》ては幾万年の間、世界を支配統御」していた。その後、〝真実の歴史〟は長く隠されてきたが、いまや時代は大転換し、天皇がほんらいの世界天皇となるべき昭和維新の時を迎えているというのだ。[*21]

元憲兵司令官で、陸軍皇道派の中心人物として動いた秦真次も『竹内文献』の熱心な信奉者のひとりだった。昭和十一年の第二次天津教事件の際、『竹内文献』を靖国神社の遊就館に預ける手引きをしたのは、当時憲兵司令官の要職にあった秦だという[*22]（神宝はその後裁判所に押収され、大審院地下室に保管されたが東京大空襲により焼失したとされている）。

そのほかの顧問たちも、国家主義陣営に属して狂信的な天皇主義や八紘一宇を高唱した。江戸の国学からはじまり、明治国家が完成させた官製偽史が、昭和にいたると『竹内文献』などの民間偽史と結びついて極限まで拡大解釈され、もともとは国民統治の道具として創作された国体論が、政官界の一部や超国家主義者、宗教家、あるいは軍人のなかで血肉と化している姿を、「神日本運動」はあからさまに映しだしているのである。

神憑った天皇主義を奉じる団体は、まだいくつも数えあげることができる。たとえば法華信仰の在家信者団体として、田中智学《ちがく》が大正三年に創始した国柱会《こくちゅうかい》がそれだ。智学を絶対的指導者と仰ぐ国柱会は、昭和前期には影響力をおおいに拡大し、軍部にも多数の心酔者を擁した。熱烈な天皇主義者である智学は、天皇を「転輪聖王《てんりんじょうおう》」（世界を統一するとされたインドの伝説上の聖王）と位置づけ、天皇の国・日本は「世界人類の大救済」のために建国された「宇内《うだい》万邦霊的統一軍」の国だと規定していた。[23]『日本書紀』の「八紘を掩《おお》いて宇と為す」から「八紘一宇」を造語したのも智学だといえば、その影響力の大きさがご理解いただけるだろう。

キリスト教系の団体のなかにも、朝鮮併合や満州国建国、国際連盟脱退などを肯定し、「聖書くらいわが国体と合致したものはない[24]」と主張したきよめ教会（昭和十一年創設）の中田重治《しげはる》のようなキリスト者もいた。同教会の終身監督（教会を統括する最高責任者）として信徒を指導した中田は、「何を好んで彼ら（国際連盟）と妥協したり、英米の鼻息をうかがったりする必要があろう。われら大和民族には世界相手の特別の使命があたえられている[25]」と説教し、「神の国」建設という『聖書』の預言を実現するためにイスラエル建国を援《たす》け、世界を救済するのは、「東方の王」すなわち天皇の軍隊だと主張したのである。[26]

神道系に属するこの種のカルトは、最も多い。前出の矢野祐太郎は、この世の立替え立直しを実現するための「現界建替神軍」として神政龍神会を組織し、宮中女官を介して天皇家への働きかけまでおこない、ついに逮捕されて獄死しているし、[27]出口王仁三郎《でぐちおにさぶろう》を補佐して大本教の大正維新をリードし、その後たもとを別って神道天行居《てんこうきょ》を立ちあげた友清歓真《ともきよよしさね》は、「霊的国防」を担う神兵組織と称して

「天行神軍」を結成した。

これらの団体に属して活動した信者たちは、熱病に憑かれたように世界帝王としての天皇による八紘一宇の実現を叫び、教勢拡大に、また熱烈な祈禱や修法に邁進した。そのなかには、多数の職業軍人もふくまれていた。一般の史書ではほとんど無視されているこの種の宗教運動と、それを支持し、あるいは共鳴した民衆の精神土壌をおさえておかないかぎり、昭和前期という時代の異様さは見えてこない。昭和十年代という時代は、官製偽史がインフレーションを起こしたすえに弾けて暴走した時代なのである。

天皇のふたつの顔

右に書いてきた団体は、いずれも国家の監視下に置かれていた。国家はなぜ左翼ではなく右翼に属する彼らを監視したのか。異様なまでに高揚した天皇絶対主義がエスカレートすれば、記紀を正史とし、記紀神話を国体の軸としてつくりあげられた偽史国家体制そのものの変革や否定の運動と結びつく可能性があったからである。[*28]

伊藤博文らが創造した明治国家においては、天皇はたしかに政治的権力と精神的権威をあわせもつ絶対者として祭られてきた。けれどもそれは、あくまで一般国民に向けた表向きの天皇の権力・権威であって、実際には天皇がみずからの意思により自由に権力を行使することなど、まったくできない仕組がつくられていた。前の章でも書いてきたとおり、伊藤らは天皇の親政を「補弼《ほひつ》」する機関（元老・重臣・内閣・軍部・枢密院・貴族院など）を設けることで、親政そのものに制限をかけるシステムを完成させていたからである。

　立憲君主制という制度上の縛りがある以上、天皇は補弼機関による了解がなければ権力を行使することができず、現実には、内閣などからあがってきた諸案・諸献策をそのまま裁可するという形式が原則化していた。このシステムがあったからこそ、実際に政治を動かす国務大臣らは、天皇を「玉」として使いつづけることができた。盤面上の駒を動かす手は、別の手であった。

　この「別の手」は、一般国民に対しては天皇の絶対性をあらゆる方向から刷りこみ、体制に反する者に対しては、法と暴力をもって弾圧することで国民を統御し、彼らを「家畜の忠誠心」をもった臣民へと導いてきた。

　その代表的な手法に詔勅がある。明治から敗戦までの間の官僚や天皇信仰者が積みあげてきた詔勅に関する膨大な文章は、どれも天皇の言葉がいかに絶対的で、このうえなくありがたいものなのかを強調し、芝居じみたおおげさな感動のポーズでひれふしてきた。けれども詔勅の作者は、政府などの補弼機関だ。詔勅の「朕《ちん》」は、天皇ではないのである。

　明治維新の際の王政復古の詔勅は、岩倉具視《ともみ》の腹心である玉松操《みさお》が案文を書いた。こうした在り方は、その後も一貫して変わっていない。詔勅の書式や発布形式も、明治四十年の公式令《こうしきれい》によって厳密に定められている。天皇は、示された文案に多少の意見を述べることはあっても、基本的にはただ承認するだけの、形式上の「最高機関」にすぎない。国民は詔勅を通して天皇の大御心《おおみこころ》を拝受していると思っているが、実際には詔勅を介して、その時々の為政者の意思を、ありがたく戴いているに過ぎない。

明治政府がつくりあげたシステムの周到さは、これにとどまらない。彼らは、一介の平民でも学問を修め、立身出世することで、国務大臣や大将にまで、つまり実質的な支配権者にまでなりうる道を開いた。旧幕時代の士農工商（四民）という封建的身分制度を廃し、居住や職業や結婚などの自由を認めることで、皇国は、一君のもと万民が大家族をなしている自由で平等な一君万民の国だと見せかけ、天皇への求心力を飛躍的に高めた。

じつに巧みなシステムというほかはない。これら一連の諸政策により、伊藤らは天皇の権力を巧妙に形式化するとともに、国民に向けては絶対権者、生きた神そのものというイメージを植えつけることに成功したのである。

明治国家によって天皇にはふたつの顔が与えられた。「与えられた」と書いたのは、それが天皇自身の意思によって獲得された顔ではなく、天皇を十重二十重に囲んでいる藩屏《はんぺい》（王家を守護するもの）から、お仕着せとして与えられた顔、付与されたイメージだからだ。

第一の顔は国民向けの絶対権者、現人神としての顔、御真影《ごしんえい》の顔だ。第二の顔は、憲法その他によって手枷足枷をつけられた、重臣らからみたときの制限君主としての顔だ。このふたつの顔を、伊藤ら事実上の実権者は、国民を統治し国家を運営していくために使い分けたのである。

久野収《くのおさむ》がこのシステムを巧みに表現している。

天皇は、国民にたいする「たてまえ」では、あくまで絶対君主、支配層間の「申しあわせ」としては、立憲君主、すなわち国政の最高機関であった。小・中学および軍隊では、「たてまえ」としての天皇が徹底的に教えこまれ、大学および高等文官試験にいたって、「申しあわせ」としての天皇がはじめて明らかにされ、「たてまえ」で教育された国民大衆が、「申しあわせ」に熟達した帝国大学卒業生たる官僚に指導されるシステムがあみ出された。[*29]

天皇の実質的権力を、補弼機関の担当者が「ほとんど全面的に分割し、代行するシステム[*30]」は、けれども昭和にいたって大きなほころびをみせはじめる。

社会が抱える数々の巨大な矛盾、絶望的なまでに進行している政治や経済などの行き詰まりを一挙に解消する解決法として、それまで天皇と臣民のあいだを遮断し、数々の権益を享受しつづけてきた補弼勢力とそのパトロンである財閥を一掃し、「天皇親政」を実現しなければならないとする過激思想が、軍部の中堅将校や革新右翼を中心に急速に広まっていき、その実現をはかるための国家革新運動、昭和維新運動が展開されていったからである。

「ただ刺せ、ただ衝け……」

革新将校や、彼らと手を結んだ民間右翼の多くは、自分たち自身が「たてまえ」を「たてまえ」ではなく「歴史の真実」とみなす天皇教信奉者の側に属していた。そのため天皇抜きの革新は、最初から考察の埒外にあった。そうであればこそ彼らは、天皇を、形式ではなく現実の絶対君主とせよ、天皇親政を実現せよと叫んだ。

この主張は、必然的に「申しあわせ」によって天皇親政を巧みにコントロールしてきた元老や政府内閣の顕官たち、また彼らと結託して巨利を貪ってきた財閥などの打倒へと向かい、天皇に制限をかけている憲法の廃止や、党利党略に明け暮れる政党政治の廃絶要求へと向かった。こうして、青年将校や民間右翼らによる昭和前期のテロの時代の幕が開ける。

陸軍参謀本部の橋本欣五郎《きんごろう》ロシア班長らが民間右翼の大川周明らと連携して首相官邸や政党本部などを爆破し、軍事政権を立てようと計画した昭和六年の三月事件。同事件が未遂に終わったのち、同じメンバーらが再度の蹶起《けっき》をはかって計画した同年の十月事件（錦旗《きんき》革命事件）。日蓮宗僧侶の井上日召《にっしょう》を中心としたテロ団体・血盟団のメンバーが、井上準之助や團琢磨《だんたくま》を暗殺した昭和七年の血盟団事件。海軍革新将校が血盟団の残党や民間右翼らとともに蹶起し、首相・犬養毅《いぬかいつよし》を暗殺した昭和七年の五・一五事件などがそれだ。

これら一連のテロ事件ののち、陸軍青年将校による昭和十一年の二・二六事件が勃発する。蔵相・高橋是清《これきよ》、内相・斉藤実《まこと》、教育総監・渡辺錠太郎《じょうたろう》、岡田啓介首相と誤認された内閣嘱託・松尾伝蔵ら九名が殺害され、侍従長《じじゅうちょう》の鈴木貫太郎が重傷を負うなど多数の死傷者を出した末、天皇の断固たる意思により鎮圧された、史上最大級のクーデター未遂事件である。

青年将校らは、昭和天皇は自分たちの「正義」を理解し、支持してくれると信じていた。現実の天皇ではなく、明治政府がつくりあげた幻想としての天皇像を昭和天皇に重ね合わせ、天皇が万民のうえに立って親政をおこなうという、まぼろしの昭和維新体制を夢みた。[*31]

天皇は、その夢をにべもなく打ち砕いた。青年将校らに対する怒りの感情をあらわにし、蹶起軍を叛乱軍であると断じて、陸軍に容赦ない鎮圧を命じた。[*32] 自身を立憲君主と位置づけていた天皇からみれば、「天皇の軍隊」を私的に動員するという大罪を犯し、憲法を全否定する行動に出た蹶起将校らは、国体破壊者以外のなにものでもなかった。

かくして二・二六事件は鎮圧され、青年将校や彼らの指導者とみなされた北一輝《きたいっき》ら民間右翼らが銃殺刑に処されたのちには、陸軍統制派が政権を握るのである。

久野収は、「たてまえ」が「申しあわせ」の駆逐に向いはじめたことを示す象徴的な先駆事件として、大正十年（一九二一）の朝日平吾による安田財閥当主・安田善次郎へのテロを挙げ、朝日の遺書において、天皇が「伝統のシンボル」から「変革のシンボル」へと変わりつつあったことを指摘している。

朝日は遺書の最後に、以下の文字をつらねた。

予の盟友に遺す、卿ら予が平素の主義を体し語らず騒がず表さず、黙々の裡にただ刺せ、ただ衝け、ただ切れ、ただ放て……。[*33]

朝日が「ただ刺せ、ただ衝け……」と叫んだ対象は、いうまでもなく藩屏だ。朝日のメンタリティと、井上日召ら血盟団員のメンタリティはかぎりなく近い。五・一五事件の海軍青年将校や、二・二六事件の皇道派青年将校とも、さして隔たってはいない。

テロやクーデターを志向する過激派が二・二六事件で最終的に一掃されたのち、焼け太りによって国家権力そのものを掌握した陸軍統制派は、天皇を「玉」とする将棋の新たな指し手となり、自分たちが奉じてきた「たてまえ」を玉座に据えて、国民に対する「家畜の忠誠心」のよりいっそうの刷りこみを強力に推進した。

前章でみた朝鮮に対する施策も、これと連動している。そうする以外に、四方を敵に囲まれて国家存亡の危地に立っている日本の、現下の非常時を乗り切る手立てを見出すことは、彼らには思いもつかなかったのである。

軍部の手足となって働いた文部省の一連の洗脳テキストも、この流れのなかで次々と発刊されている。『国体の本義』や『八紘一宇の精神』の発刊は二・二六事件の翌十二年、「歴史の穿鑿」を否定する「高等学校教育要目」も同年だ。昭和十六年には『臣民の道』が、昭和十八年には、日本神話にかぎっては「過去の歴史的事象」として考察せよとする『国史概説』が発行されている。これらは文部省による洗脳テキストの、ほんの一部に過ぎない。

文部省だけではない。官僚は、軍部への過度の忖度と、彼らの習性といっても過言ではない保身から、いま軍部が求めているものはなにかをまず第一に考え、軍部が喜ぶようなデータを作成し、つねに軍部の視線を意識して行動した。国際政経学会や国際反共連盟などの反欧米・反ユダヤ・反民主主義・反自由主義・反共産主義を掲げる右翼思想団体は、しばしば軍部とのつながりの深さを誇示し、天皇ではなく軍部、とりわけ陸軍の補完勢力として国民の洗脳に邁進した。

もともと統制派と親密な関係にあった中里義美の神乃日本社も、そうした補完勢力のひとつにほかならなかった。彼らは、偽史や神代文字などを根拠に、陸軍統制派の「たてまえ」は歴史的事実だということを証明しようとし、八紘一宇を大義名分とした軍部による大陸進出を、架空の世界天皇時代や神霊による霊示などを根拠に正当化した。

この時代の空気のなかで、天皇の存在は、あまりに空虚だった。

天皇ははたしてなにを考えていたのだろうか。

◉注

1 「小学校教則大綱」(『史料日本の教育』神田修・山住正己共編・学陽書房・昭和53)

2 「高等学校教育要目」(『教育勅語の本義と渙発の由来』渡辺幾治郎・昭和14)

3 文部省『八紘一宇の精神』(国民精神総動員資料第4輯)内閣・昭和12

4 同前

5 磯田一雄『「皇国の姿」を追って 教科書に見る植民地教育文化史』皓星社・平成11

6 文部省『国史概説 上』内閣印刷局・昭和18、なお本書の下巻は未発行

7 『国民精神総動員実施概要』内閣情報部・昭和14

この運動の意味を象徴的に表したものに、国民精神総動員強調週間のテーマ曲として定められた「国民歌」がある。「海行かば水漬く屍、山行かば草むす屍、大君の辺にこそ死なめ、かえりみはせじ」の大友家持の万葉長歌に、作曲家・信時潔がメロディをつけた『海ゆかば』がそれで、昭和12年10月13日から同月16日までラジオ放送されたのを嚆矢とする。将兵はもちろん、すべての銃後の国民も天皇のために死ぬことが「真の日本精神」、「滅私奉公の精神」(『八紘一宇の精神』)だと刷りこむための国民歌であり、太平洋戦争時には大本営発表の際のテーマ曲のひとつとして流されつづけた。

8 前掲『八紘一宇の精神』

9 同前

10 中里義美「本社の主張と使命」(『神日本』神乃日本社・昭和14・4)

11 中里義美「神代史実調査会設置私案」(『神日本』神乃日本社・昭和14・10)

12 同前

13 巨麿は、超古代天皇の遺骨から製したと称する48体の「神骨神体」から2体を分祀したものが伊勢神宮内宮・外宮の神体であり、真の歴代皇祖神を祀る神宮は自身が受け継いだ「皇祖皇大神宮」であると主張した。また、三種の神器のうちの神鏡と神剣も、ヒヒイロカ

ネと称する特殊金属で作られた皇祖皇大神宮奉斎の神器が本物であり、その模造品としてクロガネで製したものが伊勢神宮と熱田神宮の神器であるとして「三種の神器の尊厳又は神聖を冒涜」した（「天津教事件の審理状況」内務省警保局）。これら神宮に対する不敬罪、天皇に対する不敬罪、神宝偽造などにかかわる詐欺罪等で巨麿は検挙・起訴され、教団は潰滅に追いこまれている。

14　竹内義宮『竹内巨麿伝デハ話ソウ』皇祖皇大神宮・昭和46、藤原明『幻影の偽書『竹内文献』と竹内巨麿』河出書房新社・令和元

藤原によれば、一条は「天下の珍宝とも称すべき得がたいもの」と称賛したという。

15　矢野は『竹内文献』を「世界の至宝」と位置づけ、「神宝奉賛会趣意書」でこう謳っている。

「現今我が国に於て各方面より古き歴史の現れて、益々神州皇国のその淵源の深きを知る事を得るは、君国の為に慶賀至極なり。／殊に武内宿禰の後裔の代々遺言を奉じて守護し奉りたる皇祖皇大神宮の御神宝は実に我が神州皇国の神代よりの最も古き尊き御神宝にして、全世界人類の根本を知るには古今絶無の尊き御神宝ならんと思惟する次第にして、右御神宝の御事の、神州皇国民全般、及世界全人類に徹底するに於ては、／我が国の思想国難、政治国難、経済国難、外交国難、国防国難、人物国難等を根本的に解決するは勿論全世界人類の上に真に理想的平和の実現するものと確信するものなり。（中略）／吾人をして此聖なる壮挙を神州皇国の為に昭和維新第一の真の意義ある救霊救国の大運動たらしめ、その目的を貫徹せしむべく／神州皇国の建国の根本精神にして大和民族の真の本分たる天地宇宙を貫く永久絶対不変世界無比の／皇室中心忠君愛国の大信念を極度に発揮せられ極力本会に共鳴賛助せられ以て本会の大使命を完うせしめられん事を」（『皇祖皇大神宮御神宝の由来』神宝奉賛会・昭和8）

16　矢野は神霊界における立替立直しが昭和9年の肝川・天地和合神殿の創建によって完了したとの神示を受け、つづく現界の立替立直しを実現するための「現界建替神軍」として、秘教カルト団体である神政龍神会を立ちあげた。信奉奉賛会から離れたのは、竹内巨麿とのあいだでトラブルが生じたためという（一説に金銭トラブル）。

17　赤池濃「発刊を祝す」（『神乃日本』神乃日本社・昭

和12・11）

18　寺崎英成『昭和天皇独白録』文藝春秋・平成3
同書によれば、天皇は小磯について「神がかりの傾向もあり、且つ経済の事も知らないから、稍々不安はあったけれど、米内・平沼の二人が勧めるので、不本意乍ら、小磯に大命を下すことにした」と語ったとある。

19　實方直行『中里義美と「神日本」運動』私家版・平成12

20　實方直行編『中里義美資料集』第2巻・私家版・平成9

21　中里義美『北支問題勃発の真唯中に満蒙支を視察して吾天孫神族の大使命を高唱す』私家版・昭和11

22　大内義郷『神代秘史資料集成解題』八幡書店・昭和59
なお實方直行の前掲書によると、予審時点で引き受け手がなかった巨麿の弁護人は、当初、中里義美が担当した。中里が弁護人になったのは、秦真次と竹内義宮（巨麿の長男）の依頼によるという。

23　田中智学『宗門之維新』師子王文庫・明治34

24　中田重治「民族への警告」（『中田重治全集』2・中田重治全集刊行会・昭和50）

25　中田重治「聖書より見たる日本」（『中田重治全集』2・中田重治全集刊行会・昭和50）

26　同前

27　矢野は元東宮女官長の島津治子（島津斉彬の孫）や元宮中女官の築島梅野などと信仰上のつながりをもっていた。自身や妻シンの神憑りにより数々の神示を受けとっていた矢野は、神憑りによって得られた心霊文書（『神霊密書』）を女官を介して宮中に奉献する一方、宮中の立替え立直しのためには宮中に入りこんでいる邪霊を駆逐しなければならないと唱えて活動しており、島津も矢野の主張に共鳴し、近いうちに昭和天皇が崩御するので次の天皇として高松宮を擁立すべきだと主張していた。昭和11年3月、矢野が不敬罪で逮捕されると、矢野とのかかわりから島津も同年8月に逮捕されたが、皇族につながる高貴な血筋ということで起訴にはいたらず、精神病患者として入院措置がとられ、矢野は昭和13年に獄死した。矢野祐太郎の遺体を引き取りにいった中里義美は、矢野が獄中で毒殺されたと推定している。（『神政龍神会資料集成』八幡書店・平成6、原武史『松本清張の「遺言」』文春新書・平成21、河原敏明『昭和の皇室をゆるがせた女性たち』講

談社・平成16、實方前掲書)
28　その代表的教団が皇道大本(大正10年に大本から皇道大本と改称)だ。皇道大本は、表面上は皇道主義を謳いつつ、現状の日本国体に替わる新体制の創出を企図して猛烈な活動を展開したが、昭和10年の第二次大本弾圧により、王仁三郎ら幹部・関係者940名が逮捕され、教団施設は破却・接収されて潰滅状態に追いこまれている。国家は大本を「国体の変革を目的とする不逞結社」(『最近に於ける類似宗教運動に就いて』司法省刑事局・昭和17)と位置づけていた。
29　久野収「日本の超国家主義―昭和維新の思想」(久野収・鶴見俊輔『現代日本の思想―その五つの渦』岩波新書・昭和31)
30　同前
31　五・一五事件に参加した士官学校生の後藤映範は「陳情書」で「腐敗せる現支配階級等を私どもは日本帝国という身体に対する癌であり病根の盲腸であると考えました。しかも病態を生命に関する危篤と診断致しました故に、遂に『メス』を執って非常療法を決行し日本帝国という一存在の生命を救わんとしたのであります」と述べ、二・二六首謀者の一人である礒部浅一は『獄中日記』で、「今の日本は何というざまでありましょうか、天皇を政治的中心とせる元老、重臣、貴族、軍閥、政党、財閥の独裁の独裁国ではありませぬか、いやいや、よくよく観察すると、この特権階級の独裁政治は、天皇をさえないがしろにしているのでありますぞ、天皇をローマ法王にしておりますぞ、ロボットにし奉って彼らが自恣専断を思うままに続けておりますぞ」と叫んでいる。同様の発想は、青年将校や革新右翼のあいだに広く深く浸透していた。皇国史観によって純粋培養され、相対的な思考を奪われた人間の類型のひとつが、ここにある。
統制派軍閥は、元老・重臣ら天皇の藩屏に向けられた青年将校らのテロも辞さない怒りを利用して旧権力層を抑えこみ、自分たちが保持する絶対的な暴力という圧力を背景に、軍部独裁体制を完成する。
32　事件翌日の2月27日、昭和天皇はこう述べている。「朕が股肱の老臣を殺戮す、此の如き凶暴の将校等、その精神に於ても何の恕すべきものありや」(『本庄日記』「帝都大不祥事件」原書房・昭和42年)。また、のちに事件を回想してこう説明している。「当時叛軍に対して討伐命令を出した……。私は田中内閣の苦い経験があるので、事をなすには必ず補弼の者の進言に俟ち又その進言に逆わぬ事にしたが、この時と終戦の時との二回丈けは「補弼の進言を容れず」積極的に自分の考を実行させた」。このとき山下泰文から、叛軍の首謀者三人が自決するので検視官を遣わしてほしいとの願い出があったが、天皇は拒否した。「検死の使者を遣わすという事は、その行為に筋の通った所があり、これを礼遇する意味も含まれている……が、叛いた者に検死を出す事は出来ないから、この案は採り上げないで、討伐命令を出したのである」(『昭和天皇独白録』寺崎英成他編著・文藝春秋・平成3)。ここに二・二六将校に対する天皇の認識と怒りが、端的に表されている。

33　朝日平吾「死の叫び声」(『超国家主義』橋川文三編・筑摩書房・昭和39)

第八章　孤独の王

△連合艦隊の旗艦であった戦艦「長門」に乗る昭和天皇（写真中央○印）

天皇位という神輿

皇道派の最高首脳として一時は陸軍を掌握した陸軍大将・真崎甚三郎《まざきじんざぶろう》の弟に、海軍少将の真崎勝次《かつじ》がいる。勝次は軍縮を拒否する艦隊派に属し、上司にあたる加藤寛治《ひろはる》（軍令部長）の意を受けて兄・甚三郎と加藤との連絡役を務めていた。

日本の軍隊は「天皇の軍隊」であり、軍人個人が軍部内で私利私欲と表裏一体の関係にある派閥的な活動をおこなうことは許されない。ただしそれはあくまでたてまえであって、現実には派閥人事によるドロドロの暗闘が明治以来くりかえされており、天皇が介入する余地は、ほぼなかった。

その真崎勝次が、戦後の昭和二十五年（一九五〇）になって、こう書いている。

> 〔すべての軍人が〕天皇神性論を信じて居たかと云うと、実際は左様《さよう》でもない。それは単に彼等の主義であり、世渡りの手段であった。その証拠には軍部「ファッショ」の中には十月「クーデター」事件の時に陛下が御聞きにならなければ短刀を突き付けて、政権を強要すると云った奴もある[*1]。

十月クーデターとは、さきに挙げた昭和六年の十月事件のことだ。国家改造をめざす陸軍中堅将校グループの桜会は、全閣僚・政党幹部・財界人らを殺害して軍事政権を樹立することをめざし、関東軍の石原莞爾《いしわらかんじ》らが密かに計画している満州事変と連携して、国内と大陸の体制を一気に変革することを目論んだ。

クーデターは計画が漏れて未遂に終わったが、軍部は不祥事の揉み消しを図り、もっとも重罪となるべき首謀者の橋本欣五郎さえも、重謹慎二十日というありえないほど軽い処分で秘密裡に事を処理した。大逆事件と比較すれば、そのでたらめぶりは一目瞭然だ。

橋本らは、蹶起後、戒厳令（通常の行政権や司法権を停止し、軍が全権を握る非常法）を敷き、ただちに軍事内閣を組閣するという計画を立てており、戒厳令や総理候補者への大命降下の権限をもつ天皇に、自分たちのプランを承認させようと考えていた。もし天皇が拒んだ場合、強要も辞さないという決意が、「短刀を突き付けて」でもという言葉の意味なのである。

同様の発言を、特攻隊の生みの親である大西滝治郎軍令部次長が口にしている。もはや敗戦必至となった状況下で、大西はなお「天皇の手をねじりあげても、抗戦すべし」と主張した。[*2] これらの発言を通して、一部将校らの天皇観の本音が透けてみえてくる。

真崎勝次はこうも書いている。

天皇を神輿《みこし》の中に入れて、その威光で勝手な事をして居て、神輿の中はのぞかせない。これが今日迄《まで》の日本の歴史であろう。……［天皇を］憲兵や警察の垣の内に囲み、本当の国の姿も人民の苦痛も陛下には達せず、徒《いたず》らに八紘一宇《はっこういちう》とか、天皇神性論とか、世界に通用せぬ日本独特の魔術を使い、人心を暗愚にした。神輿の中は御神体かと思うて居たら、東條が居り、東條の背後には赤色「ファッショ」が居て、国民を巫女の様に操って居た。[*3]

前章で書いたとおり、天皇は国家の方針に対して最終的な承認をおこなう形式上の「最高機関」ではあったが、終戦直前の「聖断」などごく一部の例外を除けば、みずから決定し、実行を命ずることのできる最高実権者ではなかった。勝次が激しく批判した東條英機が、東京裁判における宣誓供述書で、こう述べている。

天皇は自己の自由の意思をもって、内閣及び統帥部［陸軍参謀部と海軍軍令部］の組織を命ぜられませぬ。内閣及び統帥部の進言は拒否せらるることはありませぬ。天皇陛下の御希望は［常時補弼《ほひつ》の任にある］内大臣の助言によります。しかもこの御希望が表明せられました時においても、これを内閣及び統帥部においてその責任において審議し上奏します。この上奏は拒否せらるることはありませぬ。これが我国史上空前の重大危機における天皇陛下の御立場であられたのであります。現実の慣例が以上の如くでありますから、政治的、外交的及び軍事上の事項決定の責任は、全然内閣及び統帥部にあるのであります。[*4]

神輿に担がれたシンボルとして生きるという生き方は、天皇家の伝統といってよい。神輿の争奪戦は、過去から連綿とつづいてきた。古い担ぎ手が斃《たお》され、新たな担ぎ手が表舞台に出てくるというのが「天皇の国」の歴史の大半で、皇居の外が神輿の争奪戦でいかに騒然となっていようとも、神輿そのものはおおむね安泰だった。鎌倉倒幕に動いた後鳥羽《ごとば》天皇や、室町倒幕に動いた後醍醐《ごだいご》天皇のように、神輿から飛び出してその手に実権をにぎろうとした天皇は、まったく例外的な存在だった。

武家政権の最後の担ぎ手となった徳川家康は、天皇家を京都御所という事実上の座敷牢に封じこめ、文化的な権威と多少の権力、小大名程度のわずかな食禄（禁裏御料《きんりごりょう》、当初は一万石でのちに三万石になった）を与えて、政治にはいっさい関わらせない体制をつくった。しかも天皇家は、時代が進むにつれてこの暮らしに次第になじんでいき、安住するまでになった。

明治になり、新たな担ぎ手である薩長幕府の不動のエースとなった伊藤博文は、表向きはいっさいの権力を天皇に集中させるとともに、天皇家を日本一の大財閥に仕立てあげ、政治的には政府を筆頭とする補弼機関が国家全体を動かすという秀逸なシステムをつくりあげた。形態こそ前代とは異なっているが、天皇が神輿のなかの御神体であることに変わりはなかった。

伊藤がはしなくも漏らした本音を、東京医学校教師としてドイツから招かれ、宮内省侍医も勤めたベルツが日記に書き留めている。明治三十三年（一九〇〇）五月の明宮嘉仁《はるのみやよしひと》親王（のちの大正天皇）と九条節子《さだこ》（貞明《ていめい》皇后）の結婚に関する会議の席上、なかば有栖川宮《ありすがわのみや》のほうに顔を向けて、伊藤がこういったというのだ。

「皇太子に生まれるのは、全く不運なことだ。生まれるが早いか、至るところで礼式の鎖にしばられ、大きくなれば、側近者の吹く笛に踊らされねばならない」と。そういいながら伊藤は、操り人形を糸で踊らせるような身振りをして見せたのである。[*5]（五月九日条）

まじめで不器用な性格の昭和天皇は、大正天皇よりはるかに実直に、生まれながらの「不運」を受け入れた。天皇が内閣や統帥部の進言を拒否することは、立憲君主制ではあってはならないというルールをみずからに課し、愚直なまでにそれを守ろうとした。

天皇の「希望」も「内大臣の助言」によると東條が口述しているのは事実だ。昭和天皇は、それが立憲君主制における天皇の在り方だと徹底的に教育されて育ち、それこそが立憲君主国の天皇のあるべき姿だとかたく信じていた。

重要なのは天皇個人ではない。抽象としての天皇という地位、神輿というハコそれ自体だ。ハコのなかの御神体は、いざとなればいつでも入れ替えがきくという考えは、国権を握る担ぎ手たちの腹のなかに、つねにあった。昭和天皇も、そのことをひしひしと感じていた。以下の言葉が、それを物語っている。

もし、一九四一年の十一月あるいは十二月ごろ、私が天皇として［日米開戦の議決に］拒否権を行使していたら、恐ろしい混乱が生じたかもしれない。私の信頼する周囲の者は殺されたであろうし、私自身も殺されるか誘拐されるかしたかもしれない。実際、私は囚人同然で無力だった。[*6]

この天皇発言を、戦争責任から逃れるための自己弁護とみる人もいるだろう。けれども筆者は、天皇の本音だったと考える。天皇位という神輿そのものは安泰であっても、神輿のなかの天皇個人には、地位を脅かされるのではないか、排除されるのではないかという不安が、つねにつきまとった。そのことは、時々の有力な担ぎ手をバックに起こされた皇位を巡る古代以来の血塗られた権力闘争の歴史が、雄弁に物語っている。伊藤が口にしたように、皇位継承者は側近者の「操り人形」であり、天皇自身の運命も、それと同じだったからである。

絶えざる補弼機関の圧力

天皇は、藩屏《はんぺい》を称する重臣・権臣らからの圧力に、つねにさらされていた。いくつかの例を、幕末以降の天皇を通してみていこう。

徳川時代最後の天皇となった孝明は、幕府への敵愾心を剥き出しに攘夷を迫る過激派公卿らの圧力に心底うんざりしていた。薩摩藩主の島津久光に宛てた書状で、孝明は、自分の意見はまったく取り入れられないので、「この上はふんふんという外致し方これ無く候《そうろう》」と歎いている。何事もただうなずいているほかないというのだ。[*7]

公武一体論者の孝明は、慶応二年（一八六七）、満三十五歳の若さで唐突に病死した。記録上は天然痘が死因だが、この死については戦前・戦後にかけて疑問が投げかけられてきた。順調に回復に向かっていたにもかかわらず、病態が急変して亡くなっているのは、尊攘倒幕派のだれかに毒を盛られたからではないかという暗殺説がそれである。[*8]

暗殺説の当否は定かではないが、こうした見方が出ても不思議でないほど、孝明をとりまく政治状況は苦しく困難なものだった。開国を迫る英米などの圧力は日に日に高まっていたし、過激派公卿らは、国内対立の根本原因は孝明にあると批判を強めていた。

開国やむなしとする幕府と、断固反対を唱える廷臣との板挟みのなか、孝明は幕府の要求を容れて第二次長州征伐の勅命を発した。この勅命について、大久保利通《としみち》は西郷隆盛宛に、「道理から外れた勅命は勅命ではない（非義勅命は勅命に有らず候）」と書き送ったという。天皇の考えがどうであれ、自分たち尊攘派の正義に反する勅命は認められないというのだ。尊攘派であっても志士の尊皇はこの程度であり、彼らの天皇観はあくまで現実的だった。

孝明の病死を奇貨として、薩長倒幕派はまだ十四歳の睦仁《むつひと》親王（明治天皇）を囲いこみ、明治維新を成し遂げたが、神輿に乗った明治天皇も、数々の苦い思いを味わっている。日清開戦時の天皇の言動を、大江志乃夫《しのぶ》がこう書いている。

日清戦争の開始にあたって、明治天皇は開戦に批判的であったと伝えられている。側近に対して露骨な不満をもらしたと伝えられており、このことを理由として、伊勢神宮と孝明天皇陵への宣戦奉告をも拒絶した。宣戦奉告に派遣する勅使の人選について宮内大臣土方久元《ひじかたひさもと》が奏上したのに対し、「其の儀には及ばず、今度の戦争は朕素《ちんもと》より不本意なり、閣臣等戦争の已《や》むべからざるを奏するに依り、之れを許したるのみ、之れを神宮及び先帝陵に奉告するは朕甚だ苦しむ」と言い、驚いた土方の諫言に対し、「忽《たちま》ち逆鱗に触れ、再び謂《い》うなかれ、朕復《ま》た汝を見るを欲せずと宣《のたま》う」と記録されている。*9

右は『明治天皇紀』に記されたエピソードだ。ここに出る宮内大臣の土方久元は、明治天皇崩御後、天皇の伝記をまとめるために宮内省に設置された臨時編修局の総裁を務めており、エピソードの信憑性は高い。開戦に反対だったにもかかわらず、天皇は薩長閥からなる「閣臣」の上奏を拒めなかった。拒む力そのものがなかった。天皇にできた精一杯の意思表示が、伊勢神宮と孝明天皇陵への宣戦奉告の拒絶だった。土方がその非を諫言すると、「もういうな、おまえの顔は見たくない」とまで口にした。にもかかわらず、翌日には折れて土方の意見を容れたのである。

明治天皇の最晩年である明治四十四年に南北朝正閏《せいじゅん》問題が起こったときも、天皇は元老の圧力を、苦々しい思いで受け入れている。

前年、文部省が国定教科書『尋常小学日本歴史』に使う教師用のテキストを発行した。そのなかに、南朝と北朝いずれが正統でいずれが偽朝かの正閏問題については、授業で踏みこむべきではない（「正閏軽重を論ず可らず」）とする指導があった。この記述をまず読売新聞が問題視し、議会にまで波及して、当時の桂太郎内閣（第二次）を揺るがす大問題へと発展した。明治天皇は南朝を正統と決裁したが、これは天皇の本意ではなかった。

晩年の明治天皇は、元老山県有朋《やまがたありとも》の強圧で、皇室の王統は自身が属する北朝ではなく、南朝にある、と宣言せられた。さすがに天皇は枢密院会議を欠席して無言の抵抗を試みるが、維新の戦場を馳駆《ちく》した山県にしてみれば、「十五歳の幼帝をかついで大帝に仕立てたのは南朝イデオロギーではないか」との思いがあったにちがいない。[*10]

さきに大久保の「非義勅命は勅命に有らず」という言葉を紹介したが、薩摩閥の海軍大将・山本権《ごん》兵衛《べえ》は、大正天皇に関して似たような言葉を口にしている。

莫大な軍費を投じてようやくけりをつけた日露戦争後、借金まみれに陥った日本の財政は著しく逼迫した。そんななか、山県有朋を頂点とする陸軍が二個師団増設の予算を要求し、西園寺公望《さいおんじきんもち》内閣を総辞職に追いこんだ（大正元年十二月五日）。西園寺のあとは、当時内大臣だった長州閥の桂太郎が首相に返り咲いた。その際、桂は大正天皇の詔勅を何度も奏請《そうせい》・渙発《かんぱつ》させ、天皇の権威を借りて混迷する政局をおさめようとした。

このやりくちに、藩閥官僚政治や軍部の横暴にうんざりしていたマスコミ・世論が憤激した。山県・桂による「詔勅乱用」だと猛批判を展開し、野党も追従して、ついには民衆による政府側新聞社や市内各所の交番焼打ち事件に発展した。これが死者まで出る大騒動となったため、発足まもない桂内閣は、なにもできないまま頓挫した（大正二年二月十一日）。大正デモクラシーの開幕を告げた事件と評される大正政変である。

桂が首相に返り咲く前、西園寺内閣が退陣したあとの政局は、陸軍と海軍それぞれが軍備増強予算の獲得をめぐって激しくつばぜり合いを展開していた。そんななか、薩摩閥のトップとして重きをなし、過去二度までも首相を務めた松方正義に、天皇から後継首班の要請があった。

松方は薩摩閥の海軍大将・山本権兵衛に相談しようと考え、息子を使いに出した。けれども山本は、すでに自分の考えは伝えてあるとして招請を断り、使者の息子にこう告げた。

陛下の思召《おぼしめし》とは云え、それは先帝の場合とは恐れながら異なるところあり。自分の所信にては、たとえ［大正天皇の］御沙汰なりとも、出廬《しゅつろ》［引退している者が再び官職などに就くこと＝松方の再登板］［が］国家のために不得策なりと信ずれば、御沙汰に随《したが》わざる方却《かえっ》て忠誠なりと信ずる……。[*11]

たとえ天皇の要求であっても、国家のためにならないのなら「御沙汰に随わざる方却て忠誠」とする山本の主張は、大久保の「非義勅命は勅命に有らず」と変わらない。この前日、山本は自分の娘を嫁がせていた財部《たからべ》彪《たけし》海軍少将に、「山県公一派が今日のごとく宮中に根拠を構え、我儘を働いている間は、かりに松方侯が首相を引き受けたとしても、行き詰まるにちがいない」と松方に伝えてあると漏らしている。結局、松方は首相の要請を断り、山本にも首相の打診があったが受けなかった。そのため、山県が動いて桂を首相に返り咲かせたのである。

当時、山県は自分と競り合うまでに力をつけてきたかつての子分の桂を疎んじ、桂の政界への影響力を殺《そ》ぐために、内大臣兼侍従長に据えて宮中に追いやっていた。けれども西園寺の後継首相問題がこじれて行き詰まったため、やむなく政界に復帰させたのである。

混乱の背景には、軍備費の配分などをめぐる長州閥の陸軍と、薩摩閥の海軍の積年の暗闘があった。それぞれが「国家のため」という大義名分を口にしていたが、裏側でおこなわれていたのは、自派自利自説いずれかのための行動であり、「統治大権」を握っているはずの天皇は、いつでも蚊帳の外だった。それがよくないといっているのではない。天皇が置かれてきた状況は、このようなものだったということを示すために、筆者はこれらの例を挙げているのだ。

昭和天皇が、日米の開戦に拒否権を発動したら「殺されるか誘拐されるかしたかもしれない」と側近に漏らした背景には、明治以来の天皇が置かれてきたこうした現実があった。

その悲哀をもっとも集中的に味わった天皇、それが天皇裕仁《ひろひと》なのである。

天皇の統治大権が張り子の虎同然の虚構であったように、天皇の権威の源泉として利用された敬神と祭祀も、事実とはいえない。

敬神という虚構

歴代天皇はつねに宮中祭祀を第一に重んじ、敬神崇祖の姿勢をつらぬいてきたという言説は、戦前、広く国民のあいだに浸透し、いままた神道界や右派言論人・マスコミ・インターネットなどを通じて、復活の気運が高まっている。けれども、戦前の詔勅にしばしば出てくる皇祖皇宗に対する天皇の「敬心」は、いわば詔勅やマスコミ用の修辞のたぐいであり、国民に対する教育的効果を最大限にすべく練りあげられた補弼機関による作文であって、天皇の思いや考えを表したものではない。

原武史は、大正天皇が病気の悪化以前から宮中祭祀に不熱心で、避暑・避寒で御用邸に長期滞在していた際には、しばしば「バカンスの方を優先して」宮中祭祀を欠席しているが、それは父親である明治天皇の影響も考えられると指摘している。「明治天皇は日清戦争以後、しだいに宮中祭祀に出なくなり、晩年にはほぼ完全に代拝で済ませていたから」だ。[*12]

昭和天皇も若いころは西欧流の生活スタイルを好んで祭祀には不熱心であり、狂信的といってよいほど神仏信仰に熱を入れていた母の皇太后節子から苦言を呈されていた。原によれば、昭和三年の神嘗祭《かんなめさい》のあと、倉富勇三郎《くらとみゆうさぶろう》（枢密院議長）が西園寺公望から皇太后の昭和天皇に対する苦情を聞き、日記に書き記しているという。驚くべき内容なので、原の『皇后考』から引かせていただく。[*13]

皇太后陛下、敬神の念熱烈にて、天皇陛下の御体度〔態度〕に御満足あらせられず。天皇陛下は、明治天皇、大正天皇の御時代とは異なり、賢所《かしこどころ》の御祭典等には大概御親祭にて、自分〔西園寺〕等の様なることはなきも、皇太后陛下は右の如き形式的の敬神にては不可なり、真実神を敬せざれば必ず神罰あるべしと云われ居り。

明治天皇や大正天皇は「賢所の御祭典等」にはみずから出席せず、代理による代拝で済ませることが多かった。明治の創業時に新設された天皇親祭のルールは、明治の後半には、すでに守られなくなっていたことが、これで知れる。

それとくらべると、昭和天皇はみずから皇室祭祀をおこなっているので、前代・前々代よりはましだが、「敬神の念熱烈」な皇太后の目からは、その態度が「形式的の敬神」にすぎないと見えた。だからそんな態度で皇室祭祀をやっていたら、いつか「必ず神罰がくだるだろう」と西園寺に語ったというのだ。

明治以降の三代の天皇の「敬神」は、少なくとも「神をまつり給うことによって天ツ神と御一体となり、弥々現御神《いよいよあきつみかみ》としての御徳を明らかにし給う[*14]」といえるほどに熱心かつ真剣なものではなかった。内情をよく知る天皇側近や皇族の一部も実態は似たようなもので、そのことは西園寺の「自分等の様なることはなきも」という言葉によく表れている。「昭和天皇は、自分たちほど神信心に不熱心というわけではないが」――といっているのだ。

とはいえ、こうした内情は、情報が公開されるようになった戦後ようやく明らかにされたことで、戦前戦中は、天皇はつねに皇祖皇宗をいつき祀り、敬神崇祖の手本をお示しになっていると宣伝されていた。だから国民は、天皇とはそのような存在だと信じたのである。

明治・大正天皇とくらべると、昭和天皇はたしかによく皇祖皇宗に祈っていた。神霊の加護を祈らずにはおれない戦争という未曾有《みぞう》の国難のただなかにいたということが最大の理由だろうが、「平和」のために祈っていたとする言説も、額面どおりに受けとるわけにはいかない。

昭和天皇はたびたび「戦勝」を皇祖神に祈った。世界の平和は、戦勝によってもたらされるものであり、その意味では軍閥・政府の「八紘一宇の聖戦」というイデオロギーをなぞるものにほかならなかった。帝王教育の過程で現役軍人から軍事に関する豊富な知識を与えられていた天皇は、戦果があがると機嫌がよくなり、戦況が行き詰まると大元帥として陸海軍トップに厳しい質問を投げかけ、ときには作戦に関するサジェスチョンまで与えていた。その詳細は、山田朗《あきら》が『大元帥　昭和天皇』で丹念に描き出している。

だれの目にも敗戦が明らかとなっていた昭和二十年四月頃まで、昭和天皇はまだ継戦による解決に一縷《いちる》の望みをかけていた。ところが五月になると、戦争終結へと気持ちがきりかわった。

貴重な証言がある。内大臣の木戸幸一から天皇の様子を聞いたとして、近衛文麿《ふみまろ》が海軍の高木惣吉にこう漏らしているのだ。

木戸に突込んで、一体陛下の思召はどうかと聞いたところ、従来は、〔かりに日本が講和に方向転換するとしても〕全面的な武装解除と責任者の処罰は絶対に譲れぬ〔認められないの意〕、それをやるようなら最後迄戦うとの御言葉で、武装解除をやれば蘇連〔ソビエト〕が出て来るとの御意見であった。……最近〔五月五日の二、三日前〕御気持が変わった。二つの問題も已《や》むを得ぬとの御気持になられた。のみならず今度は、逆に早いほうが良いではないかとの御考えにさえなられた。[*15]

これは非常に大きな転換だ。天皇の求めに応じて、近衛は去る二月十四日、戦況の見通しと、日本がとるべき道について上奏している。そのとき天皇は、まだ「一撃講和論」に執着していた。本土決戦でアメリカに大打撃を与え、有利な状況にもちこんだうえでアメリカを交渉のテーブルに引き出すという、およそ夢物語とかわるところのない講和論である。

一撃講和論の前提となる作戦は「捷号《しょうごう》作戦」と名づけられ（捷は勝の意）、前年七月に「陸海軍爾後ノ作戦指導大綱」として裁可されている。当時米軍は、日本軍の兵隊は優秀、下級幹部は良好、中級将校は凡庸、高級指揮官は愚劣と評していたというが、[*16]その「愚劣」な高級指揮官と「凡庸」な中級将校が、「敵の決戦方面に来攻に当たりては空海陸の戦力を極度に集中し、敵空母及び輸送船を所在に求めてこれを必殺すると共に、敵上陸せばこれを地上に必滅す」（前記指導大綱）という空念仏のもと、この作戦をひねりだしたのである。

作戦は一号から四号まで立案されており、一号はフィリピン決戦、二号は連絡圏域（南西諸島・台湾・中国大陸東南部）における迎撃戦、三号は北海道を除く本土決戦、四号は本土北東方面の北海道・千島列島決戦だったが、アメリカの巨大戦力に竹槍で立ち向かうにひとしい「愚劣」なもので、捷一号の時点ではやくも惨憺たる大敗を喫し、捷二号の台湾も落ち、もはや本土で米軍を迎え撃つ以外にないという、絶望的な状況に陥っていた。

近衛は、大本営や小磯首相らが唱え、天皇も一縷《いちる》の望みをかけていた一撃講和論に成算はないと確信していた。「最悪なる事態は遺憾ながら最早《もはや》必至」だと上奏し、「勝利の見込なき戦争をこれ以上継続することは、全く共産党の手に乗るものと云うべく、従って国体護持の立場よりすれば、一日も速に戦争終結の方途を講ずべきものなりと確信す」と訴えた。[*17]

当時の近衛は、共産党勢力が「無智単純なる軍人」や官僚の一部、民間左翼や右翼などを操って、革命による国体変革を狙っているという陰謀論にのめりこんでいた。上奏文には「所謂《いわゆる》右翼は国体の衣を着けたる共産主義者なり」という断定まで出てくる。真崎勝次がさきの引用文で「東條の背後には赤色『ファッショ』が居」るといっていたのも、同じ陰謀論にもとづく。

この種の陰謀論の窮極型として軍部や民間に広まっていたのがユダヤ陰謀論だ。こちらはソビエトの共産思想も英米の自由主義思想も、ともにユダヤが裏で糸を引いて操っているもので、最終的には世界をユダヤの支配下におさめることを企図していると主張していた。前章でふれた外務省外郭団体の国際政経学会がユダヤ陰謀論の本山で、多くの軍人・政治家・官僚が信奉していた。

近衛は、共産思想を一掃しないままに講和したら、戦後日本は収拾のつかない大混乱におちいると考えていた。そこで「戦争を終結せんとせば、まずその前提としてこの一味の一掃が肝要」だと訴え、阿南惟幾《あなみこれちか》や山下奉文《ともゆき》などの将軍を起用して断固たる粛軍をおこなったうえで、すみやかに講和の手立てを講ずべきだと上奏したのである。

上奏後、天皇からいくつかの下問があった。近衛は的確に返答ができず、最終的に天皇は「もう一度戦果を挙げてからでないと中々話は難しいと思う」と述べて切りあげた。天皇のいう「もう一度戦果を挙げて」とは、さきの一撃講和論をさしている。

けれども、戦局は日に日に地獄の様相を深めていった。三月十日の東京大空襲では八万人を超える死者と百万人の被災者を出し、空襲はその後も間断なくつづいた。三月十一日の帝国議会で、小磯首相は本土決戦に向けての覚悟を訴える一方、決戦準備は「厳として完整」しており、本土決戦時には必ず撃滅すると空念仏を力説したが、虚妄であることは明らかだった。[*18]

総合雑誌への執筆を禁じられていたジャーナリストの清沢洌《きよさわきよし》は、ひそかに綴りつづけた日記の二十年三月十四日の条に、「空爆の被害や内容については政府は一切発表しない。ただ幾ら打ち落としたということだけだ。――誰かがその打ち落としたものを総計すれば、米国の造ったB29よりも遥かに多くなっているといった[*19]」と書き、医学生だった山田風太郎（戦後作家に転身）は、三月十七日の日記に「東を向くも西を向くも敗戦論ばかり。日本が勝つというのは大臣と新聞の社説の神がかりと馬鹿ばかりのごとし」と苦々しく書きつけた。[20]

戦禍による死傷者数は連日うなぎ登りに増えつづけたが、統帥部は米軍を沖縄まで引きつけて一気に叩くという、およそ作戦の名に値しない作戦に固執し、本土要塞化のための軍事特別措置法を成立させるとともに、沖縄戦での勝利に望みをかけた。四月一日の米軍上陸から始まった沖縄戦では、最終的に軍人・軍属・住民あわせて約二十万人を死地に追いやった。小磯内閣が総辞職したこの月には、同盟国ドイツの敗色が歴然となり、三十日にヒトラーも自殺した。

かくも無惨な敗北をまのあたりにしてもなお、陸軍は本土決戦による挽回を叫びつづけたが、天皇の思いはようやく講和へと切り替わった。

その理由を、天皇が侍従《じじゅう》の木下道雄に漏らしている。

理由はふたつあった。第一は、戦争を継続すれば「日本民族は滅びて終《しま》う」ということ、第二は「国体護持」が不可能になるということで、比重は後者にあった。木下の戦後の日記には、以下の天皇の言葉が記録されている。

敵が伊勢湾付近に上陸すれば、伊勢・熱田両神宮は直ちに敵の制圧下に入り神器《じんぎ》の移動の余裕なく、その確保の見込が立たない。これでは国体護持はむずかしい故に、この際私の一身は犠牲にしても講和をしなければならぬと思った。[21]

ただし天皇は、側近以外には腹の内を明かしていない。二十年六月九日、貴族院で開かれた第八十七回帝国議会の開院式で、天皇は「世界の大局急変し、敵の侵冦《しんこう》また倍々《ますます》猖獗《しょうけつ》を極む。正に敵国の非望を粉砕して征戦の目的を達成し、以て国体の精華を発揮すべきの秋《とき》なり」と、強く戦争継続を訴える勅語を発している。[*22]

前日の八日には、御前会議で「今後採るべき戦争指導の基本大綱」が審議され、「七生尽忠の信念を源力とし地の利人の和を以て飽く迄戦争を完遂し、以て国体を護持し皇土を保衛し、征戦目的の達成を期す」という方針が決定・裁可されている。またその前日の七日には、沖縄方面根拠地隊司令官の大田実《みのる》からの電報を最後に通信が途絶し、沖縄が潰滅している。そのことは、当日中に軍令部総長・豊田副武《とよだそえむ》から奏上され、天皇は知っていた。[*23]それでも天皇は、「敵国の非望を粉砕して征戦の目的を達成」せよと訴えていた。この事実は重い。

さきの近衛の証言が正しいのなら、天皇は口では継戦を唱えながら（その間にも死体の山が築かれ、ついには原爆投下にいたるということを忘れてはならない）、内心では、武装解除も責任者の処罰もやむを得ないと腹をくくっていたことになる。ただし天皇には、どうしても譲れない講和の条件があった。「国体護持」がそれであった。自分の代で皇国を潰すことは、皇祖皇宗に対して申し開きができないという強烈な思いが、天皇をとらえていたのである。

三種の神器と国体護持

昭和天皇の国体観についてはここまで触れないできたが、国民や軍部が国体論に深々と染めあげられていったのと同じように、昭和天皇も徹底した国体論教育を受けている。

学習院初等科卒業後の十三歳から十九歳までという、もっとも多感で人格や思想の骨組みが形成される時期に、天皇は学習院中等科には進学せず、高輪の東宮御所内に新設された東宮御学問所で、五人の学友とともに、杉浦重剛《しげたけ》ら国粋主義者から帝王教育を受けた。

帝王教育をほどこされたのは、昭和天皇ただ一人だ。明治天皇は少年時代を幕末の京都御所で女官に囲まれて過ごしたし、病弱で生まれた大正天皇は学習院に途中入学したものの、中等科一年で中退した。明治以来の国体思想によって〝純粋培養〟された天皇は、昭和天皇のみなのである。その天皇は、戦後になっても師・杉浦への変わらぬ「尊敬」を口にしている。[*24]

杉浦は倫理を担当した。進講にあたって杉浦が立てた方針は、「一、三種の神器に則り皇道を体し給うべきこと。一、五条の御誓文を以て将来の標準と為し給うべきこと。一、教育勅語の御趣旨の貫徹を期し給うべきこと」であり、最初の進講は三種の神器についてだった。その趣旨を杉浦はこう説明している。

三種の神器、及びこれと共に賜りたる天壌《てんじょう》無窮《むきゅう》の神勅は、我国家成立の根柢にして、国体の淵源また実にここに存す。これ最も先《ま》ず覚知せられざるべからざる所なり。……我国歴代の天皇は皆この御遺訓を体して、能《よ》くその本《もと》に報い、始に反《かえ》り「祖先の恩に報いること」、常に皇祖の威徳を顕彰せんことを勉めさせ給えり。これ我が皇室の連綿として無窮に栄え給う所以《ゆえん》、また皇恩の四海に洽《あま》ねき所以なり。[*25]

こうした国体教育を受けた天皇が、自身の存在理由そのものである三種の神器に特別な思いを抱くようになったのは自然の流れだったろう。孤独の王が心の拠り所としたレガリア、それが三種の神器だった。

その三種の神器が、戦況の悪化で喪失の危機に直面している。八咫鏡《やたのかがみ》（神鏡）、草薙剣《くさなぎのつるぎ》（神剣）、八《や》尺瓊勾玉《さかにのまがたま》（神璽《しんじ》）の三種のうち、皇居におかれている神璽はみずから持ち出すなどして護ることができる。けれども伊勢の神鏡と熱田の神剣は、そうはいかない。米軍が伊勢湾付近に上陸したら、杉浦のいう「国家成立の根柢」「国体の淵源」である神器は米軍に押さえられ、あるいは戦火で焼亡するかもしれない。そうなれば国体護持の望みは潰《つい》える。だから「私の一身は犠牲にしても講和をしなければならぬと思った」と、天皇は木下に語ったのである。

伊勢への空襲は、これに先立つ昭和二十年一月から始まっている。

一月十四日に宇治山田市（現・伊勢市）がB29の爆撃を受け、神宮外宮《げくう》の五丈殿・九丈殿・神楽殿・

斎館に被害が出た。当時首相だった小磯国昭《くにあき》は「神域が敵弾に穢《けが》されるという如きは肇国《ちょうこく》以来かつてあらざるところで、臣子として真に恐懼措《きょうくお》くところを知らない」と談話し、同月十六日付の読売新聞は「穢された御神域を潔め奉り、御神霊に御詫び奉るの道は、ただただ勝利の外にはない」と檄を飛ばした。当時「神都」と呼ばれていた宇治山田市への空爆は、一月二十八日、二月十五日、三月十四日、四月七日、同月二十二日とつづき、市街地の半分を焼き払った。

熱田神宮のある名古屋はさらに悲惨だった。軍需関連の大工場が複数あったため、はやくも昭和十九年暮れから本格的な空爆が開始され、三月十二日および十九日の名古屋大空襲では、あわせて四百三十機のB29が市街を襲い、二十五万人余が罹災、一千三百人余が死亡した。天皇が講和に思いを切り替えたのは五月初頭頃だから、伊勢や熱田に対する懸念がますます募っていたとみてよい。

戦時中にも、天皇は同じ懸念を側近に漏らしていた。二十年七月三十一日の天皇の言葉を、内大臣の木戸幸一が記録している。

伊勢太神宮のことは誠に重大なことと思い、種々考えて居たが、伊勢と熱田の神器は結局自分の身近に御移して御守りするのが一番よいと思う。……万一の場合には自分が御守りして運命を共にする外ないと思う。*26

天皇の伊勢神宮および国体護持にかける思いの強さは、「たてまえ」としてそれを強調していた多くの軍人や政治家・官僚らとは異なり、きわめて切実だった。

昭和六年の柳条湖《りゅうじょうこ》事件から、無条件降伏した昭和二十年までの十五年戦争の間、天皇はたびたび皇祖神に戦勝を祈っている。たとえば昭和十二年十月十七日の神嘗祭の御告文《おつげぶみ》では、「我が軍人を守り給い幸《さきわ》い給いて、彼の国（支那）をして深く省み、疾《と》く悟らしめ給いて、一速く東亜を無窮に平和めしめ給え」と祈っているし、昭和十五年六月九日には、神武天皇を祀る橿原《かしはら》神宮と伊勢神宮に親拝して、戦勝を祈願している。真珠湾攻撃翌日の昭和十六年十二月九日の宮中三殿《きゅうちゅうさんでん》における「宣戦につき親告の儀」では、海陸空の敵を速やかに討ち平らげ、「皇御国《すめらみくに》の大御稜威《おおみいつ》を四表八方《よもやも》に伊照り徹らしめ給」えと祈っているが、御稜威を四表八方に照り徹らしむとは、八紘一宇の別様の表現にほかならない。

さらに天皇は、戦局が悪化の一途をたどっていた十七年十二月十二日にも伊勢神宮に親拝した。前月の三十日、神前で読み上げる御告文の文案を木戸に検討させているが、天皇の内意は戦勝・和平と「皇国国運のいよいよ隆昌《りゅうしょう》ならしめんこと」[*27]だった。

戦後、天皇は木下に「勝利を祈るよりもむしろ速やかに平和の日が来るようにお祈りした」と述べているが[*28]、この時点で天皇が講和を考えていたとする史料はみあたらない。戦争にケリをつけないかぎり平和はないのだから、これも形を変えた戦勝祈願だったとみるほかはない。

自分が「神の裔《すえ》」だということを、天皇は強烈に意識していた。それゆえ敗戦が決まると、宮中三殿で、また伊勢親拝で、終戦の奉告をおこなうとともに、皇祖皇宗に謝罪している。

伊勢には二十年十月十二日に行幸した。その目的を、木戸幸一は「真に純真に祖宗に対し御詫びがなさりたいという御気持」からだったと記しているが、[*29] 木下道雄は、より具体的な天皇の言葉を記録している。

戦時後半天候常に我れに幸いせざりしは、非科学的の考え方ながら、伊勢神宮の御援けなかりしが故なりと思う。神宮は軍《いくさ》の神にはあらず平和の神なり。しかるに〔自分らが〕戦勝祈願をしたり何かしたので御怒りになったのではないか。現に伊勢地方を〔陸軍の〕大演習地に定めても、何かの事変の為未だ嘗て実現したることなし。大震災、支那事変その原因なり。[*30]

非科学的な考えだと自覚はしていても、それでも天皇は伊勢神宮を皇祖神として深く信仰し、祈りつづけた。だからこそ、「天皇の国」という国体を護持するためには、どうしても三種の神器を護らなければならないと焦慮した。

戦後ほどなくの二十年九月九日に皇太子明仁《あきひと》（現・明仁上皇）に宛てた手紙で、天皇は敗因および講和を受け入れた理由を、次のように書き記している。

……敗因について一言いわしてくれ

我が国人が　あまりに皇国を信じ過ぎて　英米をあなどったことである

我が軍人は　精神に重きをおきすぎて　科学を忘れたことである
明治天皇の時には　山県〔有朋〕　大山〔巌《いわお》〕　山本〔権兵衛〕等の如き陸海軍の名将があったが
今度の時は　あたかも第一次世界大戦の独国の如く　軍人がバッコして大局を考えず　進むを知って　退くことを知らなかったからです
戦争をつづければ　三種神器を守ることも出来ず　国民をも殺さなければならなくなったので
涙をのんで　国民の種をのこすべくつとめたのである[*31]

この手紙は、東宮傅《ふ》育《いく》官だった村井長正が、天皇や宮内省の許可を得ないまま産経新聞を通じて発表した天皇の私信であり、がんらい非公開のものだ。それだけに、軍閥に対する積年の鬱憤や、講和受け入れの理由が、率直に表現されている。

異国で斃《たお》れた兵卒や飢え苦しんできた国民にしてみれば、皇国絶対・忠孝絶対のイデオロギーでさんざん踊らされた末に、最後になって「あまりに皇国を信じ過ぎて英米をあなどった」のが敗因だといわれても、「はいそうですか」と素直に受けとれるわけはない。それらのイデオロギーはおかしいという発想そのものを、政府があらゆる手段をもちいて禁圧し、天皇は黙って「神輿」に乗っていたのだ。「家畜の忠誠心」を植えつけられた国民には、踊らされる以外にとるすべはなかったのである。

敗戦受け入れの理由については、すでにみてきた二つの理由が挙げられている。第一の理由は「三種神器を守ること」、すなわち国体を護持すること、第二の理由が「国民の種をのこす」ことで、さきに引いた木下侍従にいった言葉と、順番が逆になっている。

天皇の思いは、なによりもまず国体護持にあったということが、ここからもみえてくる。

「神の裔」に対する執念

聖断から降伏受け入れにいたる過程で、一時的にではあるが、天皇は統治の権能を部分的に回復したようにみえる。国民の憎悪の的となっていた軍部や軍閥政府の瓦解によって補弼勢力が失権した結果、逆に天皇という存在の価値が相対的に浮上し、国民の目からは、天皇だけが混迷の極にある日本を救い出すことのできる唯一の統治権者だと再確認されるようになった。降伏受け入れの聖断と、それを国民に告げた玉音放送は、天皇が国民に寄り添うべく神輿から出た姿と受け止められたのである。
昭和二十年十二月九日の読売報知新聞の世論調査では、天皇制支持は九五％、二十一年一月十三日の朝日新聞の調査でも九二％が天皇制を支持している。ＧＨＱ（連合国最高司令官総司令部）は、一声で国民を従わせることのできる天皇の権威を利用して、占領政策を円滑に進めるという方針をとった。[*32]
マッカーサーという海の向こうからやってきた〝今来《いまき》の天皇〟が、もっぱら政治的理由から日本天皇の権威を利用して統治政策を進めた結果、天皇の権威はマッカーサーによって守られ、バックアップされるという奇妙な状況が生まれた。
この状況のなかで、昭和天皇の悲願である国体護持政策が進められた。昭和二十一年元旦に発せられたいわゆる「人間宣言」の詔書をめぐるやりとりにおいても、国体護持にかける天皇の思いは、はっきりみてとれる。

この詔書は、天皇の戦争責任を厳しく追及する国際世論の高まりを抑制し（ソ連やイギリスは最初に提出した戦犯リストの筆頭に天皇ヒロヒトの名を挙げていたし、オーストラリアや中国も天皇訴追を要求し、連合国の一部からは死刑の要求まで出されていた）、日本の非軍国主義化政策をできるだけ円滑に進めるために、ＧＨＱサイドから提案されたものだ。

ＧＨＱの意向を受けた宮内省は、皇太子教育のために学習院に招聘した英語教師で、日本人の妻をもつ親日家でもあったレジナルド・ブライスに案文を依頼し、ブライスは日本文学通として知られたＧＨＱ教育課長のハロルド・ヘンダーソン中佐に相談をもちかけた。ヘンダーソンがつくった三百語からなる叩き台の「秘密メモ」は、ブライスを介して彼の奉職先である学習院院長の山梨勝之進に手渡され、そこから紆余曲折をへて首相の幣原《しではら》喜《き》重郎《じゅうろう》に届けられた。秘密メモの人間宣言部分は、こうなっていた。

> 天皇と国民とは非常に強く結ばれている。しかしかかる結合は、神話、伝説のみによるものではなく、また日本人は神の子孫であり、他の国民よりすぐれ他を支配する運命を有するという誤れる観念に基づくものではない。幾千年の献身と熱愛により練出された信頼の絆であり愛情の絆である。[*33]

この叩き台をベースに、幣原は文相・前田多門らとともに英文による原案を極秘でとりまとめ、マッカーサーのチェックを受けた。そのうえで、チェック済みの原案を宮内省に提示したが、天皇サイドは、原案の一部に大きな不満を抱いた。とくに問題視されたのが、以下の部分だった。

朕《ちん》と我国民との間の紐帯は終始相互の信頼と愛情に依りて結ばれ来たる特性を有す。此の紐帯は単なる伝説と神話に依るに非ず。日本人を以て（マッカーサーは「日本人」をEmperorと修正）神の裔《すえ》なりとし他の民族に優越し世界を支配すべき運命を有すとの屢屢《しばしば》日本人の責に帰せしめられたる架空なる観念に依り説明せらるるものにも非ず。[*34]（カッコ内も出典筆者の木下）

この原案のどこがまずかったのか。戦後、昭和天皇の侍従として詔書の練り直しに加わった前出の木下道雄が、理由を明記している。

日本人が神の裔なることを架空と云うは未だ許すべきも、Emperor［天皇］を神の裔とすることを架空とすることは断じて許し難い。そこで予はむしろ進んで天皇を現御神《あきつみかみ》とする事を架空なる事に改めようと思った。陛下も此の点は御賛成である。神の裔にあらずと云う事には御反対である。[*35]

ここでいう「神の裔」とは、皇祖・天照大神《あまてらすおおみかみ》の子孫を意味する。ヘンダーソンの「秘密メモ」でも、幣原らが作成した当初案でも、「神の裔」の主語は「日本人」だった。実際、文部省などは、戦前、さかんに「神の裔たる日本人」を宣伝してきた。日本兵を神兵、日本人を神裔《しんえい》などとする表現も、戦時中にはしばしばもちいられた。だから、「秘密メモ」や幣原の当初案がそのまま宮内省に渡ったのなら、おそらく問題視されることはなかった。

ところがマッカーサーは、「神の裔」の主語を「日本人」から「天皇（エンペラー）」に書き変えた。これで文章のもつ意味合いが一変した。この文章を詔書として発表するということは、明治維新のプロパガンダとしてもちいられ、明治以降の国体論や帝国憲法、あるいは国民教育の絶対的な支柱となってきた「天照大神の直系子孫としての万世一系の天皇」という国体観の急所を、ほかならぬ天皇自身が「架空なる観念」として否定することとなってしまうからである。

天皇が反対し、木下らが激しく憤慨したのは当然だった。とはいえ、マッカーサーが入れてきた赤字修正だけに、頭から拒否することは困難だ。そこで出されたのが、「神の裔」ではなく「現人神《あらひとがみ》」を「架空なる観念」とするという妙案だった。

天皇は肉体をもった人間であって、現人神でないということは、皇太子時代から昭和天皇自身が口にしていたことであり、もともと否定してもなんら問題はなかった。皇太子時代の侍従武官長だった奈良武次《たけじ》は、「殿下は皇室の祖先が真に神であり、現在の天皇が現人神であるとは信ぜられざる如く」

拝察されると書いている。[*36] また、戦前ワシントンの日本大使館一等書記官として日米交渉に当たり、戦後は宮内省御用掛《ごようがかり》として天皇の通訳官を務めた寺崎英成《ひでなり》の日記にも、「本庄〔繁〕だったか、宇佐美〔興屋《おきいえ》〕だったか、私を神だと云うから、私は普通の人間と人体の構造が同じだから神ではない、そういう事を云われては迷惑だと云ったことがある」という天皇の言葉が記録されている。[*37]

このように、昭和天皇は一貫して自分が現人神だということについては否定していたが、自分が「神の裔」だという点については、「架空」と認めることはできなかった。「神の裔」こそが天皇の存在理由そのものであり、国体護持の絶対要件だと考えていたからである。

紆余曲折の末、さきの原案は以下のように修正されて発表された。

朕と爾等《なんじら》国民との間の紐帯は、終始相互の信頼と敬愛とに依りて結ばれ、単なる神話と伝説とに依りて生ぜるものに非ず。天皇を以て現御神とし、且《かつ》日本国民を以て他の民族に優越せる民族にして、延《ひい》て世界を支配すべき運命を有すとの架空なる観念に基くものにも非ず。

人間宣言と日本国憲法の意味

この詔書により、軍国主義を支えてきた八紘一宇説――「日本国民を以て他の民族に優越せる民族にして、延て世界を支配すべき運命を有す」というイデオロギーは、明確に否定された。

けれども、天皇を「神の裔」とする「架空なる観念」は、宮中のなかで巧みに隠されて戦後まで生き延び、「神の裔」を守るための妙案として浮上した天皇現人神説だけが否定された。日本のマスコミは詔書を歓迎して「人間宣言」の通称を与え、マッカーサーも外国人の目からは同じように思えたにちがいないこの変更を受け入れて、「はなはだ満足である。天皇は国民の民主化をうながすとともに、自己の将来の立場をハッキリ示した。この健全な思想は、ついにこれをさまたげうるものがないだろう」とのステートメントを発表した。

米世論も、好意的だった。詔書発表翌日のニューヨークタイムズは、こう書いた。

天皇のこんどの行為は、総司令部の施策に動かされたことは明らかである。これこそ、マッカーサーをして、日本に革命的な変化をもたらしたペルリ提督につぐ、第二の米人たらしめた行為である。天皇はマッカーサーの司令以上に出て、それに効力を与えただけでなく（そうせざるをえなかったのだが）みずからを日本歴史の偉大な改革者の一人たらしめた。[*38]

マッカーサーと同じく、米マスコミも、また日本のマスコミも、天皇による現人神否定に目をくらまされたことは明らかだ。けれども重要なのは、じつはまったくそこではなかった。天皇を天照大神の子孫とするイデオロギー——国体護持の根拠となったイデオロギーにこそ、詔書をめぐるGHQと日本政府・宮内省の交渉の最重要ポイントがあった。天皇位という神輿存続のキモは、天照大神の直系たる「神の斎」という一点にのみ宿っているという視点を、彼らはもちえなかったのである。

「神の斎」という神話が生き延びた結果、国家神道の頂点に君臨する伊勢神宮も「皇祖神」天照大神を祀る神社として生き延びた。「天皇の国」というイデオロギーは表舞台から姿を消したが、「天皇の国」というイメージそのものは、戦後も一種のロマンとして、あるいは日本や日本人のアイデンティティを語る際のキーワードとして、ふわりとした空気のようなかたちで生き延びた。

明治以来、日本人に植えつけられてきた伊勢に対する観念は、今日にいたるまで脈々と存続している。はしなくもそれが露見したのは、退位を控えた明仁天皇（現・上皇）が平成三十一年四月十八日に行った伊勢参拝だ。このニュースのなかで、ＮＨＫは「皇室の祖先の『天照大神』がまつられる伊勢神宮の内宮《ないくう》」と報道した。公共放送が「神の斎」を、たぶんそれと意識することなく、あたりまえのようにニュース原稿に書き入れたのである。

人間宣言をめぐっては、今日にいたるまで天皇による現人神説の否定部分に焦点をあてた論説ばかりがおこなわれてきた。しかし、この詔書のもつほんとうの意味、もっとも重要なポイントは、右に記したとおり、天皇を「神の斎」とする観念を保存することに成功したところにこそあったのである。

すでに天皇と会談していたマッカーサーは、天皇を「どの日本人よりも民主的な考え方をしっかり身につけて」いる「日本の最上の紳士」と受け止めていた。[*39] 天皇をそういう人物と見なしていたマッカーサーからすれば、天皇が「神の斎」を否定することも、天皇が「現人神」を否定することも、同じだと受け止められたにちがいない。この詔書で、軍国主義時代の天皇を縛りつけていた「架空なる観念」は清算され、日本の民主化が進むと考えたからこそ、そのステートメントで、「天皇は国民の民主化をうながすとともに、自己の将来の立場をハッキリ示した」と賞賛したのである。

　詔書には、もう一点、みのがせない部分があった。「朕と爾等国民との間の紐帯は、終始相互の信頼と敬愛とに依りて結ばれ」ているという、戦前からの家族国家論につながる部分だ。

　この表現は、日本国民が皇室と深くつながっているのは、戦前におこなわれた神話にもとづく架空の観念や、歴代権力機構からの強制などによるのではないと言いつくろうための作文だが、歴史に明らかなように、明治に入るまで、一般民衆と天皇のあいだに「信頼と敬愛」と呼べるほどのつながりはなかった。前の章でも書いてきたとおり、農民など大多数の国民は天皇とは無縁のところで天皇の存在も知らずに生きていたし、江戸三百年を通して京都御所に封じられていた天皇も、大多数の国民とは無縁の別世界で生きていた。天皇と国民の紐帯が「相互の信頼と敬愛」にあるという文言そのものが、完璧な「虚構」なのである。

　とはいえこの「虚構」は、天皇と国民は肇国以来、忠孝で結ばれてきた一大家族だとする家族国家論とはうまくフィットする。「我が国は一大家族国家であって、皇室は臣民の宗家にましまし、国家生活の中心であらせられる。臣民は祖先に対する敬慕の情を以て、宗家たる皇室を崇敬し奉り、天皇は臣民を赤子《せきし》として愛しみ給う」[*40]といったたぐいの虚構から、軍国主義イデオロギーを連想させる家族国家説や、宗家・臣民・赤子といった表現を取り去れば、天皇と国民は「終始」、つまり建国以来、今日にいたるまで「相互の信頼と敬愛」によって結ばれてきたというフィクションが成立するのだ。

詔書は、軍国主義を彷彿とさせるおそれのある「忠孝」という刺激的なキーワードは慎重に避けていたが（GHQは軍国主義をささえたものとして教育勅語の廃絶を求め、政府は昭和二十三年六月十九日の国会で排除を決議している）、「相互の信頼と敬愛」の中身は、まさに家族国家論の亜種といってよい。

天皇と国民の関係を「忠孝で結ばれた君臣父子」から「相互の信頼と敬愛」に書き替えるとともに、国を誤らせた責任を軍部に押しつける動きは、降伏文書の調印時（昭和二十年九月二日）から、はっきりと姿を表している。日本全権として米艦ミズーリ号で降伏文書に調印した外相・重光葵《しげみつまもる》は、天皇の意思を調印前に確認しておくために、自身の意見書を内奏した。内奏文にはこうある。

> 天皇の御思召しは万民の心を以て基礎とせられ、陛下が国民の心を以て心をせらるることは我々の日常拝承せる処にして、一君万民は日本肇国以来の姿なるが、何時《いつ》の間にか一君と万民との間に一つの軍部階級を生じ、陛下の御意は民意とならず、民意はまた枉《ま》げられ、国家全体の充分関知せざる間に日本は遂に今日の悲運に遭遇せり。……言論、宗教、思想の自由と云い、基本的人権の尊重と云い、総《すべ》て我国本然の精神に合する……[*41]。

戦前からつづく虚構がくどくどしく並べ立てられているが、それらについてはすでに十分書いてきたので再説はしない。この「案文」に対し、天皇は「外務大臣の言葉は完全に朕の意に叶うものである。その精神で使命を果して貰いたい」と応えたと、手記にはある。

案文中の「一君万民」も、言い換えると「相互の信頼と敬愛」になる。これこそが天皇と国民を結ぶ紐帯だと重光はいい、天皇は「完全に朕の意に叶う」と応えたのだが、われわれは、なぜこの虚構が詔書に必要だったのかを考えなければならない。

天皇現人神説は、もともと天皇自身が否定し、一部の狂信者および刷りこみが容易な児童以外の国民にも信じられていなかった「たてまえ」だから、否定して問題はない。そのことはさきに書いたとおりだ。けれども「相互の信頼と敬愛」という「虚構」だけは、どうしても守られなければならない。そのようなものはなかったということになると、天皇と国民とをつなぐイデオロギーがなくなり、天皇制の根拠そのものが消えてしまう。そうなったら、共産革命という、当時の日本人がもっとも恐れていた事態も、現実味を帯びてくる。

実際、敗戦後に復権した共産党は天皇制廃止を強く訴えており、共産主義思想を指導の軸にすえた労働争議も各地で頻発していた。「天皇の国・日本」を護るためには、天皇と国民のあいだには、伝統的に「終始相互の信頼と敬愛」という「紐帯」があったというフィクションは、絶対に欠かすことのできない国体護持の最後のキモだったといってよい。

GHQは、日本統治に天皇の権威を利用するという方針を堅持していた。だから、軍国主義にかかわるものは次々廃止しても、天皇と国民の「相互の信頼と敬愛」という「虚構」にはタッチせず、積極的に利用した。GHQのこの方針は、国体護持のために無条件降伏を受け入れた昭和天皇にとっても、天皇を利用することで権力を保持してきた補弼機関にとっても、じつに好都合だった。三者の思惑はそれぞれ異なっていたが、天皇の「人間宣言」は、無条件降伏後も国体が護持されねばならないというコンセンサスの、みごとな合致点となっていたのである。

日本国憲法は、「人間宣言」と同じ年の十一月三日に公布されている。その第一章第一条は、天皇の地位を「日本国の象徴であり日本国民統合の象徴であって、この地位は、主権の存する日本国民の総意に基く」と規定している。ここでいう「国民の総意」は、「朕と爾等国民との間の紐帯は、終始相互の信頼と敬愛とに依りて結ばれ」ているとする、敗戦後に急浮上してきた「虚構」以外に根拠はない（ただし天皇自身はそのよう信じこんでいたと思われる）。

「国民の総意」を集約する作業は、もちろんおこなわれてはいない。戦犯の指定を受けて近衛文麿は自殺しているが、生前、「天皇は退位され、天皇制を国民投票で確立すべき」だといい、「人民の幸福になることなら、共和制でもよいと思う。国体護持のための国民玉砕はバカげたことだ」とも語っていた。[*42]

けれども「国民の総意」を判断するための国民投票を、国体護持で団結している政府が検討するはずはなかったし、現実問題として、そのような時間的余裕もなかった。

GHQが憲法制定を日本政府に急がせ、GHQの草案をもとに政府が突貫工事で憲法案をまとめたのは、前年十二月にモスクワで開かれた米英ソ三国外相会議で、全連合国の代表からなる極東委員会（FEC）の設置が決まり、その場で新憲法問題が協議・決定される予定になっていたからだ。

FECでは、天皇制廃止や完全な共和制への移行がソ連を中心に強く主張されており、国際世論も天皇制の存続には否定的だった。そのＦＥＣで新しい憲法草案がまとめられれば、アメリカに拒否権があるとはいうものの、天皇制の存続に赤信号がともる。だからこそ、ＧＨＱはＦＥＣが実質的に動き出す前にどうしても天皇および憲法問題に決着をつけねばならなかったし、国体護持を至上命題としていた日本政府としても、立場はＧＨＱとまったく同じだった。

いわゆるマッカーサー草案をもとに政府が起草した憲法案は、三月に公表された。この月の枢密院で、幣原首相が「もし時期を失した場合には我が皇室の御安泰の上からも極めて懼《おそ》るべきものがあったように思われ、危機一髪ともいうべきであった」と語ったのは、こうした事情を指している。

幣原のいう「危機一髪」とは、国体が護持できるかどうかの瀬戸際だったという意味だ。皮肉なことに、新憲法は「天皇の国・日本」、天皇位という「神輿」を、ぎりぎりのところで護ったのである。

◉注

1 真崎勝次『亡国の回想』国華社・昭和25
2 秦郁彦『昭和史の謎を追う』下巻 文春文庫・平成11
3 真崎前掲書
4 「東條英機宣誓供述書」(『大東亜戦争の真実』東條由布子編・ワック出版・平成17)
5 『ベルツの日記』上・岩波文庫・平成4
6 英語版「昭和天皇独白録」(『昭和天皇二つの「独白録」』東野真・日本放送出版協会・平成10)
7 藤田覚『江戸時代の天皇 天皇の歴史6』講談社・平成23
8 ねずまさし『天皇家の歴史』下・三一書房・昭和48
9 大江志乃夫『日露戦争と日本軍隊』立風書房・昭和62
10 秦前掲書
11 『財部彪日記』下・大正元年12月10日条(近代日本史料選書12)山川出版社・昭和58
12 原武史『天皇は宗教とどう向き合ってきたか』潮新書・平成31
13 原武史『皇后考』講談社・平成27 引用文の原典は国立国会図書館憲政資料室蔵「倉富勇三郎日記」
14 文部省編『国体の本義』文部省・昭和12
15 高木惣吉『高木海軍少将覚え書』毎日新聞社・昭和54
16 保阪正康『昭和陸軍の研究』下 朝日新聞出版・平成30
17 「近衛上奏文」(『木戸幸一関係文書』木戸日記研究会編・東京大学出版会・昭和41所収)
18 小磯は演説でこう力説している。「敵にして我が近海に来たらば海上にこれを撃滅するのみである、敵上陸を企画せばこれを水際に於て海中に叩き落すのみである、また若し敵にして遂に上陸し来ることあらば我は鉄槌下の組上にこれを撃滅するのみである、加之敵を邀うる戦場は悉くこれ我が郷土たるの地の利と一面軍と協同して防衛に当たるもの悉くこれ我が同胞たるの人の和がある……更に況や老となく幼となく一億は悉く兵農一本の国是に生き、真に国の総力を挙げ圧倒的優勢を以て戦争に従事し得るの利益を存分に発揮し得べきのみならず、皇軍伝統の統帥の妙用と我将兵の皇国護持の闘魂とに顧みれば、私は来たるべき本土周辺の作戦為相を按じ断じて醜虜をして足を神州に止めしめず、必ずこれを殲滅し得ることを確信して疑わぬ」(『暗黒日記』清沢洌・昭和20・3・12条)

19　清沢洌『暗黒日記』評論社・昭和48

20　山田風太郎『戦中派不戦日記』

21　木下道雄『側近日誌』「関係文書」文藝春秋・平成2

22　宮内庁編『昭和天皇実録』第9　東京書籍・平成28

23　同前

24　大竹秀一『天皇の学校─昭和の帝王学と高輪御学問所』文芸春秋・昭和61

25　杉浦重剛『倫理御進講草案　天之部』杉浦重剛先生倫理御進講草案刊行會・昭和12

26　木戸幸一「手記」(前掲『木戸幸一関係文書』)

27　宮内庁編『昭和天皇実録』第8　東京書籍・平成28

28　木下前掲書

29　前掲木戸幸一「手記」

30　木下前掲書

31　橋本明「昭和二十年九月九日の陛下の手紙」(『天皇百話下の巻』ちくま文庫・平成元)

32　昭和34年に岸信介内閣のもとで発足した憲法調査会メンバーの高田元三郎(当時毎日新聞主筆)が、アメリカにおける天皇制存廃議論の推移について書いている。高田は憲法制定過程の調査のために渡米して多数の関係者に取材した。その結果、戦争終結前後の米世論は天皇制廃止論が圧倒的多数であり、「政府部内でも、陸海軍首脳部の中には、廃止論を唱えるものが圧倒的」だったことを知った。ただ幸いなことに、国務省における対日政策立案の実務にあたるグルー国務次官、ドウマン国務次官補、ホーンベック極東課長ら少数の天皇制存続派が「圧倒的な反対論を抑えて、たとい単なる形式的の元首であっても、ともかく天皇制を存置しなければ、日本の戦後処理はうまくゆくものでないという方向に、国務省の方針を引きずっていった」。当時の米国新聞の時事漫画には、「グルーとドウマンが、汗を流しながら、天皇を神輿に乗せてかついでゆくのが描かれてあった」という。(「天皇制はかく護持された」『文藝春秋』昭和34・3)

33　藤樫準二「〝人間宣言〟秘録」（『サンデー毎日』昭和35年1月10日号）
34　木下前掲書
35　同前
36　『侍従武官長奈良武次日記・回顧録』1巻　柏書房・平成12
37　寺崎英成『昭和天皇独白録』文藝春秋・平成3
38　藤樫前掲記事
39　『マッカーサー回想記』津島一夫・朝日新聞社・昭和39
40　文部省編『国体の本義』文部省・昭和12
41　「案文」（『重光葵手記』中央公論社・昭和61）
42　矢部貞治「皇室の血流る近衛文麿」（『特集文藝春秋天皇白書』昭和30・11）

第九章　昭和から平成へ

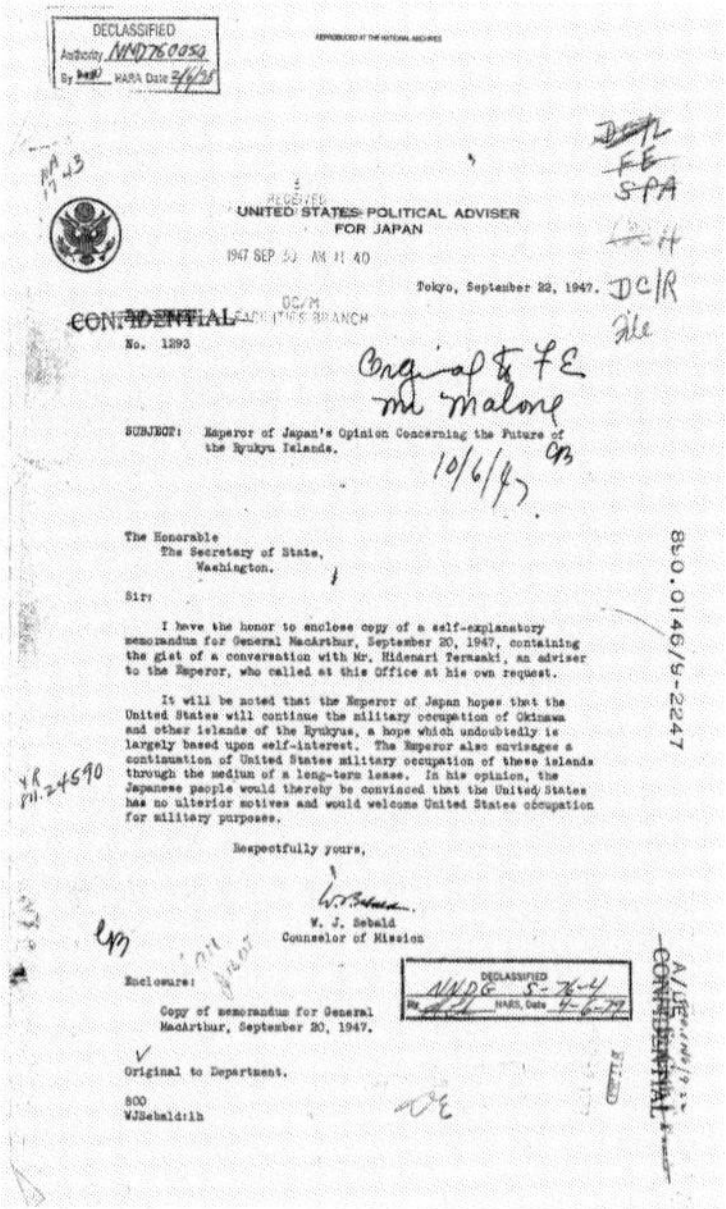

DECLASSIFIED

UNITED STATES POLITICAL ADVISER
FOR JAPAN

Tokyo, September 22, 1947.

CONFIDENTIAL

No. 1293

SUBJECT: Emperor of Japan's Opinion Concerning the Future of the Ryukyu Islands.

The Honorable
The Secretary of State,
Washington.

Sir:

I have the honor to enclose copy of a self-explanatory memorandum for General MacArthur, September 20, 1947, containing the gist of a conversation with Mr. Hidenari Terasaki, an adviser to the Emperor, who called at this Office at his own request.

It will be noted that the Emperor of Japan hopes that the United States will continue the military occupation of Okinawa and other islands of the Ryukyus, a hope which undoubtedly is largely based upon self-interest. The Emperor also envisages a continuation of United States military occupation of these islands through the medium of a long-term lease. In his opinion, the Japanese people would thereby be convinced that the United States has no ulterior motives and would welcome United States occupation for military purposes.

Respectfully yours,

W. J. Sebald
Counselor of Mission

Enclosure:

Copy of memorandum for General MacArthur, September 20, 1947.

Original to Department.

800
WJSebald:lh

890.0146/9-2247

△琉球諸島の軍事占領の継続を望む旨を米国に伝えた「天皇メッセージ」（米国国立公文書館蔵）

「至尊に煩累を及ぼしたてまつらざる事」

戦後、政府が国をあげて押し進めたのは、戦争責任を軍部、とりわけ陸軍に全面的に押しつけ、天皇は終始平和主義者だったというイメージを広めるとともに、天皇と国体を護ることだった。その作業は、敗戦後ただちに重臣や政府、軍部のあいだで着手されている。ここでいう「天皇」とは、昭和天皇個人だけを意味するのではない。天皇個人を守ることによって、「天皇位という神輿《みこし》」を護ることこそが至上命題なのだ。

昭和二十年（一九四五）から二十一年にかけて、海軍首脳が秘密裏におこなった会合議事録の存在が明らかになっている。東京裁判対策のための会議だが、その最大の目的は「天皇に累を及ぼさない」ことであり、そのための〝口裏合わせ〟が、敗戦後ただちにおこなわれたのである。

この事実を明らかにしたのは、昭和五十五年からスタートした、海軍士官ＯＢによる公開を前提としない秘密会合「海軍反省会」だ。反省会は四百時間という膨大な録音記録を残しており、開戦から敗戦・戦後工作にいたるまでの実態を赤裸々に語っているが、そのなかで「敗戦後一貫して戦犯裁判対策を担った」豊田隈雄元海軍大佐（反省会当時八十五歳）が、敗戦直後の海軍首脳の方針をこう説明している。

〔打合せの〕根本目的。至尊に煩累《はんるい》を及ぼしたてまつらざる事。帝国として被害を極小に防止する事。個人の被害を極小に防止する事と。まぁ、いわゆる陛下にご迷惑をかけないという事と、後はこの裁判は国家弁護で行くという事を、まぁ大変早い時期に二十年の十月二十三日、しかもこれは海軍の方からの起案で出ております。[*1]

豊田元大佐は、マッカーサー日本占領連合軍最高司令官の軍事秘書官で日本通としても知られていたボナー・F・フェラーズ准将と米内光政《よないみつまさ》元海相のあいだでかわされた昭和二十一年三月六日の談話資料も明らかにしている。東京裁判におけるGHQの方針を驚くほど率直に示したフェラーズの発言はこうだ。

自分としては天皇制がどうなろうと、一向に構わないのだが、マック〔マッカーサー〕の協力者として占領を円滑ならしめつつある天皇が裁判に出されることは、本国におけるマックの立場を非常に不利にする。……天皇が何らの罪がないことを日本人側から立証してくれることが最も好都合である。そのためには近々始まる裁判は好都合である。東條に全責任を負担せしめるようにすることだ。[*2]

フェラーズは、天皇を囲いこんできた軍閥を、終戦前から「軍国主義者のギャングたち」と呼んでいた。[*3]そのギャングのボスである「東條に全責任を負担せしめる」ことは、天皇の戦争責任を追及してやまないソ連や中国などの圧力に対処しなければならないマッカーサーにとって、理想的な展開だった。

フェラーズの発言に対し、米内は「全く同感です」と応えている。事実、東京裁判は全体としてはアメリカの絵図どおりに進み、東條を筆頭とする陸軍側A級戦犯の六人に絞首刑の判決が下されたが、海軍側からは一人の死刑囚も出なかった。

豊田は、「陸軍は暴力犯。海軍は知能犯。いずれも陸海軍あるを知って国あるを忘れていた。敗戦の責任は五分五分」と反省会で語っているが、世論は「悪いのはすべて陸軍」、「天皇も被害者」というムードに流されていき、「海軍善玉、陸軍悪玉」という演出されたイメージが、戦後延々とつづくことになったのである。

戦後ほどなくから、昭和天皇の退位を巡る議論がさかんにおこなわれたのも、「天皇という神輿」を護るという至上命題と直結していた。

この議論における代表的な意見は、三つに大別できる。第一は、かりに天皇が平和主義者で、本心では戦争を望んでいなかったのだとしても、現実には対米英戦を認めて詔書を出し、大元帥として戦争指導の頂点に立ってきた以上、責任はあきらかであり、退位は当然とする主張だ。

天皇側近にも、複数の退位論者はいた。その代表ともいうべき木戸幸一は、敗戦の年の十二月十日、天皇にじかに退位を進言している。公刊本の『木戸日記』には、進言の中身までは記されていないが、国会図書館憲政資料室が所蔵している戦後の日記の昭和二十六年十月十七日の条に内容が明記されている。

今度の敗戦については何としても陛下に御責任あることなれば、ポツダム宣言を完全に御履行になりたる時、換言すれば講和条約の成立したる時、皇祖皇宗に対し、また国民に対し、責任をとり遊ばされ、御退位遊ばされるが至当なりと思う……。若《も》しこの如くせざれば、皇室だけが遂に責任をおとりにならぬことになり、何か割り切れぬ空気を残し、永久の禍根となるにあらざるやを虞《おそ》れる。*4

木戸は「神輿」を守るために退位を進言した。昭和天皇「個人」を守ろうとすれば、「神輿」に傷がつく。「皇室だけが遂に責任をおとりにならぬことになり、何か割り切れぬ空気を残し、永久の禍根となる」と危惧したのである。

安全な場所でひたすら保身を心がけていた政官界のエリートや、政権中枢と骨がらみで結託し、銃弾から遠く離れた安全な場所で戦時を過ごしてきた財閥などとちがい、親族知人や財産を失い、身も心も傷だらけになって戦後を迎えた民衆の退位論は切実だった。マッカーサーのもとに、天皇の戦犯訴追を求める投書が数多く寄せられているが、そのうちの一通はこう訴えている。

今日、政界、官僚の上層部に於《お》いて、天皇陛下には戦争責任なしと論ぜられているのは何故であるか。尚また、宣戦の大詔が議論されないのは、吾々にはどうも合点が行かぬ。……彼の宣戦の大詔はこの度の戦争の原動力をなして居る。学校官公署、常会等で朝夕、これを拝聴して国民は大いに発奮した。百の名士の演説よりも彼の崇厳なる大詔に感激した。然るに今日、この大詔が何の議論とされぬとは、不可解千万である。……吾々は天皇陛下の統治の大権を確認して居るものである。また、それ故に戦争責任者の最高は天皇陛下にあらせられると思う。[*5]

東京裁判における天皇訴追の急先鋒だったオーストラリア政府の意見も引いておこう。

天皇裕仁《ひろひと》は個人的には、平和的願望と自由主義的な思想の持ち主であることは疑いないようだが、帝国憲法の規定では、宣戦、講和、条約締結の権限は天皇にあり、侵略戦争を認可したことは、戦犯としての個人的な責任となる。……太平洋戦争は天皇の開戦の詔書によって開始したものである。米国国務省は真珠湾奇襲の天皇の責任を、軍国主義者の脅迫によるものとして、免除しようとしているが、実際は彼がいつも軍に脅迫されていたわけではない。彼が本当に平和主義者ならば戦争を拒否できたし、退位や自決（ハラキリ）によって抗議できたはずである。たとえ戦争を良いと思っていなかったとしても、開戦を認可したのだから、それだけで責任がある。[*6]

聖断の背景

昭和天皇に戦争責任を認めるこれら第一の意見に対し、戦争責任はないとする意見もさかんに唱えられた。それが第二と第三だ。

第二の意見は、天皇に戦争責任はないが、もし皇位に留まれば、国民のあいだに天皇の戦争責任を問う声が大きくなる恐れがある。だから皇太子に位を譲り、戦後の新時代は清新な新天皇とともに歩むべきだとする譲位論であり、第三の意見は、天皇に法的な責任がない以上、退位する必要はないとする留位論であった。退位すれば、かえって日本が天皇の戦争責任を認めたことになり、国体護持に動揺をきたすと主張されたのである。

政府や軍部など補弼《ほひつ》機関トップの考えは、もちろん天皇無罪論に立つ第二ないし第三説で、日本がこのさきも天皇という「神輿」を守りつづけていけるようにすること、すなわち国体を護持することに最大のポイントを置いていた。

彼ら為政者・既得権益者らにとって幸いなことに、米英は天皇無罪論にもとづく日本統治を終戦前から決めていた。前出のフェラーズ准将はマッカーサーの日本観・天皇観に絶大な影響を与えた人物と評されているが、そのフェラーズが無条件降伏前の昭和十九年に、自身の旧著を改訂してまとめたマッカーサー司令部への報告書（『日本への回答』）で、こう述べている。

天皇の退位や絞首刑は、日本人全員の大きく激しい反応を呼び起こすであろう。日本人にとって天皇の処刑は、われわれにとってのキリストの十字架刑に匹敵する。そうなれば、全員がアリのように死ぬまで戦うであろう。軍国主義者のギャングたちの立場は、非常に有利になるであろう。……天皇にだけ責任を負う独立した軍部が日本にあるかぎり、それは平和にたいする永久の脅威である。しかし、天皇が日本の臣民にたいしてもっている神秘的な指導力や、神道の信仰があたえる精神的な力は、適切な指導があれば、必ずしも危険であるとは限らない。日本の敗北が完全であり、日本の軍閥が打倒されているならば、天皇を平和と善に役立つ存在にすることは可能である。[*7]

米英の方針が天皇制存続だということは、「聖断」の前に確実に天皇の耳に届いていた。それを証明する文書が、最近（平成二十六年）、英国立公文書館で発見されている。ダブリン領事の別府節弥が昭和二十年八月十日に、また別府とは別ルートでカブール公使の七田基玄《もとはる》が同十三日に、緊急電で「皇室保持の日本の要求を米英が受け入れる」と伝えていたのだ。

当時の新聞報道によれば、両外交官の電報は英ブレッチェリー・パーク（政府暗号学校）が傍受・解読・翻訳したもので、最高機密文書として英国立公文書館に保存されていた。別府領事は、アイルランドのブレナン駐米大使やアイルランド外務次官との会談を通じてグルー米国務長官代理による皇室保持方針の情報を知り、ただちに外務省に打電した。七田カブール公使も、在カブール米公使とスイスで公式交渉を行った際、連合国は皇室保持を受け入れるだろうと知らされて、その日のうちに打電している。

原爆が投下されてもなお講和に踏み切れずにためらっていた天皇が、八月十三日、戦争継続を訴えつづける阿南惟幾《あなみこれちか》陸相に「国体が守れる確証がある」と言い切り、翌日の御前会議でポツダム宣言受諾の聖断を下した背景のひとつには、まちがいなくこの緊急電があっただろう。天皇は、十日に受信した別府からの情報を、東郷茂徳外相から聞かされていたのである。

国体護持の見通しは、天皇のなかでは聖断の前には立っていた。問題は、戦後を引きつづき昭和天皇の体制でいくか、新天皇による体制でいくかであった。

さまざまな意見がとびかうなか、GHQの意向を受けた政府は、退位ではなく、留位という方針を選択した。

留位を選択した以上、このさき昭和天皇の戦争責任が問われることは、絶対にあってはならない。天皇自身も、この問題に関しては口を閉ざさなければならないという強烈な圧力が、戦後の天皇に重くのしかかることになった。昭和天皇だけの話ではない。それは昭和天皇以降の天皇家全体にかかる陰鬱な重石となったのである。

封じられた天皇謝罪

戦後、昭和天皇が戦禍を受けた他国および自国の国民に謝罪したいという思いと、責任をとって退位したいという思いを抱きつづけたことが、さまざまな史料から明らかになっている。けれども退位の意向はGHQや日本政府に阻まれることとなり、天皇には留位以外の選択肢はなくなった。さらに天皇の戦争責任と直結する「謝罪」や「反省」の言葉を発することも、日本政府によって強くストップをかけられた。

東京裁判におけるA級戦犯被告への判決は、昭和二十三年十一月に出されているが、判決が間近に迫ったこの時期、天皇の謝罪と退位に対する思いはいっそう募っていた。そのことは、当時宮内府(庁)長官だった田島道治《みちじ》が日記等に記しているほか、侍従だった村井長正も、「陛下は他国民に与えた人的物的損害や自国民に与えた苦痛を原因とする心の葛藤、退位に関するお気持ちをそのまま、御座所で訴え」ていたと、共同通信記者の橋本明に証言している。[*8]

最終的に天皇は謝罪詔書案の作成を命じ、田島が文案をまとめた。ジャーナリストの加藤恭子がみずから発見した詔書草稿を月刊『文藝春秋』に発表したのは、平成十五年のことだ。[*9] 草稿が書かれた時期は不明だが、加藤は東京裁判の判決が目前に迫った昭和二十三年秋から冬にかけてと推定している。

わずか五百六文字の短文だが、詔書では絶対に使われることのない痛切きわまりない悔悛《かいしゅん》と謝罪の文字が、あえてもちいられている。一部を引く。

屍を戦場に曝し、命を職域に致したるもの算なく、思うてその人及その遺族に及ぶ時、真にチュウダツ〔衷怛か、心から悼む思い〕の情禁ずる能《あた》わず。戦傷を負い、戦災を被り、或は身を異域に留められ、産を外地に失いたるもの、また数うべからず。剰《あまつさ》え一般産業の不振、諸価の昂騰《こうとう》、衣食住の窮迫等による億兆塗炭の困苦は誠に国家未曾有《みぞう》の災殃というべく、静にこれを念う時、憂心灼《や》くが如し。朕の不徳なる、深く天下に愧《は》づ。

「憂心灼くが如し。朕の不徳なる、深く天下に愧づ」という文言は強烈だ。天下にはじるという部分に、あえて「恥ず」ではなく「愧づ」を使ったところに、身が「灼」かれるほどの痛切な慚愧《ざんき》の思いが表されている。

「愧」は仏教でもちいられる文字で、みずからの罪を他に対して恥じることを表す。[*10] 戦災をこうむったすべての国の人々と、天皇の赤子として戦争に動員されたすべての日本国民に向って、どうしてもみずからの過ちを謝罪せねばならないという天皇の思いが、「愧」の一字によって表されたのである。

けれども詔書は政府によって握り潰され、昭和二十三年十二月二十三日、A級戦犯とされた七人の絞首刑が執行された。これにより、日本人は、みずから犯した過ちをみずからの手で裁く機会を永遠に失った。天皇の正伝として刊行された『昭和天皇実録』は、謝罪詔書についても、また一連の経緯についても、なにひとつ記していない。

昭和二十六年九月八日には、米国サンフランシスコにおいて第二次世界大戦の連合国各国と日本の平和条約が締結された。ソ連やポーランドなどは参加したが調印せず、インドやビルマなどは不参加、中華民国（台湾）と中華人民共和国は招待されなかったが、日本は関係四十八カ国と平和条約を結んだ。これにより連合国の占領統治は終わり、日本は独立を獲得した。

このときも、天皇は謝罪したいという思いを側近に訴えている。元読売新聞記者でジャーナリストの斉藤勝久によれば、天皇はすでに二十六年一月から、独立後に出すことになる「お言葉」の内容について、思いを巡らせていた。近年、遺族が保管していたことが明らかになり、一部が公開されて大きな話題となった田島道治の『拝謁記』（現時点で未公刊）には、「私の責任の事だが、従来の様にカモフラージュでゆくか、ちゃんと実状を話すかの問題がある」と田島に漏らしたことが記されているという。[*11]「カモフラージュ」という表現に、天皇の忸怩《じくじ》たる思いが透けてみえる。

独立を祝う政府主催の式典は、二十七年五月三日に予定されていた。この年の一月、天皇は以下のように、はっきり謝罪の意思を田島に告げた。

私は例の声明メッセージには反省するという文句は入れた方がよいと思う。この前、長官は反省すると言うと、政治上の責任が私にあるように言い掛かりをつけられるといけないと言ったが、私はどうしても反省という字を入れねばと思う。[*12]

じつに明確な意思表示だ。天皇はその後何度も「責任」について言及した。宮内庁は、「弁解と受けとられる」という理由で、一度は反省部分を削除した。けれども天皇の意思は固く、重ねて「反省」と「自戒」を入れるよう側近に要請した。その結果、謝罪詔書のときと同じく、田島が草稿を起草することになった。

「お言葉」の草案には、さきに実現をはばまれた謝罪詔書の表現が取りこまれていた。

憂心灼くの思いに堪えず、菲徳《ひとく》未然にこれ〔先の戦争〕をとどめ得なかったことを深く祖宗と万姓〔全国民〕に愧じる。[*13]

けれども草案は、吉田茂首相の反対にぶつかった。さきに引用した『敗北を抱きしめて』の著者で、優れた歴史学者（日本近代史専攻）として知られるジョン・ダワーが、従来の「リベラルな自由主義者」という虚像をみごとに引き剥がした吉田茂である。

式典を翌月にひかえた四月十八日、吉田から、反省と謝罪に関わる部分をすべて削除するよう求める手紙が宮内庁に届いた。吉田は「愧じる」という表現に拒絶反応を示した。「愧じる」は表現として強すぎる。このような言葉は、平和条約が発効して、いよいよ新生独立日本に向かおうとしているときのメッセージとしてふさわしくない。未来志向の文章に変えるようにと要求してきたのである。結局、謝罪に関する文言はざっくりと削除された。戦争犠牲者に対する「深甚なる哀悼と同情の意」が表されたのみで、天皇自身の「菲徳」を「愧じる」という表現は失われ、責任論は肯定されるでも否定されるでもなく、ただ曖昧にぼかされて決着した。

当時、吉田は「天皇の人々への影響力・権威をさらに強力なものに再編成することで、天皇権威を背景にして内閣が安定的な統治を行う政治システム」づくり――すなわち「天皇権威再編成政策」を進めていた。[*14] この政策は、明治以来の古い「神輿」を、象徴天皇制という戦後の新時代にマッチする新たな「神輿」につくりかえるための政策にほかならなかった。国家国民はあくまで政府が管理する。そのための「神輿」として、天皇を引きつづき利用しようというのである。

この発想は、その後、自民党によって脈々と受け継がれることとなる。

保護国・日本と逆コース

すでに敗戦直後の昭和二十年代から、戦前の天皇制を戦後につなぎあわせるための政治的策動が顕著になっている。

GHQから論外としてはねつけられたため陽の目を見ることはなかったが、当初政府部内で検討された新憲法案（国務大臣・松本烝治《じょうじ》による松本案）は、天皇の地位を「大日本帝国は万世一系の天皇、この憲法の条規に依りこれを行う」と規定していた。「天皇が統治権を総攬せられるという大原則には何ら変更を加えない」ことが、松本案の大原則だった。[*15]

日本の再軍備も、昭和二十四年にGHQが日本の限定的再軍備を容認して以降、さまざまに議論されるようになり、二十五年には自衛隊の前身である警察予備隊が創設された。

再軍備と天皇を結びつけようとする主張もあった。二十七年二月の参議院本会議で、社会党の中田吉雄は、「国民の天皇に対しまする忠誠心を利用」して、天皇を警察予備隊の「精神的な支柱」とすることを提案している。天皇にふたたび軍服をまとわせようというのだ。ただし、それは昭和天皇ではない。昭和天皇では国民が納得しないだろうから、「〔平和〕条約の発効とともに譲位をお願いし、皇太子を擁立」せよというのである。[*16]

前出のジョン・ダワーは書いている。

新しくできた日本の軍隊は、疑問の余地なくアメリカ合衆国のコントロールの下にある「小さなアメリカ軍」であったし、新しい日本の経済は、アメリカの援助と庇護に大きく依存していた。他方で、日本民主化の計画は急速に放棄され、日本の旧保守勢力の復活は許され、かつ、再軍事化は促進されていったが、それは冷戦の敵味方の区別なく多くの国々を驚かせ、警戒させた。……独立国というのは名目だけであり、ほかのすべてにおいて、日本は合衆国の保護国 a client stateであった。[*17]

右の文章にあるとおり、戦後の一大方針だった日本の民主化・非軍事化は、対共産勢力との対立が先鋭化したアメリカの世界戦略上の都合により、あらゆる方面で逆行していった。共産主義勢力の伸長に対する危機感、とりわけソ連の動向に対する危機感を近衛《このえ》が執拗に訴えていたことはさきに記したとおりだが、この危機感は、天皇自身のものでもあった。

沖縄に米軍を長期駐留させてほしい、できれば「二十五年ないし五十年、あるいはそれ以上の長期」にわたる駐留を望むとマッカーサーに申し出たのは、ほかならぬ昭和天皇だ。

この「天皇メッセージ」は、昭和二十二年九月十九日、天皇の意を受けた宮内府御用掛《ごようがかり》の寺崎英《ひで》成《なり》（天皇とマッカーサーの会見の通訳で『昭和天皇独白録』の著者）により、対日理事会議長兼連合国最高司令部外交局長のウィリアム・ジョセフ・シーボルトに手渡された。

同メッセージの存在が広く知られるようになったのは、昭和五十四年に米国国立公文書館からシーボルトの報告書が収集されて以降で、『昭和天皇実録』もこの史実を採用している。「天皇メッセージ」を受けとったシーボルトは、マッカーサーおよび米国国務長官に報告した。『昭和天皇実録』の記述はこうだ。

この報告には、天皇は米国が沖縄及び他の琉球諸島の軍事占領を継続することを希望されており、その占領は米国の利益となり、また日本を保護することにもなるとのお考えである旨、さらに、米国による沖縄等の軍事占領は、日本に主権を残しつつ、長期貸与の形をとるべきであると感じておられる旨、この占領形式であれば、米国が琉球諸島に対する恒久的な〔占領〕意図を何ら持たず、また他の諸国、とりわけソ連と中国が類似の権利を要求し得ないことを日本国民に確信させるであろうとのお考えに基づくものである旨などが記される。[*18]

戦前と戦後のもっとも大きな違いは、国体護持の担い手にあった。戦前は軍閥政府・官僚が「天皇の国・日本」の国体護持を担った。ところが戦後になると、国体護持の担い手の一翼である軍部が消えた。片肺となった日本の国体護持に手をさしのべてくれる者はアメリカ以外にない——天皇はそう判断した。「天皇メッセージ」が、それを示している。

民主化を担うべく組閣された政府の意思も、もちろん同じだった。そこで〝供犠〟としてさしだされたのが沖縄だった。昭和二十六年には、はやくも沖縄に核兵器が陸揚げされ、二年後にはアメリカがはじめて開発した核弾頭搭載地対地ミサイル、オネスト・ジョンが正式配備された。

こうしてアメリカは、戦後日本の国体護持の〝新たな担ぎ手〟となった。ただしこの視点は、天皇を中心としてみた場合という限定付きの、日本ローカルの視点にすぎない。アメリカ側からみれば、彼らは自国の国益をはかるという現実的・政治的理由から天皇・日本政府の請いを受け入れ、日本を「保護国a client state」に組み入れたのである。

アメリカの世界戦略の枠組みのなかで、戦後の日本に「戦前」が着実に息を吹きかえしはじめた。

再軍備の進行、特高警察にかわる公安警察の創設、公職追放指定を受けていた戦前の国家主義者らの処分解除、これらが吉田内閣のもとで着々と進められ、国家の右傾化——いわゆる「逆コース」のなかで、「神輿」の新たな利用法が並行して模索されていった。

英文学者の中野好夫は、昭和三十一年の『特集文藝春秋　天皇白書』で「ここ特に二、三年のことだから具体的には例をあげぬが、憲法改正において、教育において、宗教において、法的取締りにおいて、支配層の動向は相当に逆まわり的傾向がいちじるしくなってきている」と書いた[*19]。かつての国体論と連動した右傾化の動きは、敗戦から一年も経ないうちに、はやくも動きだしていたのである。

「ヒロヒトとはいったい誰だったのか」

昭和天皇は、戦前は陸海軍の大元帥として生きた。戦前天皇の常の衣服は大元帥服であり、国民が最敬礼を強制されてきた「御真影《ごしんえい》」も、陸軍式大元帥正装姿だった。戦後は背広姿の、平和を愛する国民の天皇として生きたが、あのスタイルで日本各地を巡幸したのは、新たな天皇像の創出を狙ったイメージ戦略にほかならなかった。先に刊行された『昭和天皇実録』も、〝大元帥姿の天皇像〟を大幅に割り引いてまとめられている。

神輿の担ぎ手から割り振られた「役」に、天皇は戦前も戦後も、愚直なまでに忠実だった。たぶん大きな負担だったにちがいない。健康のため公務の負担を軽減したほうがよいという議論が出ていた晩年の昭和六十二年四月七日、天皇は侍従《じじゅう》の小林忍《しのぶ》にこう漏らしている。

仕事を楽にして細く長く生きても仕方がない。辛いことをみたりきいたりすることが多くなるばかり。兄弟など近親者の不幸にあい、戦争責任のことをいわれる……。[*20]

さきに記してきたとおり、天皇自身は敗戦直後から、謝罪の言葉を語ることで新たな一歩を踏み出すべきだと考えており、一時は真剣に退位を考えていた。田島の『拝謁記』には、「国民が退位を希望するなら少しも躊躇せぬ」という強い言葉も記録されているという。

たしかに憲法上、天皇に法的な責任はない。しかし、天皇が深く信仰してきた皇祖皇宗の前で、この理屈は通らない。天皇は、かつて日本領だった台湾・朝鮮・北方領土などを失い、皇宗に対して申しわけないとも悔やんでいた。

道義的責任も、なし崩し的に不問化された。けれども、戦争で被害を受けた他国々民および日本国民に対する道義的責任は、どうあっても免れるものではない。天皇自身に、強い自責の念があった。宮中三殿《きゅうちゅうさんでん》の皇祖皇宗に謝罪し、天照大神《あまてらすおおみかみ》におのれの不明菲徳を詫びたのは、「愧づ」べき行いがあったと強烈に自覚していたからだ。

にもかかわらず、政府・宮内庁から強いストップをかけられ、謝ることが許されないままに、天皇は戦後を貝になって生きぬかなければならなかった。「戦争責任のことをいわれる」とは、道義的責任を強く感じ、謝罪の思いを吐露したいと思ってもできない状態のなかで、おりにふれて戦争責任の議論がむしかえされることのつらさを漏らしたものにちがいない。天皇はかつて自身を「籠の中の鳥」にたとえたが、その状態は形を変えて戦後も延々とつづいたのである。

政府・宮内庁による干渉は、小林日記の昭和五十五年五月二十七日の条からも見えてくる。当時、国賓として初めて中国の華国鋒《かこくほう》首相が来日した。その際の動きだ。

華国鋒首相との御引見にあたり、陛下は日中戦争は遺憾であった旨先方におっしゃりたいが、長官〔富田朝彦〕、式部官長〔安倍勲〕は今更ということで反対の意向とか。侍従長〔入江相政《いりえすけまさ》〕は結構という意見らしいが、長官などの反対は、右翼の動きが気になるためという。[*21]

このときも、遺憾の意の表明はできなかった。右翼の反対云々は見え透いた口実にすぎない。はるかに状況が厳しかった人間宣言のときでさえ、右翼の抗議行動は抑制されていた。詔書作成に関与した前田元文相が、「当初予想したのは右翼方面の反撥《はんぱつ》であったが、それもたいした事はなく、私のところにもただ一人だけ、老人の方が反対の意見《ママ》を持って面談に来られたが、ただそれだけであった」と回想している。[*22]

宮内庁長官が反対している以上、そこに政府（当時は大平内閣）の意向が強く働いていたのは確実だ。天皇に謝罪の言葉は口にさせない、戦争責任についてはいっさい触れさせないという不文律が「申しおくり」されてきたのである。

昭和天皇は二度外遊を行っている。昭和四十六年の欧州訪問（佐藤栄作内閣）と、昭和五十年のアメリカ訪問（三木武夫内閣）だ。最初の欧州訪問ではベルギー、イギリス、西ドイツを公式訪問し、ほかにデンマーク、フランス、オランダ、スイスを非公式訪問しているが、この歴訪でも、天皇が戦争責任について口にすることはなかった。語ってはならないという強い要請が、政府・宮内庁から出ていたと考えるべきだろう。

そのため、捕虜の扱いなどをめぐって強い反日感情があったイギリスでは、天皇の植樹した杉が翌日に伐り倒され、オランダでは自身の乗る車に魔法瓶が投げつけられてフロントガラスにヒビが入るなど、かつて体験したことのない激しい抗議を、天皇は目の当たりにしている。

このショッキングな体験から学んだのだろう、訪米時の大統領主催歓迎晩餐会では、「私が深く悲しみとする、あの不幸な戦争」という表現で戦争に触れている。この「深く悲しみとする」が、政府の許容できる最大限の謝罪表現だったのだ。

政府・宮内庁が、天皇の戦争責任問題でどのように対応してきたのかを象徴的に示している事例がある。国賓として来日したフィリピンのコラソン・アキノ大統領と昭和天皇の、昭和六十一年十一月十日の会見がそれだ。

会見後、同席していた安倍勲式部官長が、記者らにブリーフィング（要約報告）を行った。お互いの友好の確認と増進への期待、アキノ大統領による自作の俳句の披露、贈り物の交換などが和やかな雰囲気のなかでおこなわれたと淡々と説明して、安倍は報道室をあとにした。

フィリピンは、さきの戦争でもっとも悲惨を極めた戦場だ。全人口の約七％にあたる百十一万のフィリピン人が戦禍で亡くなり、日本人の死者約五十二万人も、地域別で最多だった。その戦地からやってきた大統領との会見で、戦争の話が出ないのはあまりにも不自然だ。けれども安倍のブリーフィングでは戦争の話題は毛筋ほども出ず、あきれたことに記者からの質問もなかった。

ところが同日の夜十時過ぎ、米通信社のＡＰが会見の模様を伝える記事を配信し、そのなかにフィリピン大統領補佐官テオドロ・ベニングの説明が引用されていた。ホテルニューオータニのプレスルームで、ベニングはこうブリーフィングした。

昭和天皇が先の戦争で日本がフィリピンに多大な迷惑をかけたことを、何度も謝罪した。アキノ大統領は恐縮し、「そのことは忘れましょう」と語った。[*23]

橋本明によれば、日本人記者はみな安倍のブリーフィングに出席しており、フィリピン側の会見場には「日本人記者らしい人影は見つからなかった」[*24]。そのためこの寝耳に水の情報に、日本の記者たちは仰天した。記者クラブは、ただちに宮内庁に緊急記者会見を求めた。会見に応じた安倍は、「なにかの間違いであろう。全くそんな話は出なかった。戦争に関する話は全く出なかった。……大統領報道官が間違えたのではないのか。陛下が謝ったことなど全くなかった」と、全面否定した。

さらに十二日、定例会見に臨んだ富田朝彦宮内庁長官も、記者の追及に対して「［ベニング氏が］意味を取り違えてしまい、誤って話したのではないか」と重ねて全面否定し、翌十三日には、中曽根内閣の後藤田正晴官房長官が「その事実は全くない」と念を押した。政府が一丸となってベニング発言の火消しに走った。

けれども、これら一連の政府説明がすべて嘘だったことが、平成二十九年に公開された外交文書によって明らかになった。そこには、天皇と大統領の会見前に、外務省が「第二次世界大戦について積極的にお触れにならない方が適当」という意見書を天皇側に渡していたことや、実際にはベニングのブリーフィングどおりの天皇による重ねての謝罪があったにもかかわらず、「既に戦争の話は出なかった旨否定しているので、否定の態度を続けるつもりである」との宮内庁の方針が記載されていたのである。

橋本は前掲の記事で、AP電によるベニングのコメントの原文と訳を掲げている。フィリピン大統領報道官は、こうブリーフィングしていたのだ。

［昭和天皇は］第二次世界大戦中に日本人がフィリピンに対してかけた迷惑についてお詫びを言い続けた。……大統領が天皇に対して、そのことは忘れて下さいと語りかけたが、陛下はそれどころか逆に、日本人がフィリピン人に対して引き起こした苦痛を日本が埋め合わせることを望んでいるとおっしゃった、と大統領は語った。[*25]

天皇に謝罪はさせないという政府の根本方針は、諸外国の日本観に深い影を落とした。昭和天皇崩御の特派員報道を集めた『海外報道にみる昭和天皇』[*26]から、いくつか例を引こう。イタリアの『コリエレ・デッラ・セーラ』紙はこう報じた。

ヒロヒトとはいったい誰だったのか。彼に関する情報――四分の三世紀にわたっての彼の考えから、数時間前の最後の呼吸に至るまで――の全ては宮内庁によって、管理され、規制されていたので、これからも、それは分からないだろう。宮内庁の課題は、常に、天皇を霊的で、侵しがたい神秘の中に留めておき、政治的必要性と一致した天皇の像を世に投じることである。（一九八九・一・八日付）

ドイツの全国紙『ディ・ツァイト』のマティアス・ナス記者（現在は日独フォーラム独側座長）は、昭和五十三年に日中平和友好条約の批准書交換のために訪日した鄧小平《とうしょうへい》副主席にからめて、こう送稿した。

日本人が「アメリカなどとは」比較にならぬほど大きな痛苦をあたえてきた中国人に対しては、ヒロヒトは、遺憾という一言をさえも拒んだ。一九七八年、鄧小平副主席が東京を訪問した時、

「天皇」は、「日中両国関係の長い歴史の中には不幸な出来事」があった、と短い所感を述べるにとどめた。（一九八九・一・十三日付）

昭和天皇が小林侍従に漏らした「戦争責任のことをいわれる」とは、戦争責任という、深く心に突き刺さったままの棘を想起させられずにはおかない状況のなかで天皇が感じつづけてきた、自身の良心の疼《うず》きをいったものだろう。だれも天皇の戦争責任問題は清算されたと感じていないからこそ、この問題は何度でも蒸し返された。いまも状況に変わりはない。けれどもくりかえしになるが、天皇は「遺憾という一言をさえも拒んだ」わけではなかった。それをいうことを、政府・宮内庁によって封じられていたのである。

イギリス全国紙の『ザ・タイムズ』紙は、こう報じている。

ヒロヒトという人間が戦後も存在し続けたことは、日本人の戦争責任意識を分散させた。……戦争に関してヒロヒトが個人的に演じた役割については、曖昧に幕が閉じられたままである。（一九八九・一・七日付）

曖昧に幕が閉じられたのは昭和天皇だけではない。ひとつの時代が終わったという感傷的なフレーズとともに、かつて戦争を指導し、膨大な数の国民を死地に追いやったにもかかわらず、戦後つぎつぎと公職に復帰し、ふたたび政財界の中軸を担うようになった数多くの政治家・官僚・高級軍人・財界重鎮らの責任もまた、曖昧なまま幕引きされたのである。

昭和から平成へ

シーボルトに託された「天皇メッセージ」が岩波書店の月刊誌『世界』の昭和五十四年四月号で紹介されて大反響を呼びおこしたとき、天皇は侍従長の入江相政に、米軍の沖縄駐留がなければ「沖縄のみならず日本全土もどうなったかもしれぬ」と「追加の仰せ」を口にしたという。[*27]

ここでいう「日本全土もどうなったかもしれぬ」とは、米軍駐留がなければ、日本はソ連や中国や北朝鮮などのような共産主義国になったかもしれないという意味だ。そうなったら「天皇の国・日本」という国体がなくなると懸念したのである。

メッセージを寺崎に託したとき、天皇の頭を占めていたのは、おそらく国民のことではなかっただろう。国民は、選挙によるか革命によるかは別として、共産主義や社会主義にもとづく国家体制を、みずからの意思によって選びとることも可能だ。しかし、天皇にはそれは認められない。国民が国体を変更するという事態は、天皇が生まれて以来の長年にわたる教育によって身体に染みこませられてきた国体意識の理解の圏外にある。他の国ならいざしらず、「神の裔《すえ》」が継承してきたこの日本において、それは絶対にあってはならない事態なのだ。

もし国民が共産主義を選択したら、天皇のイメージのなかにある日本は消滅する。けれどもそれを防ぐ力は、いまの日本にはない。その力をもっているのは、自国の国益のために天皇制存続を前提とした占領政策を進めている米国だけだ。天皇が、「二十五年ないし五十年、あるいはそれ以上の長期」にわたる沖縄駐留を望んだのは、まさにそのためだっただろう。

国体護持という一点で、昭和天皇の意識はあきらかに戦前とつながっていた。戦後、新たに割り振られた役割である象徴天皇として振る舞う必要性から、皇室にかかわるほぼすべての分野で大小さまざまな変更がおこなわれ、昭和天皇は忠実にそれに従った。しかし、意識の底に深く根を張っていた国体護持という観念、「神の裔」としての役割意識が揺らぐことはなかった。

天皇のこの信念は、日本政府にとってまことに好都合だった。国体護持にかける天皇の思いが強ければ強いほど、政府によるコントロールは容易になった。戦後憲法のもとでは、政府はもはや「袞《こん》龍《りょう》の袖に隠れる」黒子ではない。国民を代表する国会議員らによって組織された行政の最高機関であり、自分たちが国家を動かしていくうえで都合のよいように天皇をコントロールし、利用することのできる表の機関へと姿を変えているからだ。

昭和天皇は、政府のコントロールのもと、数々の無念を飲んだままで崩御した。何をさておいてもおこなうべきだった沖縄訪問を、自身の病気が原因で断念せざるをえなくなったとき、天皇は無念の思いを歌に託した。

思はざる病となりぬ沖縄をたづねて果さむつとめありしを

沖縄訪問もふくめて、昭和天皇がやり残した「つとめ」を、明仁《あきひと》天皇は、強い意思をもってやりとおした。代替わりして二年目の平成二年（一九九〇）五月、韓国の盧泰愚《ノテウ》大統領が訪日した。韓国側は日韓併合に対する新天皇の謝罪を求めていたが、自民党からの強い反対を受けた当時の海部俊樹首相が天皇の謝罪にストップをかけ、自分が代わって謝罪すると申し出た。晩餐会当日、天皇は謝罪の言葉こそ口にしなかったが、「貴国の人々が味わわれた苦しみを思い、痛惜《つうせき》の念を禁じえない」という表現で、併合時代に触れた。

二年後の平成四年（一九九二）には、国内右派の反対を押し切り、近代天皇で最初の訪中天皇となった。このときも、天皇は「わが国が中国国民に対し、多大の苦難を与えた不幸な一時期がありました。これは私の深く悲しみとするところであります」と思いを口にし、翌五年から、かつての戦地を慰霊して廻る「旅」をスタートさせた。

最初に選ばれた旅の行き先は沖縄だった。まず訪れなければならない場所は、沖縄以外にはありえなかった。皇太子時代に訪れたときは、牛乳瓶や火焔瓶を投げつけられた。それでも皇太子時代に五回の沖縄訪問を行い、即位後も六回訪問した。

明確な謝罪や反省の言葉はなかった。憲法の許す範囲内なら、天皇が思いを自由に発言することに法的な問題はない。けれども実際には、発言のもたらす影響の大きさから、政府による制限がかけられた。だから天皇は、みずから現地に足を運び、くりかえし国立沖縄戦没者墓苑やひめゆりの塔を参拝するという行動で、沖縄への思いを表現した。

戦後六十年の節目の年である平成十七年からは、サイパン、パラオ・ペリリュー島、フィリピンと海外戦地への慰霊の「旅」がつづけられた。これら一連の旅は、異例のものだった。サイパン訪問時、宮内庁長官だった羽毛田信吾が、ロイターの取材に応えてこう話している。

外国訪問は基本的に受身のことが多いが、この件に関しては、陛下の非常に強いご希望があり、その意味で異例な外国訪問だったと思う。……〔陛下は〕国内だけでなく、国外でも先の大戦で犠牲になった、日本人だけでなく、世界の人に対して慰霊したいということを、前から強くご希望だった。[*28]

明仁天皇は、国内外の慰霊と反省の旅や災害被災地への慰問の旅を、象徴天皇としての務めのひとつとして、在位の全期間を通じて実践しつづけた。ほかにも、戦前からの脱却を象徴する数々の言動を国民に示している。

その筆頭は、民間人出身の正田美智子との結婚と、その後の暮らし方だろう。天皇は「家庭」を築いた。なにげないことのように思われるだろうが、明治国家がつくりあげた擬制の伝統としての「イエ」ではなく、夫婦が力を合わせて子育てをし、夫婦を単位とする「家庭」を築きあげるというスタイルは、それまでの皇室にはまったく存在しない画期的なものだった。

このスタイルは、息子たちにしっかり受け継がれた。とりわけ皇太子徳仁《なるひと》（今上天皇）が、右派論陣・マスコミを中心とする雅子妃へのすさまじいまでのバッシングから妻を守ろうとして踏みこんだ、いわゆる「人格否定発言」――「雅子のキャリアや、そのことに基づいた雅子の人格を否定するような動きがあったことも事実」という異例の発言は、「家庭を守る」（「イエを守る」ではない）という、明仁天皇が戦後に敷いた新しいレールの線上にある。

政府・宮内庁が、極力話題にしないようにと努めてきた〝天皇家のなかの朝鮮の血〟についても、天皇は、日韓共催のワールドカップに関連した質問のなかで、「桓武《かんむ》天皇の生母が百済《くだら》の武寧王《ぶねいおう》の子孫であると『続日本紀《しょくにほんぎ》』に記されていることに、韓国とのゆかりを感じています」と、はっきり口にしている（平成十三年十二月十八日）。

平成二十五年には、約二ヵ月という長期に及んだ昭和天皇の大喪《たいそう》への反省から、葬儀の簡素化、御陵の縮小化を希望し、あわせて土葬から火葬への転換を望んで、宮内庁が了承した。世界から要人を受け入れ、莫大な国費を投じておこなわれる大喪を、政府は国威発揚の場として利用してきたが、それに対する疑義と受けとった者は少なくない。

終戦七十周年にあたる平成二十七年八月十五日の全国戦没者追悼式での「おことば」は、象徴天皇を貫いてきた明仁天皇の積年の思いの総決算ともいうべきものだった。

式典前日、安倍晋三の首相談話が発表されている。発表前の段階で、安倍は「侵略」や「お詫び」

という言葉は、もう談話に盛りこむ必要はないと「公言」していた。[*29]

最終的に発表された談話では、これまで日本政府は「繰り返し、痛切な反省と心からのお詫びの気持ちを表明して」きており、「歴代内閣の立場は今後も揺るぎない」という巧妙な言い回しで自身の「お詫び」を回避しつつ、戦後生まれの世代が人口の八割を超えているいま、「あの戦争には何ら関わりのない、私たちの子や孫、そしてその先の世代の子どもたちに、謝罪を続ける宿命を背負わせてはなりません」と訴えて、過去の清算を図っている。

明仁天皇の「おことば」は、安倍談話翌日の式典で、全国戦没者に向って読みあげられた。天皇は、自身の思いを、以下のことばで結んだのだ。

過去を顧み、さきの大戦に対する深い反省と共に、今後、戦争の惨禍が再び繰り返されぬことを切に願い、全国民と共に、戦陣に散り戦禍に倒れた人々に対し、心からなる追悼の意を表し、世界の平和と我が国の一層の発展を祈ります。(傍点は引用者)

「深い反省」という、昭和天皇はもちろん、明仁天皇からもこれまで発せられることのなかった踏みこんだ表現がもちいられたことに、日本のみならず世界のマスコミが注目した。このことばは、太平洋戦争の正当化や慰安婦問題の矮小化、自虐史観からの脱却などを声高に叫ぶ歴史修正主義陣営を支持層の中核に抱える安倍首相(当時)に対する、婉曲な異議ではないかとする意見が多数提起されたのである。

醜い家畜の国・日本

天皇のこうした言動は、一部の自民党議員や右派論客などから、批判的な目で見られてきた。それがはっきり形となって表れたケースがある。退位を巡る騒動だ。

平成二十八年八月八日、天皇は生前退位を希望するビデオメッセージを発表した。

二度の外科手術〔冠動脈バイパスと前立腺がん〕を受け、加えて高齢による体力の低下を覚えるようになった頃から、これから先、従来のように重い務めを果たすことが困難になった場合、どのように身を処していくことが、国にとり、国民にとり、また、私のあとを歩む皇族にとり良いことであるかにつき、考えるようになりました。既に八十を越え、幸いに健康であるとは申せ、次第に進む身体の衰えを考慮する時、これまでのように、全身全霊をもって象徴の務めを果たしていくことが、難しくなるのではないかと案じています。

ビデオメッセージで、天皇は国民にこう訴えた。「退位」ということばは使っていない。退位したいといえば、皇室典範の改正など、法的措置を求めたことになる。天皇の発意によって政治が動くことになれば、天皇は「国政に関する権能を有しない」と定めている憲法に違反しているという議論が、必ず生じる。だから「退位」とはいわず、自分の現状および思いを訴えて「国民の理解」を求めたのである。

メッセージを受けて、安倍内閣は同年十一月から「天皇の公務の負担軽減等に関する有識者会議」のヒアリングを実施した。このときヒアリングの対象者として選ばれた一部有識者の主張は、明治国家が創生した国体思想の幻影を戦後に接ぎ木しようとする、いわば〝ネオ国体護持思想〟とでもいうべき無視できない思潮の存在を如実に示す結果となった。

ヒアリングのトップバッターとなった東京大学名誉教授の平川祐弘《すけひろ》（平川は「安倍晋三総理大臣を求める民間人有志の会」発起人の一人でもある）は、明仁天皇が「象徴の務め」としてたゆみなくつづけてきた「旅」という公務を徹底批判する立場で臨んだ。事前に用意した草稿の中で、平川はこう書いている。

陛下のご努力は有難いが、〔「旅」は〕陛下御自身が拡大された天皇の役割であり、それを次の皇位継承者にも引き継がせたいご意向に見受けられるが、これは今の陛下の個人的解釈による天皇の役割を次の天皇に課することになる。[*30]

平川は、天皇の役割にふくまれていない「旅」はあえておこなわなくてもよいものであり、それを務めるのが困難になってきたからというのは退位の正当な理由たりえないと主張した。天皇の何より重要な役割は「伊勢神宮に祀られた神々を皇室の祖神と仰ぎ祀り事を行う大祭司」としての役割であって、明仁天皇の代からさかんにおこなわれるようになった「旅」は、象徴天皇の役割の「拡大解釈」「偏った役割解釈」だと言い切り、さらに踏みこんで、「旅」は明仁天皇の「さかしら」と感じるとまで述べたのである。

氏の主張は、つぎの発言に集約されている。

天皇は続くことと祈ることに意味がある。

同様の意見が、同じくヒアリング対象有識者に選ばれた上智大学名誉教授の渡部昇一や、ジャーナリストの櫻井よしこによって主張されている。

渡部は、「天皇のお仕事というのは……国のため、国民のためにお祈りされること」だと断定し、「外へ出ようが出まいがそれは一向構わないこと……。宮中にあっても絶えず祈っておりますぞということで……あとはもうお休みになって宮中の中でお祈りくださるだけで十分なのですと説得すべき方がいらっしゃるべきだった」と、退位論に反対した。櫻井も、「日本の深い歴史と文明の中心軸をなしてきた天皇のお役割は国家国民のために祭祀を執り行って下さること」であり、あえて「旅」に励まずともよいと主張している。

こうした考え方は、戦後における「神輿」としての天皇存続論、ネオ国体護持思想とも呼べるものだ。この立場に立つ者にとっては、天皇は「神輿に乗ることを唯一絶対的な務めとする、人ならざる人」にほかならない。憲法に定められた国事行為以外の務めは、国民から求められるべきではないし、天皇個人も求めてはならない。天皇個人の思いや公務の「拡大解釈」は、すべて本質的には不用のものだ。なぜなら天皇とは、個々の能力や行動によって評価される一般的な意味での個人ではなく、まさに非人格的な象徴そのものだからである。

明仁天皇のような「拡大解釈」がさらに広がれば、やがては「神輿」そのものが解体する恐れがある。それは「天皇の国・日本」の消滅と同義だ。だからこそ天皇は、ただ黙って存続し、祈っていればよい――と主張するのである。

昭和天皇から明仁天皇へと代替わりして以降、天皇は新時代における象徴天皇の役割とはなにかを模索しつづけてきた。一方、戦前からのナショナリズムの系譜につらなるネオ国体護持派は、天皇をふたたび「祭祀と祈り」という鳥籠にも似た神輿に封じこめようと動いている。

天皇家は、それを利用しようとする歴代の〃担ぎ手〃によって支えられてきた。現状においても、この状況は基本的になんら変わっていない。

ネオ国体護持派が力説する「伝統」は伝統たりえず、明治国家からはじまった偽史《ぎし》にもとづく幻想にすぎないということは、ここまでさまざまな角度から検証してきたとおりだ。天皇という地位が、アメリカまでふくめた〃担ぎ手〃の、そのときどきの都合に身丈を合わせることで守られ、保存されてきたこともすでに述べている。そうである以上、ほんとうなら敗戦直後に問われるべきだった「天皇とはなにか」という問いを、主権者であり「総意」として天皇という地位を支えていることになっている日本国民は、みずからの問題として考えなければならない。それはこの国に生きる者の義務だろう。

天皇に絶対的な忠誠を誓った赤子としてマリアナやレイテ沖海戦を戦い抜き、九死に一生を得て戦後復員した十九歳の渡辺清は、昭和二十年九月から翌年四月までの間に綴りつづけた天皇に対する怨嗟と葛藤と後悔と気づきの軌跡ともいうべき手記で、こう記している。

考えてみると、おれは天皇について直接なにも知らなかった。個人的には会ったことも口をきいたこともないのだからそれは当然のことだが、そのおれが天皇を崇拝するようになったのは小学校に上がってからである。おれはそこで毎日のように天皇の「アリガタサ」について繰り返し教えこまれた。「万世一系」「天皇御親政」「大御心」「現御神」「皇恩無窮」「忠君愛国」等々。そして、そこから天皇のために命を捧げるのが「臣民」の最高の道徳だという天皇帰一の精神が培われていったわけだが、実はここにかくれた落とし穴があったのだ。

おれは教えられることをそのまま頭から鵜呑みにして、それをまたそっくり自分の考えだと思いこんでいた。そしてそれをいささかも疑ってみようともしなかった。つまり、なにもかも出来合いのあてがいぶちで、おれは勝手に自分のなかに自分の寸法にあった天皇像をつくりあげていたのだ。……だから天皇に裏切られたのは、まさに天皇をそのように信じていた自分自身にたいしてなのだ。現実の天皇ではなく、おれが勝手に内部にあたためていた虚像の天皇に裏切られたのだ。言ってみれば、おれがおれ自身を裏切っていたのだ。自分で自分を欺していたのだ。[*31]

渡辺のいう「出来合いのあてがいぶち」は、いまだにさまざまな形で国民に与えられつづけており、大衆迎合のマスコミも、明治以来の伝統を受け継いで宣伝の片棒を担ぎつづけている。

この国は「家畜」を乗り越えたのか。「出来合いのあてがいぶち」の創作者たちがめざす「美しい国・日本」は、筆者の目には「醜い家畜の国・日本」としか見えない。この愚劣な状況がつづくのであれば、かつてそうだったように、いつか「家畜」の群は、なんの疑問をもたずに食肉解体場へと牽《ひ》かれていくだろう。

◉注

1　NHKスペシャル取材班『日本海軍400時間の証言』新潮社・平成23
2　同前
3　ジョン・ダワー『敗北を抱きしめて』下 岩波書店・平成16
4　河西秀哉「講和条約期における天皇退位問題」（『史林』88 京都大学・平成17・4）
5　粟屋憲太郎『東京裁判への道』下 講談社・平成18
6　粟屋憲太郎『東京裁判への道』上 講談社・平成18
7　ジョン・ダワー前掲書
8　橋本明「封印された天皇の『お詫び』」（『天皇百話 下の巻』ちくま文庫・平成元）
9　加藤恭子「封印された詔書草稿を読み解く　昭和天皇国民への謝罪詔書草稿」（月刊『文藝春秋』平成15・7）
10　中村元『仏教語大辞典』東京書籍
11　斉藤勝久「シリーズ 2回のお代替わりを見つめて（13）」平成31・9（公益財団法人ニッポンドットコム・ホームページ）
12　斉藤前掲論文
13　加藤前掲論文
14　河西前掲論文
15　高橋紘「解説――昭和天皇と『側近日誌』の時代」（『側近日誌』文藝春秋・平成2）
16　河西前掲論文
17　ジョン・ダワー前掲書
18　宮内庁編『昭和天皇実録』第10 東京書籍・平成29
19　中野好夫「菊の旗印の下に」（『特集文藝春秋　天皇白書』昭和30・10）
20　小林忍＋共同通信取材班『昭和天皇　最後の侍従日記』文藝春秋・平成31
21　小林前掲書
22　前田多門「『人間宣言』のうちそと」（『「文藝春秋」にみる昭和史』2 昭和62所収）
23　斉藤前掲論文
24　橋本前掲論文

25　橋本前掲論文

26　朝日新聞社編『海外報道にみる昭和天皇』朝日新聞社・平成元

27　『入江相政日記』5 朝日新聞社・平成3

28　羽毛田信吾インタビュー 朝日新聞デジタル 2018年8月13日・ロイター

29　青山和弘『安倍晋三のことがわからなすぎて安倍さんとホンネで話した700時間』PHP研究所・平成27

30　「第3回　天皇の公務の負担軽減等に関する有識者会議議事次第」首相官邸ホームページ・平成28・11・7

31　渡辺清『砕かれた神　ある復員兵の手記』昭和21年2月10日条 朝日新聞社・昭和58

蛇足として

この本を書くにあたり、明治から昭和前期までの国体論にかかわる数多くの著作や新聞雑誌に目を通してきたが、これほど心はずまない不快な読書がつづいたことはない。

明治大正期には、まだ精神の健全さや溌溂さがあった。けれども昭和に入って以降は、悲惨の一語に尽きた。かくも貧しく、愚劣で、内容空疎な文章が粗製濫造された時代は、日本の歴史の中でもこのときだけではないかと思う。

それらの譫言《たわごと》になかばうんざりしながらまとめあげた第一稿は、編集者から同じ内容のくりかえしの多さが気になると指摘された。たしかにそうだろうなと、私も思った。国体論者のそれぞれは別人格のように見えても、実際は官製の工場で最終的な検品を受け、検印をおされて世の中に流通される、一本につながった長い金太郎飴なのだ。切り方によって多少の変化は出てくるものの、断面から現れる顔は、結局どれもおなじ金太郎だ。その金太郎が、まるで呪いのようにくりかえし現れて、同じ呪文をあびせかける。そしてこの顔こそが、本書が対象とした時代性そのものなのである。

第二稿では、多くの部分を削った。実際には愚劣さの総本山である文部省の著作だけでも言いたいことは十分伝わるのだが、論証のために必要な部分は残し、煩瑣な部分は注にまわした。宗教についてもっと書き込みたいという思いはあったが、それについては不充分ながら『天皇の秘教』で書いている。機会があれば、こちらも全面的に書き直したい。

声高に恫喝したり、執拗に批判中傷を重ねることで他者の口を封じようとする似非マッチョの語る「美しい国」を、私は信じない。「美しい国」とは、変装した国体論にほかならない。それとはまったく別のところに、「美しい国」はある。

アルタープレスの内田恵三氏に依頼を受けてから、足かけ三年が経った。体調の問題もあって約束した期日から大幅に遅れたが、根気よく待ちつづけ、適切なアドバイスを送ってくださった内田氏に心から感謝申しあげる。

コロナの渦中の二〇二一年二月

藤巻一保

藤巻一保 ふじまき・かずほ
1952年北海道生まれ。作家・宗教研究家。中央大学文学部卒。雑誌・書籍編集者を経たのち、宗教を軸とした歴史・思想・文化に関する著述活動を行う。東洋の神秘思想、近代新宗教におけるカルト的教義と運動に関する著作を数多く手がけている。主な著書に『安倍晴明「簠簋内伝」現代語訳総解説』(戎光祥出版)、『アマテラス: 真の原像を探る』『役小角読本』(以上、原書房)、『吾輩は天皇なり―熊沢天皇事件』(学研新書)、『天皇の秘教』「エソテリカ」シリーズ(以上、学研プラス)などがある。

偽史の帝国
〝天皇の日本〟はいかにして創られたか

2021年5月8日　第1刷発行

著者　藤巻一保
発行人・編集人　内田恵三

装丁・本文デザイン　髙林昭太
編集協力　古川順弘

発行所　アルタープレス合同会社
〒185-0014　東京都国分寺市東恋ヶ窪4-8-35
TEL 042-326-4050　FAX 042-633-4712
http://alterpress.co.jp/

印刷所　中央精版印刷株式会社